CRYPTOÉCONOMIE

Principes fondamentaux de Bitcoin

Eric Voskuil

Cryptoéconomie, Principes fondamentaux de Bitcoin, 2ème édition
Mentions légales ©2020 Eric Voskuil
Version 1.2.3, Livre broché

Éditeur
Publié aux États-Unis par Eric Voskuil

Auteur
Eric Voskuil

Relecteur & illustrateur
James Chiang

Traducteur
Ludovic Lars

ISBN : 978-1-7350608-5-9

9 781735 060859

Auteur

Eric Voskuil

Eric Voskuil est l'un des principaux contributeurs à Libbitcoin[1], une boîte à outils de développement Bitcoin haute performance, libre et open source. Eric est diplômé en informatique de l'Institut polytechnique Rensselaer[2], et a vendu sa première start-up, DesktopStandard[3], à Microsoft[4] et sa deuxième, BeyondTrust[5], à Veritas Capital[6]. Il travaille au développement de base de Bitcoin depuis début 2014 et intervient lors de conférences et de rencontres dans le monde entier. Il est également un entrepreneur en série, un investisseur providentiel, un spécialiste en arts martiaux, un motocycliste passionné, un grand voyageur et un ancien pilote de chasse de la marine étasunienne[7] fighter pilot.

Début 2020, il a organisé CryptoEcon[8] à Hanoi, la première conférence consacrée à la théorie cryptoéconomique, a cofondé l'Institut Libbitcoin[9] pour aider à financer le développement de base de Bitcoin et l'éducation, a parrainé la première randonnée de Bitbikers[10] à travers le nord du Vietnam et a publié la première édition de *Cryptoéconomie*.

Références

[1] https://libbitcoin.info

[2] https://fr.wikipedia.org/wiki/Institut_polytechnique_Rensselaer

[3] https://www.eweek.com/enterprise-apps/microsoft-buys-desktopstandard/

[4] https://www.microsoft.com/fr-fr/

[5] https://beyondtrust.com

[6] https://veritascapital.com

[7] https://www.navy.mil

[8] https://cryptoecon.org

[9] https://libbitcoininstitute.org

[10] https://bitbikers.org

Relecteur & illustrateur

James Chiang

James est un contributeur open-source aux projets Libbitcoin[1] et Bitcoin Core[2]. Il a lu son premier chapitre de *Cryptoéconomie*, le Principe des coûts dédiés[3], au début de l'année 2018 et a commencé à esquisser des illustrations pour soutenir son étude des principes sous-jacents. Il mène actuellement des recherches sur la sécurité formelle des contrats autonomes. James est un doctorant en informatique à l'Université technique du Danemark[4] et un ancien ingénieur aérospatial du Jet Propulsion Lab[5].

Références

[1] https://libbitcoin.info

[2] https://bitcoincore.org

[3] Chapitre : Principe des coûts dédiés

[4] https://www.dtu.dk/english

[5] https://www.jpl.nasa.gov/

Traducteur

Ludovic Lars

Ludovic est rédacteur[1] et formateur dans l'univers de Bitcoin et de la cryptomonnaie. Libéral[2], il a découvert Bitcoin en 2013 et s'est peu à peu aperçu de son formidable potentiel de résistance[3] vis-à-vis de la progression invasive de l'État. Il s'attache depuis 2018 à en décrire le fonctionnement de la façon la plus fidèle possible dans la langue de Molière.

Il a découvert *Cryptoéconomie* en 2019 avec le Sophisme de la monnaie de réserve[4]. Il a par la suite lu les différents chapitres de l'ouvrage sur le dépôt[5] de Libbitcoin[6], qui exposent de manière claire et cohérente ce qu'est Bitcoin et qui réfutent les conceptions erronées qu'on peut s'en faire. Il a tellement apprécié le contenu qu'il a décidé en 2021 d'en réaliser la traduction ici présente.

Références

[1] https://viresinnumeris.fr/

[2] https://fr.wikipedia.org/wiki/Libéralisme

[3] Chapitre : Axiome de résistance

[4] Chapitre : Sophisme de la monnaie de réserve

[5] https://github.com/libbitcoin/libbitcoin-system/wiki/Cryptoeconomics

[6] https://libbitcoin.info

Remerciements

Ce projet a commencé par des tweets[1] puis par des textes sur le wiki du dépôt[2] du logiciel Libbitcoin[3]. Il a fini par y avoir suffisamment de contenu et d'intérêt pour que je commence à recevoir des demandes pour un livre. Puis sont venues les offres de traduction. Enfin, **James Chiang** a tenté la publication. Il a presque terminé l'assemblage de la première édition, en incluant ses propres illustrations. Ses questions perspicaces m'ont amené à repenser le Principe d'inflation[4], ce qui a débouché sur une importante compréhension économique. Cependant, mes ajouts et modifications constants à l'époque ont rendu l'achèvement presque impossible. James a fini par passer à autre chose, mais son travail et ses illustrations ont inspiré la publication finale. Je ne saurais trop le remercier.

Au cours de l'année dernière, **Fabrizio Armani** a travaillé sur une traduction italienne. Ses commentaires ont permis d'améliorer cette édition. Son malaise à l'égard de la Relation d'épargne[5] a fini par m'amener à en réduire la conclusion. J'ai eu la chance de pouvoir compter sur lui pour cette édition. J'essaie d'être le critique le plus sévère vis-à-vis de moi-même lorsque je tente de démontrer une conclusion cryptoéconomique. Mais James et Fabrizio ont clairement démontré l'intérêt de travailler avec une autre partie engagée.

Bitcoin a commencé pour moi avec Libbitcoin. Dès que j'ai commencé, je me suis rendu en Espagne pour rencontrer **Amir Taaki**. Il avait créé la communauté Libbitcoin et il a

Références

[1] https://twitter.com

[2] https://github.com/libbitcoin/libbitcoin-system/wiki/Cryptoeconomics

[3] https://libbitcoin.info

[4] Chapitre : Principe d'inflation

[5] Chapitre : Relation d'épargne

dirigé le projet jusqu'à son crochet par le Rojava[1]. Il a été extrêmement patient avec moi alors que je rattrapais mes compétences en C++ et que j'apprenais les particularités de Bitcoin. Libbitcoin est une communauté spéciale au sein du développement de base dans l'univers de Bitcoin, et c'est à Amir qu'en revient le mérite. C'est la tentative de réconcilier l'engouement autour de Bitcoin avec ce que je savais de mon expérience qui a donné naissance à *Cryptoéconomie*. Les choix faits au cours du développement sont directement liés aux fondements économiques. Nous devions expliquer ce que nous faisions à nous-mêmes et aux autres. En fin de compte, c'est son travail et ses idées qui ont conduit à cet ouvrage, il était donc naturel et très apprécié qu'il accepte de rédiger l'avant-propos[2].

Je fais souvent référence à **Phillip Mienk** comme étant la personne la plus intelligente que je connaisse. Il a été embauché dans une équipe de Microsoft[3] à la sortie du prestigieux programme de doctorat en informatique de l'université de l'Illinois à Urbana-Champaign[4]. À l'époque, je mettais sur pied une nouvelle équipe de développement. Je n'étais pas très enthousiaste à l'idée de devoir former l'employé de l'université que Microsoft m'avait refilé. J'ai rapidement réalisé la chance que j'avais. Quand je suis parti, il s'est joint à moi pour monter une troisième startup, et le jour où elle a fermé, il m'a rejoint sur Libbitcoin. Il a été un partenaire essentiel au cours de la dernière décennie, toujours capable d'aller directement au cœur des problèmes les plus complexes. Je lui suis reconnaissant pour son soutien dans les moments difficiles et, finalement, pour sa contribution à ce travail.

Neill Miller a, je ne sais pas comment, trouvé Libbitcoin et a apporté des contributions majeures à notre portefeuille et au code de l'interface du serveur, et a maintenu nos serveurs communautaires pendant plusieurs années. **Kulpreet Singh** m'a trouvé lors de

Références

[1] https://en.wikipedia.org/wiki/Amir_Taaki

[2] Chapitre : Avant-propos

[3] https://www.microsoft.com/fr-fr/

[4] https://cs.illinois.edu

la conférence Baltic Honeybadger[1] 2019 et m'a parlé de Libbitcoin. Depuis lors, il a apporté des contributions majeures à notre suite de tests de base de données et a continué à travailler sur des améliorations de conception sur le stockage sous-jacent. Avec Phillip, Neill et Kulpreet ont été l'épine dorsale du Libbitcoin. Sans leur soutien, il ne me serait pas possible de passer autant de temps à écrire des mots alors que je devrais écrire du code[2].

L'Institut Libbitcoin[3] est l'idée de **Thomas Pacchia**. Tom nous a réunis, **Lucas Betschart** et moi-même, pour créer cette organisation dans le but de collecter des fonds pour financer le développement du logiciel libre[4] de Libbitcoin et l'éducation à propos de Bitcoin. Il a fait tout le travail fastidieux nécessaire pour obtenir le statut 501c3[5] auprès de l'IRS. À ce jour, l'IRS n'a pas donné suite, mais l'Institut reste un véhicule pour soutenir le travail nécessaire pour faire avancer la proposition de valeur[6] de Bitcoin. Tom et Lucas ont été de formidables soutiens et de bons amis.

La première édition de *Cryptoéconomie* a été distribuée uniquement aux participants de CryptoEcon[7] 2020 L'intention était de le mettre rapidement en vente en ligne, mais les aléas de la vie se sont interposés. Les exemplaires supplémentaires restent dans un magasin de motos d'une rue de Tây Hồ. Mais CryptoEcon, un projet de l'Institut Libbitcoin, a contribué à faire passer le message. Les contributions de HODL Capital[8] (via **Thomas Pacchia**) et de Lemniscap[9] (via **Roderik van der Graaf**) ont rendu la conférence

Références

[1] https://twitter.com/hashtag/bh2019

[2] https://www.activism.net/cypherpunk/manifesto.html

[3] https://libbitcoininstitute.org

[4] https://fr.wikipedia.org/wiki/Free_Software_Foundation

[5] https://www.irs.gov/charities-non-profits/charitable-organizations/exemption-requirements-501c3-organizations

[6] Chapitre : Proposition de valeur

[7] https://cryptoecon.org

[8] https://www.hodl.capital

[9] https://lemniscap.com

possible. Tom est venu me chercher lors de la conférence Building on Bitcoin[1] 2018 à Lisbonne, et Roderik m'a trouvé lors de la conférence Baltic Honeybadger 2019 à Riga. Ils ont pris l'initiative et m'ont incité à terminer le livre pour la conférence de CryptoEcon.

Les personnes qui ont le plus contribué en ce qui concerne les sujets inspirants et les critiques constructives des idées sont trop nombreuses pour être incluses. Il s'agit notamment des directeurs de conférences, des organisateurs de rencontres, des animateurs de podcasts, des participants et des auditeurs, ainsi que du flux apparemment infini de commentateurs sur Twitter. J'ai découvert bien plus de choses en étudiant des idées imparfaites que des idées solides. Pourtant, sans les voix occasionnelles de soutien, ce genre de choses est beaucoup plus difficile à accomplir.

Enfin, merci à ma famille et à mes amis de m'avoir soutenu durant une période difficile.

Références

[1] https://building-on-bitcoin.com

SOMMAIRE

Table des matières

AVANT-PROPOS

Avant-propos
Amir Taaki

La crypto-anarchie[1] n'est ni une stratégie cherchant à imposer une hégémonie politique, ni une méthode visant à discréditer d'autres attitudes ou intentions possibles. C'est simplement un ensemble de concepts ou d'idées qui peuvent être utilisés de manière tactique pour rendre possibles des modes de vie alternatifs. L'histoire est le résultat de la volonté et de l'action humaines, mais cela se produit toujours dans un cadre de convictions, de croyances et de représentations qui donnent un sens et une direction à une poursuite donnée. De cette façon, la crypto-anarchie cherche à armer l'individu d'outils conceptuels puissants afin qu'il construise ses propres visions créatives.

L'économie est importante car elle forme l'étude des mécanismes fondamentaux de l'action humaine et de leurs conséquences. L'économie rationnelle analyse l'activité humaine tout en acceptant les limites de la connaissance. À partir d'un ensemble simple d'hypothèses, notamment le fait que les humains agissent[2] et préfèrent les choses plus tôt que tard[3], des théorèmes sont dérivés à l'aide de règles d'inférence[4]. Le résultat est puissant, car il est nécessairement vrai dans le cadre des hypothèses. L'élaboration de ces théorèmes nous fournit des constructions simples que nous pouvons utiliser pour compartimenter et analyser des phénomènes plus complexes.

La cryptomonnaie[5] est issue de la crypto-anarchie et de l'économie de marché, mais elle a depuis dépassé ses propres racines pour devenir une entité contemporaine aux

Références

[1] https://fr.wikipedia.org/wiki/Crypto-anarchisme

[2] https://www.wikiberal.org/wiki/L'Action_humaine

[3] https://www.wikiberal.org/wiki/Préférence_temporelle

[4] https://fr.wikipedia.org/wiki/Règle_d'inférence

[5] https://fr.wikipedia.org/wiki/Cryptomonnaie

caractéristiques particulières. Cela nous a obligés à revoir nos propres idées et hypothèses sur la façon dont ces disciplines sont liées entre elles. Ce nouveau domaine d'étude est appelé la cryptoéconomie.

Les cryptomonnaies telles que Bitcoin représentent des monnaies qui sont simultanément mondiales, non censurées et en accès libre pour tout le monde, pour la première fois dans l'histoire de l'humanité. De grandes avancées ont également été réalisées dans les technologies d'anonymisation, non seulement pour la cryptomonnaie mais aussi pour d'autres instruments financiers et pour l'activité humaine. La cryptomonnaie est donc un phénomène unique ayant ses caractéristiques propres et qui mérite d'être étudié.

L'importance de l'économie réside dans le fait qu'elle nous donne une vision pour comprendre les activités des êtres humains. Cela signifie que nous pouvons faire des plans pour savoir où allouer nos ressources et nos connaissances techniques. La génération actuelle de crypto-entreprises n'intègre pas cette dimension stratégique et ne sera pas prête à tirer parti des nouvelles tendances géopolitiques. Actuellement, il y a trop de divergences d'orientation : la crypto-industrie n'est pas assez sélective.

Les concepts de la théorie de l'évolution peuvent nous aider à prédire quel type de stratégie organisationnelle l'emportera à long terme. Par exemple, la théorie de la sélection r/K[1] explique qu'après de grands événements d'extinction, les premiers organismes à occuper les niches créées sont les espèces qui ont un grand nombre de petits arrivant rapidement à maturité et nécessitant un faible investissement en ressources de la part des parents (stratégie r)[2]. Cependant, ces organismes sont devancés à plus long terme par des organismes dont les petits sont moins nombreux, mais qui sont mieux spécialisés pour les niches en question et mettent plus de temps à mûrir (stratégie K)[3].

Références

[1] https://fr.wikipedia.org/wiki/Modèle_évolutif_r/K

[2] https://fr.wikipedia.org/wiki/Modèle_évolutif_r/K#Stratégie_r

[3] https://fr.wikipedia.org/wiki/Modèle_évolutif_r/K#Stratégie_K

Ces crypto-organismes adoptant la stratégie K sont ceux qui seront les mieux adaptés pour tirer parti des nouvelles niches économiques qui s'ouvrent au monde.

Une autre hypothèse de la théorie de l'évolution est l'hypothèse de la reine rouge[1], selon laquelle les organismes participent à une bataille constante pour évoluer. En d'autres termes, nous devons constamment nous adapter et évoluer dans un environnement en continuel changement dont les acteurs sont en perpétuelle évolution.

Nous y parvenons en appliquant nos connaissances pour trouver des modèles et construire des modèles conceptuels, et en modifiant ces modèles en retour pour améliorer leur précision ou augmenter leurs paradigmes sous-jacents.

La génération actuelle de crypto-entreprises disparaîtra bien assez tôt. À leur place, une nouvelle génération d'organisations verra le jour. Elles seront hautement adaptatives, à l'écoute des tendances géopolitiques et optimisées pour survivre dans un état de déséquilibre perpétuel. Pour résister à de telles conditions, cette nouvelle génération devra être fondée sur une synthèse qui combine la finesse de la crypto-économie et celle de la crypto-anarchie elle-même - qui est au fond une doctrine simple : le moteur du changement historique n'est pas simplement l'innovation technologique, mais les concepts, les modèles et les idées qui nous donnent le pouvoir sur la réalité matérielle.

Mon expérience avec Eric remonte à 2013, lorsque nous avons commencé à travailler sur un logiciel d'implémentation de Bitcoin[2] à la fois rapide et évolutif. Eric est un développeur de haut niveau qui, à lui seul, peut faire le travail de toute une équipe pour donner naissance à un logiciel utilisable en production - une compétence très rare. Il a également une grande expérience de la vie, ayant piloté des jets pour la marine étasunienne et créé plusieurs entreprises prospères. Il allie d'intenses connaissances

Références

[1] https://fr.wikipedia.org/wiki/Hypothèse_de_la_reine_rouge

[2] https://github.com/libbitcoin

pratiques à un solide fondement théorique, ainsi qu'à un intérêt et des connaissances profondes en politique et en économie.

Les connaissances uniques d'Eric sur les concepts fondamentaux nous fournissent un cadre essentiel pour guider l'orientation future du domaine de la cryptoéconomie. Il applique rigoureusement la théorie économique rationnelle à la cryptomonnaie et s'aventure au-delà du domaine financier pour expliquer comment l'activité humaine façonne cet avenir.

PRÉFACE

Préface

Au départ, c'était un moyen d'éviter de retaper les mêmes idées, 140 caractères[1] à la fois. Pour rester dans cet environnement, les sujets étaient aussi courts que possible, et informels. Je n'avais pas l'intention d'écrire un livre, et je ne peux toujours pas le faire. La plupart des sujets (y compris celui-ci) ont été écrits sur mon téléphone, au cours d'un vol d'avion, dans un train ou dans un café. Beaucoup de sujets sont des observations rapides qui découlent d'une connaissance intime du code de base de Bitcoin, ou d'une longue étude personnelle et d'une expérience dans diverses disciplines.

Au fil du temps, les sujets ont commencé à interagir. Une taxonomie nécessaire est apparue, et ce qui n'était qu'un processus occasionnel d'observation *ad hoc* a commencé à devenir un travail. **Les sujets sont aussi courts que possible et supposent une certaine connaissance de Bitcoin et de l'économie.** J'ai fait un effort honnête pour rationaliser les relations et la terminologie, mais mon objectif reste la cohérence[2] et l'expansion de la compréhension. Heureusement, d'autres personnes ont apporté leur aide pour l'illustration, la révision et la publication.

J'ai utilisé les termes de catallactique[3] et de praxéologie[4] pour décrire la discipline sous-jacente. On utilise également le terme d'école autrichienne d'économie[5]. Je trouve chacun de ces termes insatisfaisant, c'est pourquoi j'ai commencé à faire référence à la discipline en tant qu'« économie rationnelle » (à ne pas confondre avec le rationalisme

Références

[1] https://fr.wikipedia.org/wiki/Twitter

[2] https://fr.wikipedia.org/wiki/Cohérence_(logique)

[3] https://fr.wikipedia.org/wiki/Catallaxie

[4] https://fr.wikipedia.org/wiki/Praxéologie

[5] https://fr.wikipedia.org/wiki/École_autrichienne_(économie)

économique[1]), un système entièrement basé sur le raisonnement déductif[2] réalisé à partir d'un ensemble d'axiomes[3].

C'est Mises[4] qui a explicitement établi un système d'économie sur une base rationnelle, mais cette approche n'imprègne pas l'ensemble de l'école autrichienne (qui est antérieure à Mises). Rothbard[5] ajoute de la rigueur et de la clarté à l'œuvre de Mises, en tirant de nouvelles conclusions importantes. Cependant, Mises (comme la plupart des humains) commet des erreurs importantes[6], qui sont malheureusement reprises par Rothbard. D'autres erreurs communément amplifiées au sein de l'école autrichienne sont des erreurs d'interprétation évidentes.

Dans chaque cas où Mises fait une erreur, il critique la monnaie fiduciaire étatique[7]. En d'autres termes, il semble sacrifier son objectivité à sa passion. Pourtant, son système rationnel, correctement appliqué, expose facilement les erreurs. La monnaie étatique mérite d'être critiquée, et les bitcoineurs manquent rarement une occasion de le faire. Mais elle mérite une critique *précise* ; en faire moins est contre-productif. Avec une analyse correcte, des forces spécifiques pertinentes peuvent être identifiées, à la fois dans la monnaie fiduciaire de monopole (par exemple le dollar) et dans la monnaie fiduciaire de marché (par exemple le bitcoin). Une telle analyse correcte peut limiter le gaspillage de capitaux précieux sur des propositions irrationnelles[8].

Références

[1] https://en.wikipedia.org/wiki/Economic_rationalism

[2] https://fr.wikipedia.org/wiki/Raisonnement_déductif

[3] https://fr.wikipedia.org/wiki/Axiome

[4] https://fr.wikipedia.org/wiki/Ludwig_von_Mises

[5] https://fr.wikipedia.org/wiki/Murray_Rothbard

[6] Chapitre : Principe d'inflation

[7] Chapitre : Taxonomie des monnaies

[8] Chapitre : Sophisme de la réserve intégrale

Un processus strictement rationnel permet non seulement d'exposer les erreurs, mais aussi de produire de nouvelles découvertes[1] et simplifications[2] intéressantes, non seulement dans le domaine de Bitcoin, mais aussi dans la théorie économique en général. Les sujets forment un graphe, sur lequel aucun ordre total ne semble approprié. La table des matières est un ordre mal imposé. Bien qu'une tentative de progressivité ait été faite, je recommande de lire les sujets de la manière dont ils ont été écrits : par curiosité.

Références

[1] Chapitre : Propriété de résistance à la censure

[2] Chapitre : Principe de dépréciation

INTRODUCTION

Introduction

Vous pensez connaître quelque chose sur Bitcoin et sur l'école autrichienne d'économie[1] ? Si oui, vous êtes peut-être prêt à lire *Cryptoéconomie*. Il ne s'agit pas d'un ouvrage pour les non-initiés. Il ne s'agit pas d'un récit et il est exempt d'opinions. Le contenu est dense - il ne se répète pas. Il ne s'agit pas d'une contribution à la chambre d'écho, il ne vous montrera pas comment créer un portefeuille, ne vous prédira pas le prix futur ou ne vous dira pas ce qu'il faut faire.

Cryptoéconomie applique des principes économiques rationnels à Bitcoin, en démontrant les failles et les complexités inutiles dans ces principes et dans les interprétations courantes de Bitcoin. L'ouvrage améliorera votre compréhension des deux. Bitcoin nécessite une nouvelle discipline, rigoureuse et complète. **C'est ce qui est proposé ici.**

Bitcoin est quelque chose de nouveau. Il semble défier la compréhension. Y a-t-il déjà eu une monnaie à offre fixe ? Existe-t-il un autre cas où le coût de production varie directement en fonction du prix du produit ? Existe-t-il une autre monnaie dont le taux de transaction est compétitif mais fixe ? Pour aller au-delà de l'engouement médiatique, comprendre la proposition de valeur de Bitcoin, son modèle de sécurité et son comportement économique, cet ouvrage pourrait être votre seule source.

Bitcoin, c'est de l'économie, de la technologie et de la sécurité. Si l'on n'intègre pas tous ces aspects, des erreurs seront commises. Des économistes, des techniciens, des experts en sécurité et même des numérologues[2] ont tenté de l'expliquer. Chacun d'entre eux apporte une perspective limitée et ne parvient pas à intégrer les aspects essentiels. L'auteur s'est trouvé particulièrement qualifié pour cela.

Références

[1] https://fr.wikipedia.org/wiki/École_autrichienne_(économie)

[2] https://twitter.com/100trillionusd

Son travail sur Bitcoin a commencé avec un portefeuille matériel. Il a passé un an à analyser les menaces, à travailler avec des experts en conception électronique, en exploitation de matériel et en surveillance d'État. Il a choisi la bibliothèque logicielle Libbitcoin[1], car le prototype de Satoshi n'était pas adapté pour le développement et était largement financé par la Fondation Bitcoin[2], un consortium d'entreprises. Il s'est ensuite consacré à Libbitcoin, finissant par écrire ou modifier la totalité de ses quelques 500.000 lignes de code. Peu de personnes possèdent une expérience comparable avec une pile de sous-systèmes Bitcoin aussi complète.

En tant que pilote de chasse expérimenté dans la marine étasunienne[3], il a été confronté à des menaces étatiques. Il est devenu un instructeur en tactique de chasseur d'attaque[4] hautement qualifié, dans lequel son rôle principal était l'analyse tactique et la présentation des menaces. Il a également conseillé la Marine sur le réseau du Strike Fighter Training System[5], sur le Joint Strike Fighter[6], sur les premières armes GPS[7] et sur les systèmes des F/A-18[8]. Sa compréhension de la nature physique de la sécurité a été renforcée par des décennies d'entraînement dans les arts martiaux japonais, où il a atteint le rang de ceinture noire dans cinq disciplines.

Son diplôme[9] et son expérience en informatique se sont mêlés à une vaste expérience des affaires, avec la création de plusieurs entreprises. Il a travaillé chez IBM[10] et chez

Références

[1] https://libbitcoin.info

[2] https://bitcoinfoundation.org

[3] https://www.navy.mil

[4] https://fr.wikipedia.org/wiki/United_States_Navy_Fighter_Weapons_School

[5] https://www.globalsecurity.org/military/library/policy/navy/ntsp/SFTS.htm

[6] https://fr.wikipedia.org/wiki/Joint_strike_fighter

[7] https://fr.wikipedia.org/wiki/AGM-154_Joint_Standoff_Weapon

[8] https://fr.wikipedia.org/wiki/McDonnell_Douglas_F/A-18_Hornet

[9] https://www.rpi.edu

[10] https://www.ibm.com/fr-fr

Microsoft[1] en tant qu'architecte principal, deux des plus grandes entreprises du monde. Cette dernière a acheté sa première startup, et sa seconde a été rachetée par Veritas Capital[2]. Il a obtenu trois brevets étasuniens[3] apparentés. Il a fini par devenir un investisseur providentiel, partageant son expérience avec d'autres entrepreneurs.

En tant que directeur technique[4] de sa première entreprise, il a publié trois avis de sécurité informatique via le Computer Emergency Response Team[5]. Chacun de ces avis était entièrement basé sur sa lecture de la documentation utilisateur. Plus tard, il a obtenu un siège au comité consultatif Open Vulnerability Assessment Language[6] du département de la Sécurité intérieure[7] pour son travail sur les correctifs logiciels. Ces dernières années, il a découvert des failles de sécurité importantes dans chacune des trois premières itérations de l'« élément sécurisé » d'un portefeuille matériel très répandu, toujours à partir de l'examen de la documentation utilisateur.

Trente années d'autoformation dans l'économie de marché ont été renforcées par de nombreux voyages à travers le monde. En visitant plus de 80 pays, il a rencontré des gens sur les cinq continents. Se déplaçant encore souvent en moto avec seulement un sac en bandoulière, il acquiert une compréhension intime des réalités économiques mondiales. Des négociants de devises sur le marché noir zimbabwéen, aux cueilleurs de café tanzaniens, en passant par les réfugiés vénézuéliens, les bergers mongols, les musiciens de jazz d'Okinawa, les moines laotiens, etc. - il a vu le monde tel qu'il est trop rarement présenté.

Références

[1] https://www.microsoft.com/fr-fr/

[2] https://www.veritascapital.com

[3] https://www.uspto.gov

[4] https://fr.wikipedia.org/wiki/Directeur_de_la_technologie

[5] https://fr.wikipedia.org/wiki/Computer_emergency_response_team

[6] https://oval.cisecurity.org

[7] https://dhs.gov

La capacité d'intégrer ces expériences diverses et pertinentes a donné naissance à l'ouvrage *Cryptoéconomie*. Voici votre prochain arrêt.

MODÈLE DE SÉCURITÉ

Axiome de résistance

Dans la logique moderne, un axiome[1] est une prémisse, il ne peut pas être prouvé. Il s'agit d'une hypothèse de départ à partir de laquelle d'autres choses peuvent être prouvées. Par exemple, dans la géométrie euclidienne[2], on ne peut pas prouver que deux lignes parallèles ne se rencontrent jamais. C'est simplement ce qui définit cette géométrie-là.

Prouver des affirmations à propos de Bitcoin requiert de s'appuyer sur des systèmes axiomatiques, en particulier la mathématique[3], les probabilités[4] et la catallactique[5], et donc les hypothèses sur lesquelles ils reposent. Cependant, Bitcoin repose également sur un axiome introuvable dans ces systèmes.

Satoshi y fait allusion dans l'une[6] de ses premières déclarations :

> >Vous ne trouverez pas de solution aux problèmes politiques dans la cryptographie.
>
> Oui, mais nous pouvons remporter une bataille majeure dans la course aux armements et conquérir un nouveau territoire de liberté pour plusieurs années.
>
> Les gouvernements sont bons pour couper les têtes des réseaux contrôlés de manière centralisée comme Napster, mais les réseaux purement pair-à-pair comme Gnutella et Tor semblent tenir le coup.
>
> *Satoshi, jeudi 6 novembre 2008, 20 :15 :40 UTC (traduit)*

En d'autres termes, on part du principe qu'il est *possible* pour un système de résister au contrôle de l'État. Cela n'est pas accepté comme un fait, mais considéré comme une

Références

[1] https://fr.wikipedia.org/wiki/Axiome

[2] https://fr.wikipedia.org/wiki/Géométrie_euclidienne

[3] https://fr.wikipedia.org/wiki/Théorie_des_ensembles_de_Zermelo-Fraenkel

[4] https://fr.wikipedia.org/wiki/Axiomes_des_probabilités

[5] https://fr.wikipedia.org/wiki/Catallaxie

[6] http://satoshi.nakamotoinstitute.org/emails/cryptography/4

hypothèse raisonnable sur laquelle baser le système, en raison du comportement de systèmes similaires.

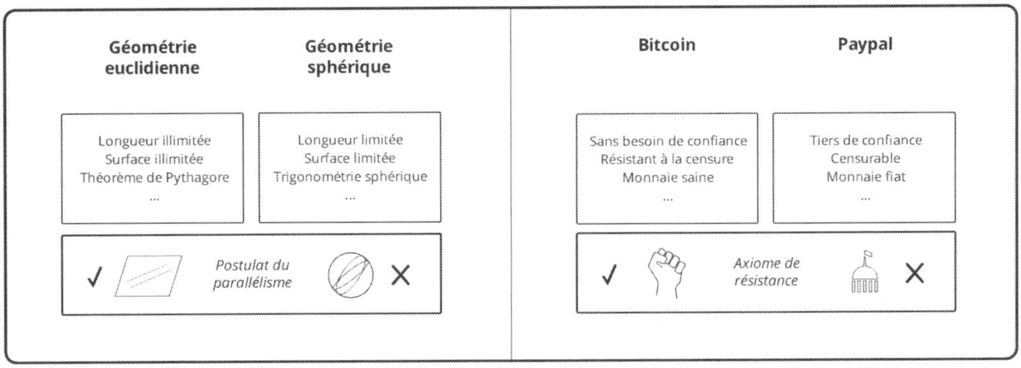

Celui qui n'accepte pas l'axiome de résistance envisage un système totalement différent de Bitcoin. Si l'on suppose qu'il n'est *pas possible* pour un système de résister au contrôle de l'État, les conclusions n'ont pas de sens dans le contexte de Bitcoin - tout comme les conclusions en géométrie sphérique[1] contredisent celles de la géométrie euclidienne. Comment Bitcoin peut-il fonctionner sans permission[2] ou être résistant à la censure[3] sans cet axiome ? La contradiction conduit à commettre des erreurs évidentes[4] pour tenter de rationaliser le conflit.

Il est courant que les gens se réfèrent avec cynisme à un système de type Bitcoin qui omet l'axiome de résistance comme étant « simplement un autre PayPal », désignation non sans mérite. Confinity[5] a initialement tenté de créer un système ayant une proposition

Références

[1] https://fr.wikipedia.org/wiki/Géométrie_sphérique

[2] Chapitre : Principe d'absence de permission

[3] Chapitre : Propriété de résistance à la censure

[4] Chapitre : Erreur de Hearn

[5] https://fr.wikipedia.org/wiki/PayPal#Début

de valeur[1] similaire à celle de Bitcoin. N'ayant pas réussi à le faire, elle a rejeté l'axiome, créant ainsi le PayPal[2] que nous connaissons aujourd'hui.

Références

[1] Chapitre : Proposition de valeur

[2] https://fr.wikipedia.org/wiki/PayPal

Propriété de résistance à la censure

La résistance à la censure est une conséquence des frais de transaction. L'imposition de la censure est impossible à distinguer de l'imposition d'un soft fork, où la puissance de hachage majoritaire rejette les blocs qui ne censurent pas. Sans une telle imposition, les transactions sont confirmées sur une base économiquement rationnelle en dépit de la subjectivité individuelle du mineur.

Un mineur majoritaire est rentable financièrement. De ce fait, il n'y a pas de coût pour acquérir le moyen de censurer. Comme le minage est nécessairement un rôle anonyme[1], il est toujours possible pour n'importe quel acteur d'acquérir et de déployer une puissance de hachage majoritaire, et de la contrôler à tout moment. Comme montré dans le Sophisme de la preuve de travail[2], les hard forks ne peuvent pas être utilisés pour expulser le censeur de manière sélective et accélèrent à la place l'effondrement de la monnaie.

Dans le cas d'une censure active, les frais peuvent augmenter sur les transactions qui ne réussissent pas à être confirmées. Ce supplément de frais crée un profit potentiel plus grand pour les mineurs qui confirment les transactions censurées. À un niveau suffisant, cette opportunité produit une concurrence supplémentaire et par conséquent un taux de hachage total croissant.

Si la puissance de hachage montante des non-censeurs outrepasse celle du censeur, l'imposition de la censure échoue. Le censeur est ainsi confronté au choix de subventionner ses opérations ou d'abandonner son effort. Seul l'État peut perpétuellement subventionner ses opérations, puisqu'il peut lever l'impôt. Il profite simultanément de la préservation de son propre régime monétaire. **Pour maintenir la**

Références

[1] Chapitre : Principe de partage des risques

[2] Chapitre : Sophisme de la preuve de travail

censure, l'État doit consommer ses impôts au moins jusqu'au niveau du supplément de frais.

Une monnaie sans frais intégrés échouerait face au censeur ou évoluerait vers un marché des frais annexes. Comme le montre le Sophisme des frais annexes[1], il n'est pas nécessaire que les frais soient intégrés, mais l'intégration des frais est une technique d'anonymat importante. Dans les deux cas, la résistance à la censure découle uniquement du supplément de frais. La subvention au sein de la récompense globale ne contribue pas à la résistance à la censure car le censeur reçoit la même subvention que les autres mineurs.

Il est possible que l'imposition de la censure cause un effondrement du prix, entraînant une perte financière pour le censeur. Cependant, dans ce cas, son objectif a été atteint, puisque l'économie n'a plus de possibilité de contrer la censure. Cet effondrement pourrait être obtenu à un coût négligeable en démontrant simplement l'intention de censurer. Il est aussi possible qu'un soft fork de censure entraîne une augmentation du prix, car les entreprises du marché blanc embrasseraient l'approbation étatique associée. Néanmoins, pour que la monnaie survive, son économie doit continuer à générer un supplément de frais suffisant pour vaincre le censeur.

Il ne peut pas être démontré que l'économie générera des frais suffisants pour vaincre un censeur. De même, il ne peut être démontré qu'un censeur sera disposé et sera capable de subventionner des opérations à un niveau donné. Il n'est donc pas possible de prouver la résistance à la censure. C'est pourquoi la résistance au contrôle étatique est axiomatique[2].

Références

[1] Chapitre : Sophisme des frais annexes

[2] Chapitre : Axiome de résistance

Risque de centralisation

La faiblesse[1] de Bitcoin résulte de la centralisation et du regroupement. Les forces qui produisent l'agrégation du minage sont appelées pressions de regroupement[2]. Alors que le regroupement affaiblit la sécurité des confirmations, la centralisation affaiblit la sécurité des règles de consensus. La faiblesse est le résultat d'un nombre moindre de personnes avec qui partager les risques[3].

Le risque de consensus est partagé uniquement entre les commerçants actifs, car ce sont eux qui ont la capacité de refuser l'échange de leurs biens contre des unités qui ne se conforment pas à leurs règles. Les forces financières qui réduisent le nombre de commerçants sont appelées pressions de centralisation. Le problème de la délégation est qu'elle est couramment associée à la centralisation, comme c'est généralement le cas dans les portefeuilles[4] web. Le portefeuille ne possède pas seulement les unités enregistrées, mais contrôle également la validation des unités reçues dans le cadre des échanges. **Ce contrôle réduit le pouvoir sur les règles de consensus à une seule personne pour tous les portefeuilles du service.**

Les pressions de centralisation comprennent :

- La remise liée à la difficulté d'utilisation
- La remise liée au règlement sur la chaîne

Si l'échange est difficile pour un client, le commerçant doit appliquer une remise sur la marchandise afin d'accepter la monnaie. Si l'échange est difficile pour le commerçant, des coûts supplémentaires sont engagés. Lorsque la transmission des paiements à un

Références

[1] Chapitre : Modèle de sécurité qualitatif

[2] Chapitre : Risque de la pression de regroupement

[3] Chapitre : Principe de partage des risques

[4] https://bitcoin.org/fr/choisir-votre-porte-monnaie

tiers de confiance réduit la taille de cette remise et/ou de ce coût, le rendement du capital est augmenté.

Le transfert entraîne des frais qui obligent également un commerçant à apposer une remise sur la marchandise. Lorsque l'utilisation d'un intermédiaire de confiance pour régler les transferts hors chaîne réduit les frais, et donc la remise, le rendement du capital du commerçant est augmenté.

La centralisation se manifeste par :

- Les processeurs de paiement
- Les portefeuilles web et autres portefeuilles impliquant de faire confiance
- Les API hébergées pour accéder à la chaîne

Dans un environnement à faible menace[1], le commerçant a moins d'intérêt financier à subventionner la sécurité de Bitcoin. À mesure que le coût des alternatives[2] augmente, la remise devient inévitable. À ce stade, le client décide de payer un prix plus élevé ou le commerçant ferme son entreprise car le capital recherche les taux de rendement du marché.

Références

[1] Chapitre : Paradoxe du niveau de menace

[2] https://fr.wikipedia.org/wiki/Contrôle_des_changes

Sophisme du cafard

Il existe une théorie selon laquelle l'agrégation ne réduit pas sensiblement la sécurité offerte par le partage des risques[1] parce que les mineurs et l'économie se disperseront si nécessaire, comme les cafards se dispersent lorsqu'ils sont perturbés par une lumière. **La théorie implique de manière irrationnelle que la sécurité existe en réalité parce qu'elle pourrait exister.** Il s'agit essentiellement d'un rejet du Paradoxe du niveau de menace[2], qui implique que la sécurité évolue au cours du temps sous une menace persistante.

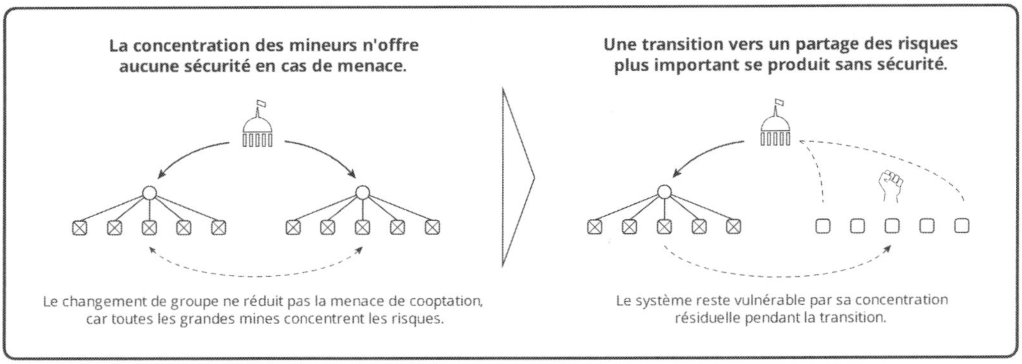

La théorie repose sur le fait que les hacheurs modifient leur allégeance aux mineurs. Ceci est basé sur le Sophisme de l'équilibre des pouvoirs[3], qui modélise à tort les mineurs comme une menace. Un transfert de puissance de hachage d'une mine à une autre ne réduit pas le regroupement ni le risque qui y est associé[4]. Le risque est que les États cooptent de grandes quantités de puissance de hachage, ce qui réduirait

Références

[1] Chapitre : Principe de partage des risques

[2] Chapitre : Paradoxe du niveau de menace

[3] Chapitre : Sophisme de l'équilibre des pouvoirs

[4] Chapitre : Risque de la pression de regroupement

considérablement le coût d'une attaque. C'est une erreur de supposer que les États ne collaborent[1] pas pour défendre leur seigneuriage[2].

> « Le Fonds monétaire international (FMI) est une organisation de 190 pays, œuvrant pour promouvoir la coopération monétaire internationale... »
>
> *imf.org (traduit)*

De ce fait, on ne peut pas supposer qu'une grande mine puisse exister en dehors du contrôle[3] de l'État. Une réduction du regroupement nécessite une augmentation du nombre de mineurs, et plus précisément de ceux qui sont disposés et capables de fonctionner clandestinement[4]. Cela nécessite que les hacheurs endurent le coût accru associé à un regroupement réduit.

Pourtant, on ne peut pas s'attendre à ce que les gens travaillent contre leurs propres intérêts financiers. Pour que le partage des risques augmente, les pressions financières à son encontre doivent être inversées. L'hypothèse contraire est économiquement irrationnelle.

La théorie ignore également la centralisation et la délégation. C'est une erreur de supposer que l'économie peut se décentraliser rapidement, et la dé-délégation serait très probablement irréalisable dans le cas d'attaques étatiques, car les contrôles[5] monétaires restreignent généralement les transferts.

Références

[1] https://www.imf.org/en/About

[2] https://fr.wikipedia.org/wiki/Seigneuriage

[3] Chapitre : Paradoxe du niveau de menace

[4] https://www.theatlantic.com/magazine/archive/2017/09/big-in-venezuela/534177/

[5] https://fr.wikipedia.org/wiki/Contrôle_des_changes

Propriété de consensus

Les gens pensent généralement au consensus dans le contexte d'un groupe d'appartenance fixe, comme un jury[1]. Dans ce modèle, le consensus implique que tous les membres doivent être d'accord. **Mais comme l'adhésion à Bitcoin ne requiert aucune autorisation et n'est donc pas fixe, il y a toujours un accord total, qui est impliqué par l'adhésion.** Dans ce modèle, le consensus fait référence à la taille du groupe (économie), et non à une condition d'accord.

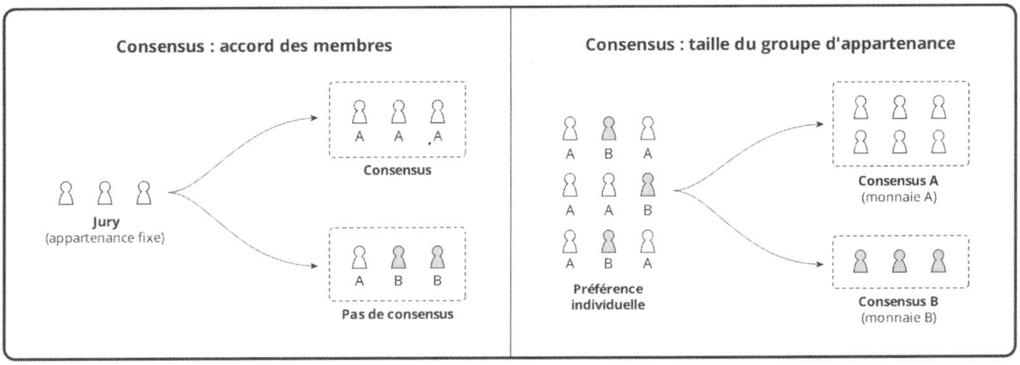

Un consensus peut se fragmenter[2] ou se consolider[3]. En général, un consensus plus large offre une plus grande utilité et une plus grande sécurité en partageant les risques[4] plus largement.

Références

[1] https://fr.wikipedia.org/wiki/Jury

[2] Chapitre : Principe de fragmentation

[3] Chapitre : Principe de consolidation

[4] Chapitre : Principe de partage des risques

Principes cryptodynamiques

La cryptodynamique est un terme inventé ici dans le but de faire facilement référence aux principes fondamentaux de Bitcoin. L'objectif est à la fois de cultiver la compréhension de Bitcoin et de le différencier des autres technologies. Ces principes forment le sous-ensemble minimal de principes cryptoéconomiques nécessaires pour atteindre cet objectif.

Bien que le choix du nom ne soit pas trop important, une justification est fournie ci-dessous.

Crypto[1]

> « Une cryptomonnaie est une [monnaie] qui utilise la cryptographie forte pour sécuriser les transactions financières, contrôler la création des unités supplémentaires et vérifier le transfert de propriété de ces unités. »
>
> *Wikipédia (traduit)*

Dynamique[2]

> « La dynamique [...] est une discipline de la mécanique classique qui étudie les corps en mouvement sous l'influence des actions mécaniques qui leur sont appliquées. »
>
> *Wikipédia*

Références

1 https://en.wikipedia.org/wiki/Cryptocurrency

2 https://fr.wikipedia.org/wiki/Dynamique_(mécanique)

Crypto + Dynamique

La cryptodynamique est l'ensemble des forces qui sécurisent les transactions dans Bitcoin en contrôlant (1) la définition des unités, et (2) le transfert of unités.

Principes

La force de sécurité est de nature entièrement humaine. Les gens doivent agir pour sécuriser quoi que ce soit, y compris Bitcoin. En tant que système économique, la sécurité de Bitcoin ne peut seulement s'attendre à ce que les gens agissent de manière économiquement rationnelle (intérêt personnel). De ce fait, les forces de sécurité de Bitcoin sont entièrement basées sur les actions intéressées de personnes individuelles, plus précisément :

- Le partage des risques[1]
- La dissipation de l'énergie[2]
- La régulation du pouvoir[3]

Ces forces dépendent les unes des autres dans cet ordre. Sans partage des risques, l'énergie ne peut pas être introduite dans le système pour réguler le pouvoir d'un censeur. Avec ces trois forces intactes, Bitcoin peut être sécurisé. Une technologie dépourvue de l'une d'entre elles n'est pas Bitcoin.

On ne peut pas supposer[4] que, compte tenu de l'incorporation de ces forces, une implémentation de Bitcoin soit sécurisable. En outre, l'une peut l'être plus qu'une autre.

Références

[1] Chapitre : Principe de partage des risques
[2] Chapitre : Sophisme de la preuve d'enjeu
[3] Chapitre : Propriété de résistance à la censure
[4] Chapitre : Axiome de résistance

Une technologie est un Bitcoin seulement si elle incorpore ces forces ; sans elles, ce n'est plus le cas.

La possibilité de sécurité offerte par ces forces peut être qualifiée de « sécurité cryptodynamique ». Ainsi, par exemple, une « blockchain permissionnée » viole le principe de partage des risques, une technologie de preuve d'enjeu stricte viole le principe de dissipation de l'énergie, et une monnaie reposant entièrement sur la subvention pour la compensation de confirmation viole le principe de régulation du pouvoir. Aucun de ces systèmes n'est sécurisé sur le plan cryptodynamique.

Principe de risque de garde

Lorsqu'un contrat représente un actif, le contrat est une créance auprès du dépositaire de l'actif. Cette créance est souvent appelée un titre, avec le sous-entendu voulu que la créance soit un « droit » contre l'incapacité du dépositaire d'échanger l'actif selon les termes du contrat. La valeur monétaire du titre est celle de l'actif sous-jacent, moins les coûts d'échange et d'exécution de la créance.

Le risque de garde est un aspect central de toute monnaie[1]. L'utilité d'une monnaie est limitée par la fiabilité de son dépositaire. Étant humain, humain, la fiabilité d'un dépositaire ne peut être garantie. Dans le cas de la monnaie étatique, le dépositaire unique est l'État. Comme le montre le Principe de réserve[2], la monnaie étatique existe dans le but d'accumuler une réserve[3]. L'État n'en tire un avantage que parce que son rôle de dépositaire peut être abrogé à la fois par la liquidation de la réserve et par l'émission de titres frauduleux. En d'autres termes, le défaut du dépositaire est la source de la monnaie étatique.

La valeur monétaire d'une unité de bitcoin est strictement fonction de ce qu'elle peut acquérir dans le commerce. Si aucun commerçant ne l'accepte, une unité n'est pas utile pour son propriétaire. Bitcoin ne repose pas sur un dépositaire, mais dans l'intérêt d'établir un principe général, on peut considérer l'ensemble de tous les commerçants comme le dépositaire collectif de Bitcoin. De ce fait, le risque de garde est réparti dans l'ensemble de l'économie.

Dans le cas de Bitcoin, les commerçants offrent leurs propres biens en échange de la monnaie. De ce fait, il n'y a pas de titrisation implicite de la propriété. Un commerçant

Références

[1] Chapitre : Taxonomie des monnaies

[2] Chapitre : Principe de réserve

[3] Chapitre : Définition de la réserve

peut cesser d'accepter n'importe quelle monnaie, ce qui réduit l'utilité de ladite monnaie. Cela peut être considéré comme un risque de garde, mais pas comme un défaut car le commerçant n'a accepté aucune obligation d'accepter la monnaie. Comme le montre le Principe de fragmentation[1], la modification de l'acceptation des commerçants est la nature d'une scission.

Comme le montre le Sophisme de la blockchain[2], la « technologie blockchain » ne peut offrir aucune défense contre le défaut du dépositaire. Un actif « tokénisé » est un titre. Les possibilités de fraude ou de vol par le dépositaire, soit directement, soit sous la contrainte de l'État, ne sont pas réduites. **Tout comme pour les monnaies-marchandises, telles que l'or, la réduction du risque de garde offerte par Bitcoin n'est pas une conséquence de la technologie ou d'une obligation contractuelle, mais découle de la taille de son économie.** Ironiquement, c'est le « titre » qui offre peu de garantie.

Références

[1] Chapitre : Principe de fragmentation

[2] Chapitre : Sophisme de la blockchain

Erreur de Hearn

Il existe une théorie selon laquelle un État ne peut pas interdire les choses populaires.

Cela implique qu'un volume transactionnel élevé permet une défense efficace contre les attaques et la coercition, ce qui implique par suite que Bitcoin peut être sécurisé en acceptant la force centralisatrice d'un volume transactionnel très élevé.

Cette théorie est invalide, car elle est basée sur une observation empirique mais repose sur une erreur factuelle. **Il est manifeste que les États préfèrent en fait interdire les choses populaires.** Voici une courte liste de choses populaires couramment interdites :

- La drogue
- Le jeu d'argent
- La prostitution
- La religion
- L'expression
- L'assemblée
- Le commerce
- La migration
- Les armes
- Le travail
- Les livres
- La monnaie

Cette erreur peut résulter de l'incapacité à accepter l'Axiome de résistance[1] alors même qu'on continue à travailler dans Bitcoin. Cela est susceptible de produire une dissonance cognitive[2]. On peut être conduit à cette position par la recherche de soulagement qui en découle. Cependant, à la longue, l'erreur devient indéniable, ce qui peut mener à un abandon rageur[3].

Références

[1] Chapitre : Axiome de résistance

[2] https://fr.wikipedia.org/wiki/Dissonance_cognitive

[3] https://fr.wiktionary.org/wiki/ragequit

Sophisme de la thésaurisation

Il existe une théorie selon laquelle un niveau accru de thésaurisation entraîne un niveau accru de sécurité pour la monnaie. Cette théorie est similaire au Sophisme de la vente à bas prix [1] mais sans nécessairement être basée sur une scission.

L'avantage de sécurité présumé d'un niveau élevé de thésaurisation découle de la théorie selon laquelle un propriétaire a son mot à dire dans la validation et pourrait agir pour empêcher l'économie d'accepter ce que les propriétaires considèrent collectivement comme une monnaie invalide. Cependant, les propriétaires n'agissent que s'ils échangent des unités contre quelque chose, et dans ce cas, c'est le commerçant qui applique les règles de consensus. **La possibilité que les propriétaires puissent agir à l'unisson n'augmente pas ce niveau de contrôle nul. La théorie est donc invalide.**

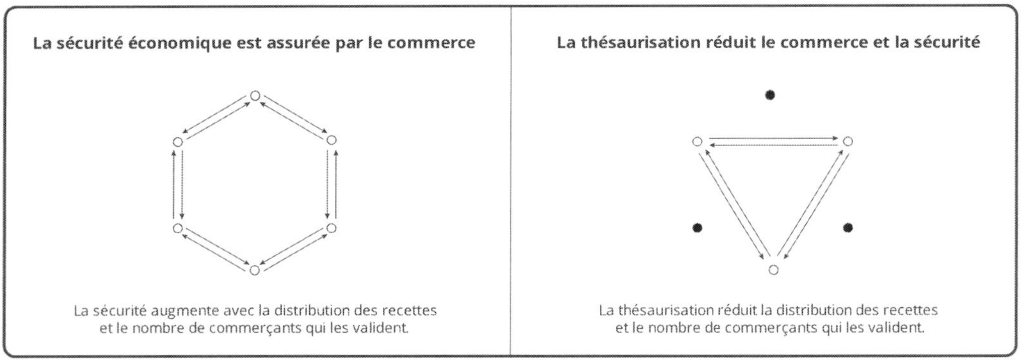

Une augmentation ne peut être décrite que par rapport à un certain niveau de base. Si une personne peut être convaincue que la sécurité du système est accrue par un niveau de thésaurisation collective plus élevé, la théorie soutient que la personne peut décider de thésauriser plus que ce qui serait autrement optimal (c'est-à-dire le niveau de base de la personne). Cela équivaut à un coût individuel réel avec un avantage social présumé. En

Références

[1] Chapitre : Sophisme de la vente à bas prix

d'autres termes, la théorie dépend d'un comportement économique irrationnel, même si l'avantage sécuritaire est réel, et est par conséquent invalide.

La théorie implique qu'une diminution du commerce réalisé avec la monnaie produira une plus grande sécurité. Or, c'est le contraire qui a lieu. Comme le montre le Modèle de sécurité qualitatif[1], l'application des règles de consensus nécessite un commerce continu. Le prix d'une unité de la monnaie dans un autre bien[2] ou une autre monnaie est arbitraire, mais augmente temporairement si on convainc les individus de s'engager dans le sophisme. Le bénéfice de cette augmentation revient aux propriétaires existants. La théorie selon laquelle le prix ne peut qu'augmenter est une erreur spéculative apparentée étudiée dans le Sophisme lunaire[3]. Même une hausse générale perpétuelle et prouvable des prix ne validerait pas cette théorie, car elle ne concerne qu'une augmentation relative temporaire causée par des décisions individuelles financièrement sous-optimales.

Références

[1] Chapitre : Modèle de sécurité qualitatif

[2] Chapitre : Principe d'inflation

[3] Chapitre : Sophisme lunaire

Sophisme de l'arbitrage juridictionnel

Il existe une théorie selon laquelle, dans le cas d'une interdiction de Bitcoin, la monnaie pourrait survivre par le déménagement du minage et des autres activités vers les États permissifs, puisqu'il serait improbable que tous les États participent à cette interdiction.

Ceux qui ne se conforment pas opèrent sur le marché noir[1] du point de vue de l'autorité qui interdit. Un autre État en violation d'une interdiction est considéré comme un État voyou[2] de ce point de vue. Une interdiction est une simple action politique contre laquelle Bitcoin n'offre aucune protection.

Il y a un sophisme apparenté[3] selon lequel une telle action serait incroyablement difficile dans le cas où Bitcoin serait populaire. C'est l'idée que Bitcoin est sécurisé par le vote, ce qui réduit son modèle de sécurité à celui du statu quo de la monnaie étatique, éliminant ainsi la proposition de valeur[4] de Bitcoin.

Les opérations du marché blanc sont par définition éliminées en cas d'interdiction. La théorie implique par conséquent que Bitcoin est en fin de compte sécurisé par la protection des États voyous, ce qui se réduit également à la sécurité par le vote. En outre, les États puissants disposent de nombreux outils[5] pour contraindre les autres, jusqu'à (et y compris) la guerre ouverte. Ces outils sont couramment utilisés dans diverses guerres, comme celles contre la drogue, le blanchiment d'argent et le terrorisme. Une interdiction de Bitcoin pourrait facilement tomber sous le coup des justifications générales de tous ces conflits internationaux existants.

Références

[1] https://fr.wikipedia.org/wiki/Marché_noir

[2] https://fr.wikipedia.org/wiki/État_voyou

[3] Chapitre : Erreur de Hearn

[4] Chapitre : Proposition de valeur

[5] https://fr.wikipedia.org/wiki/Embargo

Cependant, Bitcoin est spécifiquement conçu pour fonctionner sans l'autorisation d'aucun État. Son fonctionnement continu comme monnaie du marché noir peut conduire un ou plusieurs États à tenter de le réprimer par la censure[1]. Bien que cela puisse être tenté par un seul État, il est courant que les États collaborent pour défendre leur pouvoir de prélèvement[2] sur leurs monnaies. C'est le but du Fonds monétaire international[3].

Une telle action peut être exécutée plus efficacement[4] à partir d'un seul emplacement géographique. Dans ce scénario, les États voyous n'offrent aucune défense, sauf dans la mesure où ils sont non seulement disposés à renoncer à l'avantage fiscal de leurs propres monnaies, mais aussi à donner leur revenu fiscal pour résister à la censure. **On ne peut pas supposer que les États voyous peuvent vaincre l'autorité qui censure, et toute dépendance à eux réduit Bitcoin à une monnaie sécurisée politiquement.** De ce fait, la théorie est invalide.

Références

[1] Chapitre : Principe des autres moyens

[2] https://fr.wikipedia.org/wiki/Seigneuriage

[3] https://www.imf.org/fr/

[4] Chapitre : Risque de la pression de regroupement

Principe des autres moyens

Bitcoin est un acte de résistance[1], une tentative de « conquérir un nouveau territoire de liberté ». La liberté se contracte sous la pression constante du financement obligatoire de l'État. Il est typique que la liberté s'étende par l'effusion de sang ayant pour objectif spécifique de réduire le pouvoir étatique. Bitcoin ne peut pas éliminer le besoin de risque personnel pour atteindre cet objectif. Cependant, grâce au partage des risques[2], il peut potentiellement réduire l'impôt[3] d'inflation sans faire couler de sang. Ceci n'éliminera pas l'impôt de manière générale ; mais peut réduire le pouvoir de l'État en rendant l'impôt beaucoup plus visible.

Ce conflit entre l'État et les individus pour le contrôle de la monnaie[4] passera par quatre phases (au plus), prévues par le modèle de sécurité[5] de Bitcoin. Celles-ci peuvent se chevaucher et varier selon les régions, mais elles sont toutes clairement identifiables.

1. L'état de grâce
2. Le marché noir
3. La concurrence
4. La capitulation

Références

[1] Chapitre : Axiome de résistance

[2] Chapitre : Principe de partage des risques

[3] https://fr.wikipedia.org/wiki/Seigneuriage

[4] Chapitre : Taxonomie des monnaies

[5] Chapitre : Modèle de sécurité qualitatif

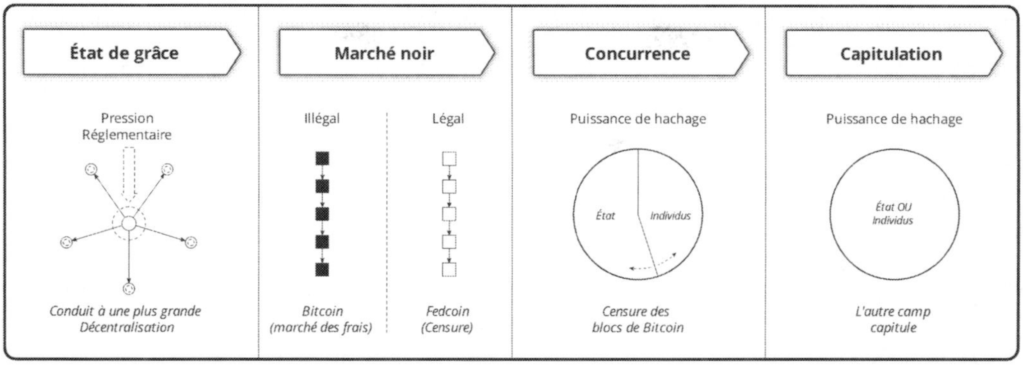

La phase de l'état de grâce est caractérisée par la volonté des organismes étatiques de conserver un contrôle réglementaire sur le mouvement de la monnaie et des titres. À cette fin une pression est appliquée sur les points agrégation. À mesure que la pression sur les mineurs regroupés et les commerçants centralisés s'accroît, les coûts augmentent et l'utilité diminue. La monnaie devient alors nécessairement plus distribuée pour éviter ces charges.

Lorsqu'il devient évident que le contrôle des points d'agrégation n'est pas suffisant et qu'on commence à prendre conscience que le seigneuriage[1] est en danger, l'utilisation transactionnelle et le minage alternatif de Bitcoin sont interdits[2]. Comme les États collaborent pour protéger leurs monnaies, cette interdiction peut devenir une « guerre contre Bitcoin » mondiale. Cela pourrait coïncider avec l'adoption d'une nouvelle monnaie officielle, à savoir Fedcoin[3]. L'objectif serait de paraître adopter une monnaie « plus sûre » que Bitcoin tout en conservant les avantages du seigneuriage et de la surveillance des substituts électroniques de la monnaie étatique.

En supposant une résistance suffisante, Bitcoin subsiste indépendamment de Fedcoin en tant que monnaie du marché noir. À ce stade, l'État conclut que la seule tactique efficace

Références

[1] https://fr.wikipedia.org/wiki/Seigneuriage

[2] Chapitre : Erreur de Hearn

[3] Chapitre : Objectifs de Fedcoin

est de rentrer en concurrence en tant que mineur. Étant donné que le minage est nécessairement anonyme[1], il n'y a aucun moyen[2] pour l'économie d'empêcher la participation de l'État au minage. Bitcoin entre ainsi dans la phase de la concurrence[3], durant laquelle l'État tente d'exécuter une attaque des 51 % perpétuelle.

Outre l'imposition continue de la phase du marché noir, la phase de la concurrence est caractérisée par une bataille pacifique de puissance de hachage entre l'État et les individus. L'État opère à perte en raison du rejet des transactions censurées. Cette perte est compensée par les recettes fiscales. La pression des frais sur les transactions censurées augmente[4] jusqu'à ce que la subvention du minage étatique soit compensée par ce niveau de frais. **À ce stade, les impôts et les frais des transactions censurées augmentent tous les deux jusqu'à ce qu'un côté du conflit capitule.**

De cette manière, Bitcoin peut potentiellement gagner une guerre par d'autres moyens[5]. On ne peut pas présumer que cette capitulation sera permanente. Comme l'implique le Paradoxe du niveau de menace[6], la monnaie est susceptible de dériver vers les phases précédentes à mesure que la menace diminue.

Références

[1] Chapitre : Principe des données publiques

[2] Chapitre : Sophisme de la preuve de travail

[3] Chapitre : Principe des autres moyens

[4] Chapitre : Propriété de résistance à la censure

[5] https://fr.wikiquote.org/wiki/Carl_von_Clausewitz

[6] Chapitre : Paradoxe du niveau de menace

Principe de résistance aux brevets

Contrairement au droit d'auteur, le brevet est une force hostile au marché. Un véritable droit d'auteur est un accord contractuel entre l'acheteur et le vendeur, là où le brevet est exclusivement une concession étatique de monopole[1]. Le brevet n'est pas une « attaque » réalisée par le titulaire du brevet, c'est une pression de regroupement[2] due à une distorsion créée par l'État.

Le processus du minage est hautement compétitif. La protection contre les monopoles dans l'utilisation d'algorithmes[3] de minage efficaces est une forte pression de regroupement hostile au marché. Bitcoin est sécurisé par des gens qui résistent[4] aux forces hostiles au marché. La résistance présente un risque[5] plus élevé lorsque les mineurs sont fortement regroupés et/ou identifiés[6].

Si les gens ne résistent pas à de telles forces, il n'y a pas de sécurité[7] dans la monnaie. À mesure que le niveau de menace[8] augmente, la conséquence d'une violation du brevet ne devient pas plus un risque que le minage lui-même. **De ce fait, l'impact des brevets est sans importance car il dépend de la sécurité de la monnaie.**

Références

[1] https://mises.org/library/man-economy-and-state-power-and-market/html/p/1075

[2] Chapitre : Risque de la pression de regroupement

[3] https://patents.google.com/patent/WO2015077378A1

[4] Chapitre : Axiome de résistance

[5] Chapitre : Principe de partage des risques

[6] Chapitre : Principe des données publiques

[7] Chapitre : Modèle de sécurité qualitatif

[8] Chapitre : Paradoxe du niveau de menace

Principe d'absence de permission

Bitcoin est conçu[1] pour fonctionner sans la permission d'aucune autorité. Sa proposition de valeur[2] repose entièrement sur cette propriété.

Du point de vue de l'État, un marché peut être divisé en un marché autorisé et un marché sans autorisation. Par soucis de commodité, le premier est souvent appelé « marché blanc » et le second « marché noir ». Le commerce sur le marché blanc, par définition, nécessite une permission, et celui sur le marché noir n'en nécessite aucune.

En tant que simple question de définition, **le fonctionnement de Bitcoin ne peut pas se faire à la fois sur le marché blanc et sans permission.** Toute personne opérant sur le marché blanc a besoin d'une autorisation pour le faire. Bitcoin est donc intrinsèquement une monnaie du marché noir. Son architecture de sécurité suppose nécessairement qu'il fonctionne sans autorisation de l'État[3].

La sécurité de Bitcoin ne s'étend pas aux systèmes du marché blanc. Tout système dépendant de la proposition de valeur de Bitcoin doit également faire partie du marché noir.

Références

[1] Chapitre : Principes cryptodynamiques

[2] Chapitre : Proposition de valeur

[3] Chapitre : Principe des autres moyens

Sophisme du dilemme du prisonnier

Il existe une théorie selon laquelle un État individuel est confronté à un dilemme du prisonnier[1] au moment de choisir de participer à une interdiction de Bitcoin. Une interdiction significative implique qu'un ou plusieurs États (la « prison ») imposeront (au moins) des sanctions économiques[2] à d'autres États (les « prisonniers ») qui pourraient adopter le bitcoin comme monnaie de réserve[3].

Nous supposons que les prisonniers pouvant décider d'utiliser le bitcoin sont des partenaires commerciaux. En d'autres termes, son utilisation en tant que monnaie de réserve nécessite un partenaire avec qui effectuer des transactions.

L'utilité ordinale[4] est impliquée par la conception subjective de la valeur[5]. Aucune résultat nul[6] n'est observé, ce qui implique un dilemme au sens fort. Les hypothèses de symétrie et d'asymétrie d'information sont évaluées.

Le résultat pour un bitcoin individuel (Duperie) est :

- Une sanction économique.
- Aucun partenaire commercial (les autres utilisent le dollar).
- Une monnaie de réserve inutilisable (pas de partenaires commerciaux).

Références

[1] https://fr.wikipedia.org/wiki/Dilemme_du_prisonnier

[2] https://www.cfr.org/backgrounder/what-are-economic-sanctions

[3] https://fr.wikipedia.org/wiki/Monnaie_de_réserve

[4] https://fr.wikipedia.org/wiki/Théorie_du_consommateur_(microéconomie)#Utilité_ordinale

[5] https://fr.wikipedia.org/wiki/Conception_subjective_de_la_valeur

[6] https://fr.wikipedia.org/wiki/Match_nul

Le résultat pour un bitcoin mutuel (Coopération) est :

- Une sanction économique.
- Une sanction économique du partenaire commercial.
- Une monnaie de réserve non taxée par seigneuriage.

Le résultat pour un dollar individuel (Tentation) est :

- Aucune sanction économique.
- Une sanction économique du partenaire commercial.
- Une monnaie de réserve taxée par seigneuriage.

Le résultat pour un dollar mutuel (Punition) est :

- Aucune sanction économique.
- Aucune sanction économique du partenaire commercial.
- Une monnaie de réserve taxée par seigneuriage.

Dilemme symétrique au sens fort avec relations de résultat ordinales

Brésil \ Irlande	Bitcoin	Dollar
Bitcoin	C \ C	D \ T
Dollar	T \ D	P \ P

Pour être considéré comme un dilemme du prisonnier, T > C > P > D doit être vrai[1] où :

- T > C et P > D impliquent que le dollar est la stratégie dominante pour chacun.
- C > P implique que le bitcoin mutuel est préféré par chacun au dollar mutuel.

Références

[1] https://plato.stanford.edu/entries/prisoner-dilemma/#Symm2t2PDOrdiPayo

Nous pouvons conclure que P > D est valable, car la sanction individuelle n'implique aucun règlement international donc aucun avantage à tirer d'une réserve de change[1], et les sanctions ne sont vraisemblablement pas souhaitables.

Pour déterminer si C > P and T > C sont valables, une méthode objective est nécessaire pour connecter uniquement le seigneuriage et la sanction, car les sanctions ne sont vraisemblablement pas souhaitables. Cela peut être obtenu par l'observation que l'or n'est soumis ni au seigneuriage[2] ni à la sanction. En d'autres termes, l'or offre les avantages du bitcoin mentionnés ci-dessus sans la sanction. Pourtant, l'or n'a pas été choisi (et a été précédemment abandonné en faveur du dollar), ce qui implique que le résultat du dollar est préféré à l'or et donc au bitcoin. De ce fait, aucune des stratégies[3] n'est valable. **De ce fait, il n'y a pas de dilemme.**

Dilemme asymétrique au sens fort avec relations de résultat ordinales

Brésil \ Irlande	Bitcoin	Dollar
Bitcoin	Cr \ Cc	Dr \ Tc
Dollar	Tr \ Dc	Pr \ Pc

Pour être considéré comme un dilemme du prisonnier, Ti > Ci > Pi > Di doit être vrai[4] où :

- Tr > Cr et Pr > Dr
- Tc > Cc et Pc > Dc
- Cr > Pr et Cc > Pc

Références

1 https://fr.wikipedia.org/wiki/Réserves_de_change

2 https://fr.wikipedia.org/wiki/Seigneuriage

3 https://fr.wikipedia.org/wiki/Dominance_stratégique

4 https://plato.stanford.edu/entries/prisoner-dilemma/#Asym

Si ces relations sont toutes valables, alors le dollar individuel est préféré au bitcoin, et le bitcoin mutuel est préféré. Puisque ce sont les mêmes relations évaluées que dans le scénario symétrique, il n'y a pas de dilemme.

Autres hypothèses

La relation or-bitcoin suppose que les coûts de compensation[1], liés au transport de l'or et à la confirmation du bitcoin, sont négligeables[2] dans le contexte d'un règlement international. La compensation nécessite un mouvement périodique des seuls déséquilibres de paiement entre les États.

> « ... toute correction d'un déséquilibre économique serait accélérée et il ne serait normalement pas nécessaire d'attendre le moment où des quantités substantielles d'or aient besoin d'être transportées d'un pays à l'autre. »
>
> *gold.org (traduit)*

Le dollar a été préféré à l'or malgré un poids un poids similaire, une taille nettement plus grande, et un seigneuriage. La relation or-bitcoin ne suppose aucune distinction en matière de volatilité et de liquidité, bien que l'or surpasse[3] objectivement le bitcoin dans ces deux domaines. Étant donné que l'or et le bitcoin sont tous deux des monnaies stables[4], aucun rendement spéculatif n'est supposé pour l'un ou l'autre. Les autres propriétés monétaires de l'or, du bitcoin et du dollar sont supposées être équivalentes ou non pertinentes pour servir de monnaie de réserve étatique.

Références

[1] https://fr.wikipedia.org/wiki/Compensation_(finance)

[2] https://www.gold.org/about-gold/history-of-gold/the-gold-standard

[3] https://coinweek.com/bullion-report/bitcoin-vs-gold-10-crystal-clear-comparisons

[4] Chapitre : Propriété de stabilité

Sophisme de la clé privée

Les clés privées ne sécurisent pas Bitcoin, elles sécurisent les unités de Bitcoin. **Le contrôle des clés privées s'applique à la sécurité individuelle et non à la sécurité du système.** Celui qui contrôle les clés est le propriétaire, et Bitcoin assure la sécurité de ce propriétaire, même si les clés sont volées. La validation décentralisée sécurise le consensus et la puissance de hachage majoritaire distribuée sécurise la confirmation, mais la sécurité des clés privées est le problème du propriétaire.

Sophisme de la preuve de travail

Les commerçants achètent des services miniers qui respectent leurs règles moyennant des frais satisfaisants. Il existe une théorie selon laquelle les services miniers sont subordonnés dans cet échange commercial. Cette subordination est parfois qualifiée d'« asymétrie » ou de « gouvernement des utilisateurs ». Cette théorie amène les gens à croire que les mineurs peuvent être fortement regroupés tant que les commerçants ne sont pas centralisés, car l'économie peut contrôler le comportement du minage, ce qui sécurise le système. La conséquence de cette théorie invalide est la complaisance à l'égard de l'insécurité causée par le regroupement.

Les mineurs contrôlent la sélection des transactions, tandis que les commerçants contrôlent les biens offerts dans l'échange. Si une partie de l'économie n'est pas satisfaite de la sélection des mineurs, elle peut offrir ses biens à vendre contre une monnaie scindée possédant règle de travail différente qui rende obsolète tout le matériel de hachage. Ceci est typiquement décrit comme un hard fork de preuve de travail.

Selon cette théorie, les mineurs subissent alors des pertes catastrophiques en raison de l'irrécupérabilité de leur investissement en capital dans du matériel hautement spécialisé. Le hard fork peut inclure un ajustement de la difficulté, permettant à la confirmation de continuer en dépit d'une présumée chute significative du taux de hachage. En raison de la difficulté inférieure et du manque présumé de matériel spécialisé, un plus grand nombre d'individus sont capables de miner. Cela fait entrer de nouveaux mineurs sur le marché et réduit le regroupement.

Il a été dit que cette capacité de l'économie à imposer une perte de capital à ses partenaires commerciaux est une asymétrie unique par rapport à d'autres marchés. Par exemple, une communauté d'acheteurs de pommes ne peut pas simplement « détruire » les vergers de tous ses fournisseurs. **La théorie ne reconnaît pas qu'il n'y a pas d'asymétrie dans le commerce.** Si tous les acheteurs de pommes décident qu'ils n'achèteront aucune pomme aux vergers existants, ils possèdent certainement ce pouvoir.

De même, les vergers ont la possibilité de ne pas vendre. Le prix est la résolution continuelle de cette tension. C'est exactement la même dynamique qui existe sur tous les marchés.

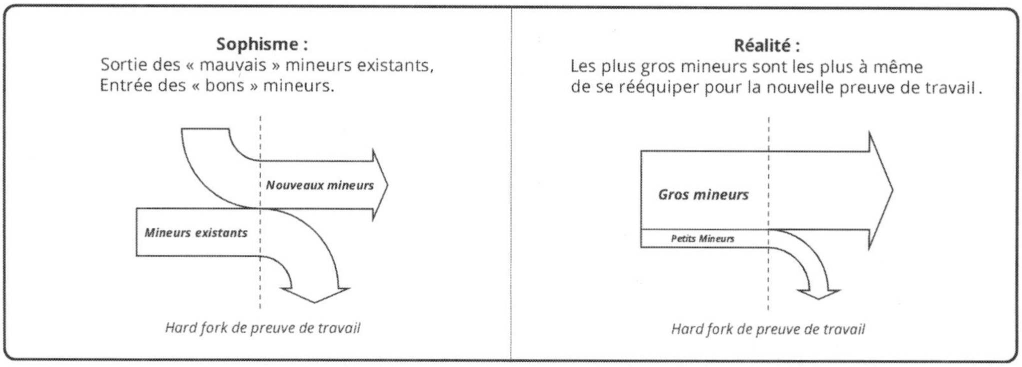

La théorie ne prend pas non plus en compte l'absence d'identité. Elle suppose que la perte en capital provoquera la sortie des « mauvais » mineurs existants et l'entrée de nouveaux « bons » mineurs. Ceci est une hypothèse sans fondement. Il n'y a aucune raison de croire que les mineurs existants partiraient, ni aucune raison de croire que de nouveaux mineurs ne prendraient pas les mêmes décisions que les mineurs précédents étant donné qu'ils exercent la même activité, en supposant que l'on puisse même faire la différence. Au moins dans le scénario des pommes, on sait à qui les pommes sont achetées et on peut discriminer, ce qui n'est pas possible dans Bitcoin.

La théorie ne prend pas non plus en compte l'économie du minage. Il y a un avantage de proximité[1] qui crée un plus grand rendement sur le capital pour les mineurs qui possèdent une plus grande puissance de hachage. Les gros mineurs sont par conséquent plus rentables que les petits. Les plus gros mineurs seront donc mieux capitalisés que leurs concurrents plus petits. Lorsque le changement de règle se produit, les mineurs qui restent sont ceux qui peuvent se permettre de se rééquiper, c'est-à-dire les plus gros.

Références

[1] Chapitre : Défaut de la prime de proximité

Il est irrationnel de supposer que tous les mineurs se contentent de partir. Nous attendrions-nous à ce que tous les producteurs de pommes soient remplacés par de nouveaux producteurs de pommes ? Dans le minage, est-ce que l'expertise, les installations, les contrats d'énergie, les procédures et les machines non spécialisées ne sont pas des avantages importants par rapport aux nouveaux arrivants ? Les mineurs existants ont un avantage inhérent par rapport à leurs remplaçants supposés. Cela signifie qu'ils ont un meilleur accès au capital. Donc, non seulement les plus gros mineurs se retrouvent avec moins de concurrence, mais les mineurs existants qui restent ont aussi un avantage sur les nouveaux mineurs.

La théorie ne tient pas non plus compte du fait que les commerçants ont besoin du minage. Le minage n'est pas remplacé par la scission, et conserve le contrôle complet de la sélection des transactions. Donc, par exemple, si les « mauvais » mineurs sont des États qui attaquent la monnaie, l'État lui-même et les mineurs cooptés poursuivront l'attaque avec la même volonté de perturbation, à un coût énergétique inférieur. Puisque d'autres mineurs font faillite en raison de ce qui est effectivement un impôt de 100 %, le coût énergétique de l'attaquant continue de diminuer. Les services miniers qui sont « bons » pour les commerçants ne peuvent pas être produits par la scission.

Enfin, la théorie ne reconnaît pas les conséquences assurantielles. En se basant sur la perte de capital précédente vécue par tous les mineurs pour une monnaie donnée, tous les futurs mineurs de la monnaie remplaçante s'assureront contre la probabilité d'un événement similaire. Ils peuvent s'auto-assurer, mais le coût accru est inévitable. Cela réduira le taux de hachage pour les mêmes frais jusqu'à ce que la possibilité d'un tel événement soit jugée négligeable. Ainsi, l'économie réduit sa propre sécurité contre la double dépense et se retrouve avec les mêmes mineurs et un plus fort regroupement. Il s'agit d'une réduction de la sécurité à deux niveaux, n'apportant aucun avantage.

Principe des données publiques

Il découle du Principe du partage des risques[1] que la sécurité du système dépend du minage et du commerce clandestins. Une monnaie existe en tant que marché que mutuellement avantageux[2] entre les mineurs et les commerçants pour la confirmation des transactions au sein de blocs en échange de frais.

Les activités clandestines nécessaires sont répertoriées par rôle :

Mineur

- Obtenir des blocs [à partir desquels construire]
- Obtenir des transactions non confirmées [afin de percevoir leurs frais]
- Créer et distribuer des blocs [sur lesquels les autres seront incités à s'appuyer]
- Recevoir le paiement des confirmations [pour financer l'exploitation minière]

Commerçant

- Obtenir des blocs [pour valider le paiement du client]
- Obtenir des transactions non confirmées (facultatif) [pour anticiper les paiements et les frais]
- Créer et distribuer des transactions [pour obtenir le paiement du client]
- Effectuer le paiement des confirmations [pour indemniser la confirmation]

Si les blocs ne peuvent pas être obtenus de manière anonyme, le système n'est pas sécurisé. L'impossibilité d'obtenir les blocs les plus forts disponibles pour d'autres

Références

[1] Chapitre : Principe de partage des risques

[2] Chapitre : Sophisme de l'équilibre des pouvoirs

personnes est une cloison du réseau, qui implique une insécurité locale. Cependant, ni l'anonymat, ni son contraire, l'identité, ne peuvent garantir que l'on voie la branche la plus forte à un moment donné. En d'autres termes, toute tentative d'atténuer le cloisonnement avec l'introduction de l'identité est un faux choix[1] qui sacrifie la sécurité du système pour la fausse promesse d'assurer une sécurité locale.

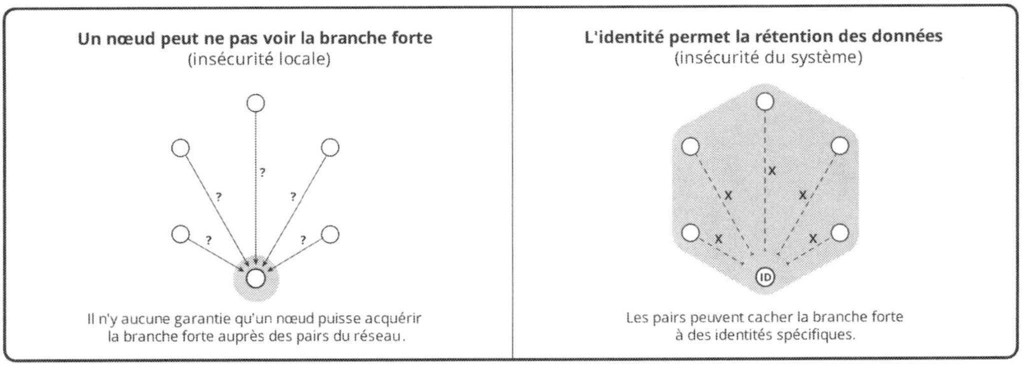

Il n'est pas essentiel que tous les mineurs ou commerçants voient toutes les transactions à un moment donné. Cependant, une large visibilité est préférable car elle produit la concurrence la plus robuste pour les frais et pour les informations de premier plan.

En d'autres termes, un marché où chaque participant voit toutes les transactions en permanence est un marché parfait[2]. Demander au réseau des transactions spécifiques, par opposition à toutes les transactions (ou des informations récapitulatives sur toutes les transactions), est une source de salissure et doit être aussi évitée dans l'intérêt de la sécurité.

La création de blocs et de transactions n'expose pas intrinsèquement l'identité, mais la distribution publique des uns ou des autres est la principale source de salissure. Dans la

Références

[1] https://fr.wikipedia.org/wiki/Faux_dilemme

[2] https://fr.wikipedia.org/wiki/Concurrence_pure_et_parfaite

mesure où les mineurs s'identifient ouvertement, ils s'appuient sur l'hypothèse d'un environnement à faible menace[1], et ne contribuent pas à la sécurité du système. Éviter les salissures lors de la diffusion de blocs et de transactions nécessite l'utilisation d'une connexion[2] anonyme à un serveur communautaire. Cela garantit que le réseau de distribution n'a jamais accès aux informations d'identification.

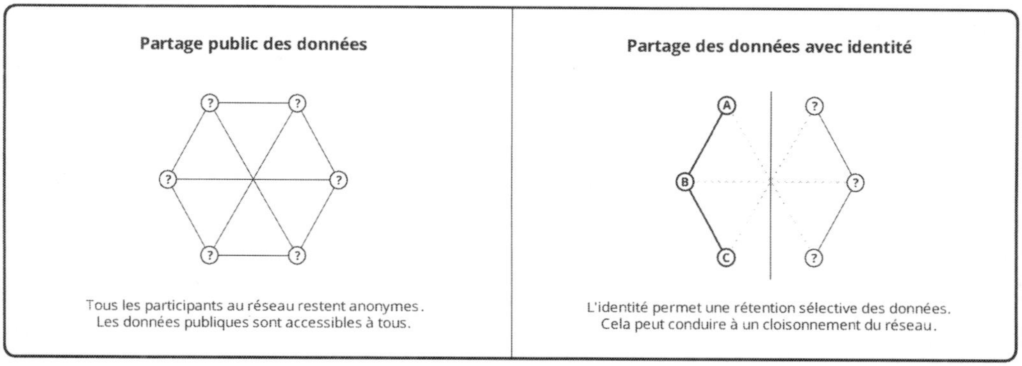

La preuve de travail l'anonymat des mineurs. Il n'y a pas de signature associée au minage et l'énergie est supposée être omniprésente. De même, la possibilité de payer de manière anonyme pour la confirmation est la raison de l'intégration des frais de transaction. Il est suffisant[3] de payer directement un mineur (hors chaîne) pour la confirmation, mais cela expose le commerçant et le mineur l'un à l'autre, et rend plus difficile l'estimation anonyme des frais.

La nouveauté de Bitcoin réside dans le fait que toutes les transactions financières peuvent être validées à partir de données publiques et sans identité. Les systèmes financiers centralisés reposent soit sur la confiance dans les connexions (identifiables cryptographiquement) avec d'autres parties, soit sur la confiance dans les signatures (vérifiables cryptographiquement) présentes dans les données transmises. Telle est

Références

[1] Chapitre : Paradoxe du niveau de menace

[2] https://fr.wikipedia.org/wiki/Proxy_anonymiseur

[3] Chapitre : Sophisme des frais annexes

l'essence des systèmes fondés sur la confiance ; certaines autorités possèdent des secrets que d'autres utilisent pour vérifier cette authenticité. **La raison de la validation est d'éliminer l'utilisation de l'identité et donc de l'autorité.**

Modèle de sécurité qualitatif

Modèle de décentralisation

Dans le Principe de réseau social[1], il est montré que Bitcoin est un réseau de relations humaines. Il peut être modélisé sous la forme d'un graphe orienté[2] dans lequel chaque sommet représente un commerçant et chaque arête représente un échange pour du bitcoin. Les arêtes indiquent la direction du mouvement de monnaie et sont quantifiés en nombre d'unités échangées. Tous les propriétaires sont présumés avoir été des commerçants au moment de la réception des pièces, y compris en tant que mineurs (vente de confirmations) et en tant que bénéficiaires de charité (vente de survaleur[3]).

Si une personne n'accepte pas personnellement la monnaie ou ne valide pas personnellement la monnaie acceptée, la personne ne peut pas rejeter la monnaie invalide. La personne confie cette tâche à une autorité centrale. **Toutes les personnes utilisant le même délégué sont réduites à un seul sommet qui représente le délégué.**

Pour une période de temps donnée, la sécurité économique est fonction du nombre de commerçants et de la similitude des montants échangés. L'économie la plus forte serait celle dans laquelle tous les habitants du monde échangeraient le même nombre d'unités pendant la période, idéal que l'on peut appeler une économie « distribuée » (ou entièrement décentralisée). L'économie la plus faible serait celle dans laquelle un délégué accepterait toutes les unités échangées au cours de la période, ce qui serait une économie « centralisée ».

Références

[1] Chapitre : Principe de réseau social

[2] https://fr.wikipedia.org/wiki/Graphe_orienté

[3] https://fr.wikipedia.org/wiki/Goodwill

Plus précisément, le système le plus économiquement décentralisé est celui qui possède le plus grand nombre de sommets (commerçants) et le coefficient de variation[1] le plus bas pour les arêtes entrantes (recettes). En définissant une fonction de distribution comme l'inverse du coefficient de variation, on obtient :

```
décentralisation-économique = distribution(recettes) × commerçants
```

Similairement à la sécurité économique, la sécurité de confirmation peut être modélisée sous la forme d'un graphe sans arête[2]. Chaque mineur est représenté par un sommet du graphe. Un hacheur n'est pas un mineur car le hacheur n'a aucune capacité de décision, seul le mineur est représenté. La puissance de hachage totale employée par un mineur est le poids du sommet.

Pour une période de temps donnée, la sécurité de confirmation est fonction du nombre de mineurs et de la similitude de leur puissance de hachage dirigée. La résistance à la censure la plus forte serait celle où tous les habitants du monde mineraient à la même puissance de hachage pendant la période, idéal que l'on peut appeler la confirmation « distribuée » (ou entièrement décentralisée). La résistance à la censure la plus faible serait celle où un mineur posséderait 100 % de la puissance de hachage, ce qui serait une confirmation « centralisée ».

Plus précisément, le système le plus décentralisé dans la confirmation est celui qui possède le plus grand nombre de sommets (mineurs) et la distribution de poids la plus élevée (puissance de hachage) :

```
décentralisation-de-confirmation = distribution(puissance-de-hachage) ×
mineurs
```

Références

[1] https://fr.wikipedia.org/wiki/Coefficient_de_variation

[2] https://fr.wikipedia.org/wiki/Graphe_nul

Modèle de sécurité

La décentralisation à elle seule n'est pas la sécurité. La sécurité est le produit de l'activité, de la distribution de cette activité et de la fraction de l'humanité participante.

```
sécurité = activité × distribution × participation
```

Étant donné qu'il n'y a pas de limite à l'humanité, au commerce ou au calcul, le niveau de sécurité sur chaque axe est illimité. La sécurité est également illimitée avec une distribution parfaite (c'est-à-dire une décentralisation infinie). Un niveau minimum de zéro sur chaque axe est atteint en l'absence de participation ou d'activité. La sécurité économique et la sécurité de confirmation peuvent ainsi être définies comme :

```
sécurité-économique = recettes × distribution(recettes) × [commerçants / humanité]

sécurité-de-confirmation = puissance-de-hachage × distribution(puissance-de-hachage) × [mineurs / humanité]
```

Limites du modèle

Ces relations ne disent rien de l'efficacité absolue représentée par une valeur quelconque, ou de l'efficacité relative de deux valeurs quelconques, sauf le fait qu'une valeur plus élevée représente une plus grande efficacité. Ceci n'est pas dû à une insuffisance du modèle. Les facteurs incluent des personnes, et en particulier l'efficacité de leurs capacités individuelles à résister[1] et leur perception de la valeur de la monnaie. Tous ceux qui valident ou minent offrent un certain niveau de résistance, mais il n'y a pas de continuité impliquée. On parle d'un « niveau » de sécurité et non d'une « quantité » de sécurité.

Références

[1] Chapitre : Axiome de résistance

Comme le montre le Principe des données publiques[1], l'anonymat est un outil qui aide quelqu'un à défendre sa capacité à échanger et/ou à miner. De ce fait, le niveau de décentralisation ne peut jamais être mesuré ; le modèle est une aide conceptuelle. Comme montré dans le Sophisme de l'équilibre des pouvoirs[2], les sécurités offertes par chacun des deux sous-modèles sont complémentaires et indépendantes l'une de l'autre. Alors que les gens pourraient décider d'échanger et/ou de miner indépendamment à l'avenir, le Sophisme du cafard[3] montre qu'ils ne contribuent pas à la sécurité tant qu'ils ne le font pas. Le modèle représente la sécurité telle qu'elle existe durant la période.

Références

[1] Chapitre : Principe des données publiques

[2] Chapitre : Sophisme de l'équilibre des pouvoirs

[3] Chapitre : Sophisme du cafard

Principe de partage des risques

Bitcoin n'est pas sécurisé par des chaînes de blocs[1], par la puissance de hachage, la validation, la décentralisation, la cryptographie[2], l'open source[3] ou la théorie des jeux[4] – il est sécurisé par des gens.

La technologie n'est jamais la source de la sécurité du système. La technologie est un outil pour aider les gens à sécuriser ce qu'ils valorisent. La sécurité exige que des gens agissent. Un serveur ne peut pas être sécurisé par un pare-feu s'il n'y a pas de verrou sur la porte de la salle des serveurs, et un verrou ne peut pas sécuriser la salle des serveurs sans un gardien pour surveiller la porte, et un gardien ne peut pas sécuriser la porte sans risque de blessure personnelle.

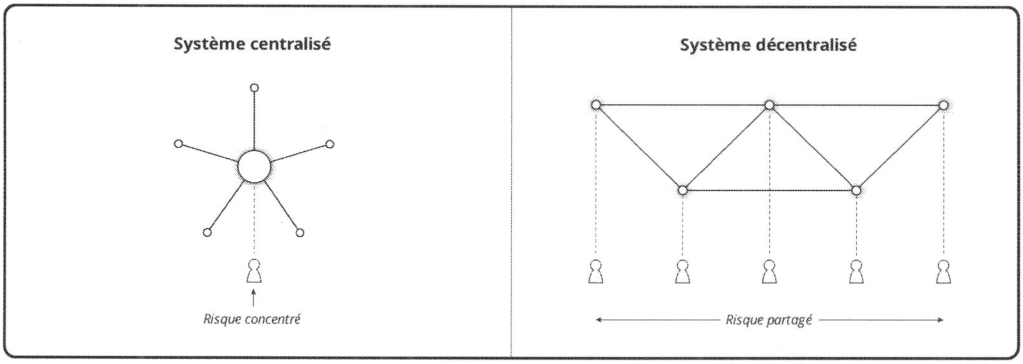

Bitcoin n'est pas différent, il est sécurisé par des gens qui s'exposent à des risques personnels. Partager ces risques avec d'autres personnes est le but de la décentralisation.

Références

[1] https://fr.wikipedia.org/wiki/Blockchain

[2] https://fr.wikipedia.org/wiki/Cryptographie

[3] https://fr.wikipedia.org/wiki/Free/Libre_Open_Source_Software

[4] Chapitre : Sophisme du dilemme du prisonnier

Un système centralisé[1] nécessite qu'une seule personne[2] assume tous les risques. Un système décentralisé répartit les risques entre les individus[3] qui forment la sécurité du système. Ceux qui ne comprennent pas la valeur de la décentralisation ne comprennent probablement pas le rôle nécessaire[4] des gens dans la sécurité.

Bitcoin permet aux gens de partager les risques personnels de l'acceptation et du minage de la monnaie. Seules la volonté et la capacité de ces gens à résister[5] peuvent empêcher la coercition de leurs nœuds et la cooptation de leurs mines, et c'est ce qui sécurise Bitcoin en réalité. Si les gens n'acceptent pas ces risques, il n'y a aucune sécurité efficace dans la monnaie. Si un grand nombre de gens le font, le risque individuel est minimisé. Bitcoin est un outil, pas de la magie.

Références

[1] https://en.wikipedia.org/wiki/Liberty_Reserve

[2] https://fr.wikipedia.org/wiki/Ross_Ulbricht

[3] https://fr.wikipedia.org/wiki/BitTorrent

[4] https://www.theatlantic.com/magazine/archive/2017/09/big-in-venezuela/534177

[5] Chapitre : Axiome de résistance

Principe de réseau social

Dans la terminologie de l'article de Paul Baran de 1964 sur les réseaux distribués[1], l'importance topologique dans la conception des réseaux est la capacité des communications à supporter la perte d'un certain nombre de nœuds. Un réseau centralisé (en étoile) échouera avec la perte d'un nœud. Un réseau distribué (en maillage) est plus résistant. Une forme hybride de ces systèmes est considérée comme décentralisée.

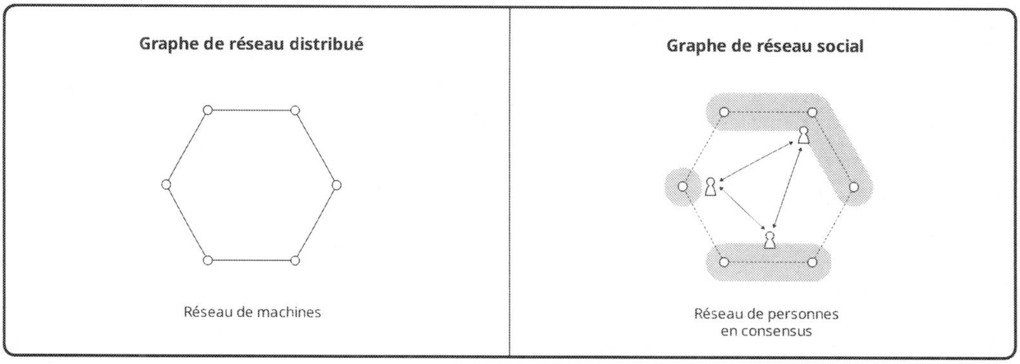

En tant que monnaie, Bitcoin forme un graphe social. Seule une personne peut décider d'accepter une monnaie[2] ou une autre dans le commerce. Un ensemble de personnes partageant la même définition d'une monnaie est appelé un consensus. L'autorité dans un système monétaire est le pouvoir de définir la monnaie. Bitcoin est un outil que les gens peuvent utiliser pour se défendre contre la tendance à l'autorité, afin de préserver leur accord et par conséquent l'utilité de leur monnaie.

Dans la terminologie des systèmes distribués, un « nœud » Bitcoin est une personne et le système est une monnaie. Peu importe le nombre de machines que la personne

Références

[1] http://web.cs.ucla.edu/classes/cs217/Baran64.pdf

[2] Chapitre : Taxonomie des monnaies

contrôle, la perte de cette personne constitue la perte d'un nœud dans le système (ce qui inclut toutes les machines de la personne).

Une monnaie centralisée ne peut pas supporter la perte d'une personne. Si cette personne change ses règles, la monnaie d'origine cesse d'exister. Comme le montre le Principe de partage des risques[1], Bitcoin s'appuie sur la décentralisation pour permettre aux gens de résister[2] à l'autorité. Cette décentralisation augmente la capacité de la monnaie à supporter la perte de plus de personnes face aux attaques étatiques. Une perte en ce sens est le refus de la personne d'échanger dans la monnaie concernée.

Références

[1] Chapitre : Principe de partage des risques

[2] Chapitre : Axiome de résistance

Paradoxe du niveau de menace

Comme l'implique la Propriété de somme nulle[1], il est possible que le seul moyen de contourner les subventions externes[2] soit de miner à perte par rapport au rendement du capital sur le marché. De même, il semble que le seul moyen de vaincre l'impôt, jusqu'à et y compris un impôt de 100 % (interdiction), soit de miner hors de portée de l'autorité fiscale, par exemple en secret. Comme pour tous les marchés noirs[3], le minage surversif[4] a un coût accru. La concurrence avec le minage subventionné aggrave ce coût.

Si l'on accepte l'Axiome de résistance[5], on doit supposer que l'impôt et la subvention seront utilisés tous les deux pour réduire le coût du contrôle de Bitcoin. En utilisant le pouvoir de subventionner le minage (via les recettes fiscales), les États peuvent provoquer un regroupement ans la région de la subvention. Une fois que la puissance de hachage majoritaire est concentrée, l'État peut utiliser son pouvoir fiscal (réglementaire) dans la région pour imposer la censure.

Par conséquent, pour profiter des avantages d'un Bitcoin, il semblerait que les gens devront à terme miner à perte. Cependant, la censure crée l'occasion pour d'autres de miner de manière rentable dans la mesure où les gens sont prêts à compenser ce coût par des frais. Ce marché noir constitue la résistance à la censure de Bitcoin.

Références

[1] Chapitre : Propriété de somme nulle

[2] https://fr.wikipedia.org/wiki/Subvention

[3] https://fr.wikipedia.org/wiki/Marché_noir

[4] https://www.theatlantic.com/magazine/archive/2017/09/big-in-venezuela/534177

[5] Chapitre : Axiome de résistance

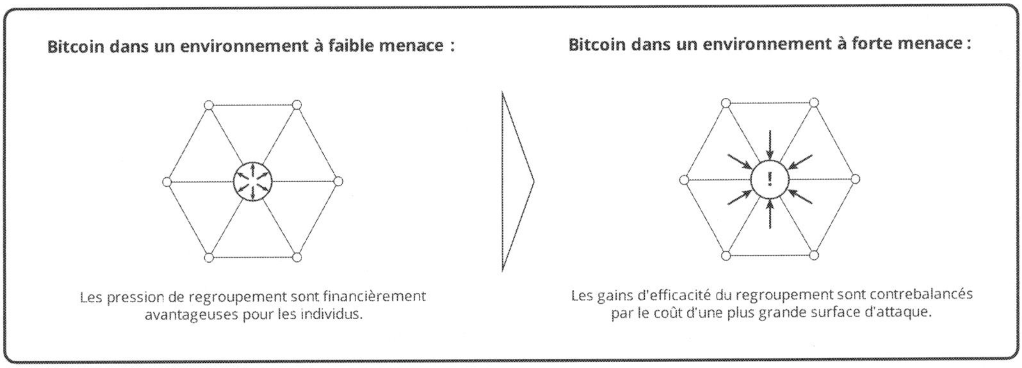

Les gens paient un prix plus élevé pour certaines transactions et, pour maintenir ce prix plus élevé, l'État doit également en supporter les dépenses, malgré son inefficacité.

Paradoxalement, cet outil fonctionne bien lorsque la monnaie est attaquée et mal dans le cas contraire. S'il n'y avait pas de pression de regroupement[1] *interne*, ces situations seraient équilibrées. Cependant, la répartition des risques[2] est essentielle au minage subversif et la pression de regroupement va *à l'encontre* de cette répartition. Il y a donc une surface d'attaque[3] en constante expansion, qu'aucune pression ne pousse à se contracter, sauf dans le cas où les alternatives monétaires efficaces sont supprimées. La suppression[4] des alternatives augmente l'utilité de la récompense pour le mineur dans la région de la suppression. Le paradoxe s'applique également aux pressions de centralisation[5].

La conséquence attendue est que Bitcoin ne sera pas bien préparé aux attaques parce que cette préparation est financièrement désavantageuse pour les gens dans un environnement à faible menace.

Références

[1] Chapitre : Risque de la pression de regroupement

[2] Chapitre : Principe de partage des risques

[3] https://fr.wikipedia.org/wiki/Surface_d'attaque

[4] https://fr.wikipedia.org/wiki/Contrôle_des_changes

[5] Chapitre : Risque de centralisation

Proposition de valeur

La valeur de Bitcoin par rapport à ses alternatives provient directement du fait qu'il retire à l'État son contrôle sur l'offre monétaire et sur la censure des transactions. Ses avantages comprennent l'absence de seigneuriage[1], de contrôle des changes[2] et de surveillance financière[3]. Ceux-ci permettent de transférer de la monnaie à n'importe quelle personne, en tout lieu et à tout moment, sans avoir besoin de l'autorisation d'un tiers.

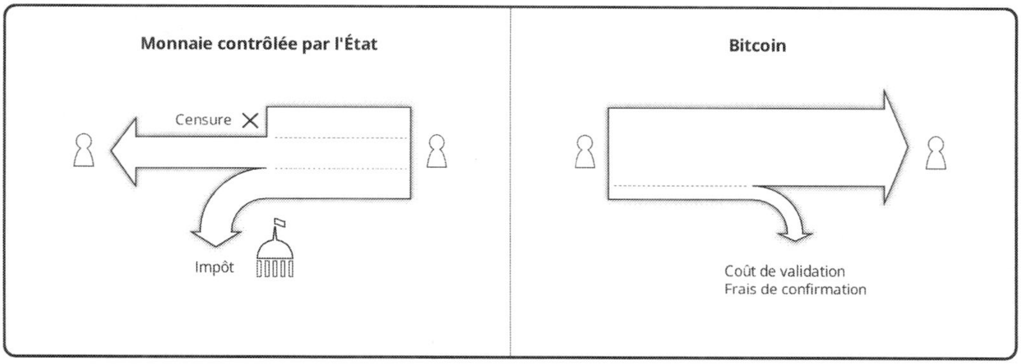

Ces avantages représentent une réduction des coûts par le biais de l'évitement de l'impôt. Le seigneuriage est directement un impôt tandis que le contrôle des changes limite l'évasion fiscale. L'État lui-même déclare souvent son indépendance politique[4] comme un objectif, dans l'intérêt de limiter son propre pouvoir de prélèvement. La surveillance financière limite l'évasion fiscale de manière plus générale. **Bien que Bitcoin ne puisse pas éliminer l'impôt, ni même nécessairement réduire la taille totale des prélèvements, il représente un changement dans la nature de l'imposition.** Dans tous

Références

[1] https://fr.wikipedia.org/wiki/Seigneuriage

[2] https://fr.wikipedia.org/wiki/Contrôle_des_changes

[3] https://fr.wikipedia.org/wiki/Know_your_customer

[4] https://www.federalreserve.gov/faqs/about_12799.htm

les cas, pour ceux qui considèrent l'État comme un bien social, il reste l'option de le financer volontairement.

Ce serait une erreur de supposer que ces avantages découlent de l'existence d'une technologie plus efficace que celle employée par les monnaies de monopole[1]. La technologie est beaucoup moins efficace[2], mais elle aide les gens[3] à résister aux contrôles étatiques. C'est cette résistance[4] qui apporte la valeur.

Références

[1] Chapitre : Taxonomie des monnaies

[2] Chapitre : Principe de scalabilité

[3] Chapitre : Principe de partage des risques

[4] Chapitre : Axiome de résistance

ÉTATISME

Objectifs de Fedcoin

Comme l'implique la Proposition de valeur[1], deux aspects de Bitcoin en font une cible du contrôle de l'État, ces aspects menaçant tous les deux les recettes fiscales.

Dans la lutte[2] contre Bitcoin, l'État peut tenter d'introduire une monnaie[3] similaire du point de vue cosmétique, que l'on peut appeler Fedcoin. Cette monnaie pourrait être introduite sous la forme d'une scission de Bitcoin ou d'une monnaie alternative. L'objectif serait de préserver les aspects superficiels de Bitcoin tout en éliminant sa proposition de valeur. Cela protégerait les recettes fiscales tout en permettant aux partisans de Fedcoin d'en faire la propagande en le présentant comme une alternative « plus sûre » à Bitcoin. Fedcoin n'est pas en soi pertinent par rapport à Bitcoin, sauf dans la mesure où l'acte d'imposer son utilisation nécessite une résistance[4].

Les distinctions principales entre Fedcoin et Bitcoin permettent à l'État de créer arbitrairement de nouvelles unités (seigneuriage[5]) et de refuser le transfert (censure). L'objectif du seigneuriage peut être atteint par un hard fork qui introduit une nouvelle règle de consensus. Cette règle permet l'introduction de nouvelles unités dans le cas où l'Etat signe une transaction inflationniste. L'objectif de la censure peut être atteint par un soft fork qui empêche la confirmation des transactions ne disposant pas de la signature de l'État.

Empêcher l'État d'imposer l'utilisation de ces forks est l'objectif central de la sécurité du système de Bitcoin. L'économie le protège contre le hard fork et les mineurs le

Références

[1] Chapitre : Proposition de valeur

[2] Chapitre : Principe des autres moyens

[3] Chapitre : Taxonomie des monnaies

[4] Chapitre : Axiome de résistance

[5] https://fr.wikipedia.org/wiki/Seigneuriage

protègent contre le soft fork. Les risques[1] pris par ces personnes préservent la valeur de la monnaie par rapport aux alternatives contrôlées par l'État.

Références

[1] Chapitre : Principe de partage des risques

Sophisme de la qualité inflationniste

Il existe une théorie selon laquelle l'inflation des prix[1] causée par le seigneuriage[2] entraîne une production de biens de « qualité » inférieure et/ou moins durables[3]. La durabilité est l'une des nombreuses qualités qu'une personne peut valoriser dans un bien par rapport à un autre. **La théorie présuppose nécessairement que la valeur est objective et contredit par conséquent la théorie subjective de la valeur.** De ce fait, la théorie est invalide.

Il n'y a pas de relation démontrable entre le nombre d'unités d'une monnaie[4] nécessaires pour effectuer un échange contre un bien et les qualités d'un bien que l'on pourrait préférer. Une plus grande richesse (qui n'est qu'une perspective, puisque la valeur est subjective[5]), implique une préférence temporelle[6], comme l'implique la théorie de l'utilité marginale[7]. Cependant, même dans l'hypothèse d'une perception erronée de l'accroissement de la richesse, une préférence temporelle plus basse n'implique pas une préférence pour des produits de « qualité » inférieure. Cela implique seulement une volonté croissante de prêter une plus grande partie de son capital. Rothbard[8] commet cette erreur « subtile » dans *État, qu'as-tu fait de notre monnaie?* [9], erreur qui continue à être perpétuée.

Références

[1] https://fr.wikipedia.org/wiki/Inflation

[2] https://fr.wikipedia.org/wiki/Seigneuriage

[3] Chapitre : Principe de dépréciation

[4] Chapitre : Taxonomie des monnaies

[5] https://fr.wikipedia.org/wiki/Conception_subjective_de_la_valeur

[6] Chapitre : Sophisme de la préférence temporelle

[7] https://fr.wikipedia.org/wiki/Utilité_marginale

[8] https://fr.wikipedia.org/wiki/Murray_Rothbard

[9] http://www.institutcoppet.org/wp-content/uploads/2011/01/Etat-quas-tu-fait-de-notre-monn aie.pdf

> « La qualité du travail baisse en période d'inflation pour une raison plus subtile : avec l'envolée des prix, les combines pour gagner de l'argent sans effort deviennent à la mode ; chacun les croit à sa portée et le travail et l'effort sont dévalorisés. »
>
> *Murray Rothbard : État, qu'as-tu fait de notre monnaie ? (traduit)*

Il est supposé, certainement par Rothbard, que les gens préfèrent toujours devenir riches tôt que tard, comme l'implique l'axiome de la préférence temporelle. Et comme le montre l'hypothèse de Fisher[1], dans la mesure où l'inflation des prix est prévisible, elle est compensée par le taux d'intérêt réel[2]. Dans la mesure où elle n'est pas prévisible, la conjecture de Rothbard ne s'applique pas.

Le seigneuriage est un impôt qui appauvrit les gens. Être plus pauvre *augmente* la préférence temporelle, l'effet inverse de celui décrit par la théorie. Tout impôt transfère de manière non volontaire les biens de certaines personnes vers d'autres personnes, car c'est là son seul mécanisme réel et son seul objectif, respectivement. Comme Rothbard lui-même l'explique dans son ouvrage *L'Homme, l'Économie et l'État*[3], nettement plus rigoureux, la forme de l'impôt n'a aucune importance économique.

> « Pour toutes ces raisons, le but de l'uniformité de la fiscalité est impossible à atteindre. Il n'est pas simplement difficile à réaliser dans la pratique ; il est conceptuellement impossible et contradictoire. »
>
> *Murray Rothbard : L'Homme, l'Économie et l'État (traduit)*

Par conséquent, on ne peut même pas démontrer que le seigneuriage lui-même appauvrit le contribuable davantage que les impôts qu'il remplace vraisemblablement. Seule une augmentation nette de l'impôt implique une réduction de la richesse.

Références

1 https://fr.wikipedia.org/wiki/Équation_de_Fisher

2 https://fr.wikipedia.org/wiki/Taux_d'intérêt_réel

3 https://mises.org/library/man-economy-and-state-power-and-market/html/ppp/1393

Principe de réserve

Le terme de « réserve[1] » fait référence à une quantité thésaurisée de capital, distincte de la partie de l'épargne qui est investie. Les États et les personnes thésaurisent des capitaux pour satisfaire les besoins de liquidité attendus. Le terme de « monnaie de réserve[2] » fait référence à une réserve d'État, telle que requise pour le règlement[3] des comptes avec d'autres États. Les réserves de monnaie des habitants d'un État se composent généralement de la monnaie émise par l'État - principalement des billets à ordre ou de la monnaie fiduciaire, avec un montant moindre en pièces de monnaie[4].

Les États achètent de la monnaie de réserve aux gens en utilisant une monnaie de monopole[5], en recourant au contrôle[6] des changes et à des impôts directs. Le fait d'utiliser leur propre monnaie réduit leurs achats du montant du seigneuriage[7]. Le contrôle des changes restreint ou interdit l'utilisation de la monnaie de réserve comme monnaie. En traitant la monnaie de réserve comme propriété et non comme monnaie, l'État crée un impôt sur la plus-value[8] apparente de la monnaie de réserve lorsqu'il dévalue sa monnaie[9] par rapport à la monnaie de réserve par le biais de l'inflation monétaire[10]. Les

Références

1 Chapitre : Définition de la réserve

2 https://fr.wikipedia.org/wiki/Monnaie_de_réserve

3 https://fr.wikipedia.org/wiki/Échange,_compensation_et_règlement

4 https://www.wikiberal.org/wiki/Monnaie-marchandise

5 Chapitre : Taxonomie des monnaies

6 https://fr.wikipedia.org/wiki/Contrôle_des_changes

7 https://fr.wikipedia.org/wiki/Seigneuriage

8 https://bofip.impots.gouv.fr/bofip/4151-PGP.html/identifiant=BOI-RPPM-PVBMC-20-10-20181231#Assiette_et_taux_de_la_taxe_14

9 https://fr.wikipedia.org/wiki/Inflation

10 https://fr.wikipedia.org/wiki/Création_monétaire

taux de change[1] officiels inférieurs à la valeur du marché créent un autre impôt sur l'utilisation de la monnaie de réserve.

Un « étalon-or » est une situation dans laquelle l'État collecte l'or en tant que réserve de change, et les particuliers conservent des créances pour un montant « standard » de cette réserve. Le dollar étasunien a été établi[2] en 1834 comme étant convertible en or à 20,67 $ l'once. Pendant 100 ans, l'État a acheté et vendu de l'or à ce taux. En 1934, le dollar a été dévalué[3] de 60 %, à 35 $ l'once. À ce stade, sa convertibilité (par des particuliers) a été abrogée et il leur a été interdit d'en thésauriser ou de baser des contrats dessus. Cette inconvertibilité a été étendue[4] à d'autres États en 1971, mettant officiellement fin à l'étalon-or aux États-Unis. N'étant plus une dette de l'État, le dollar est passé d'une monnaie représentative[5] (c'est-à-dire un billet à ordre) à une monnaie fiduciaire.

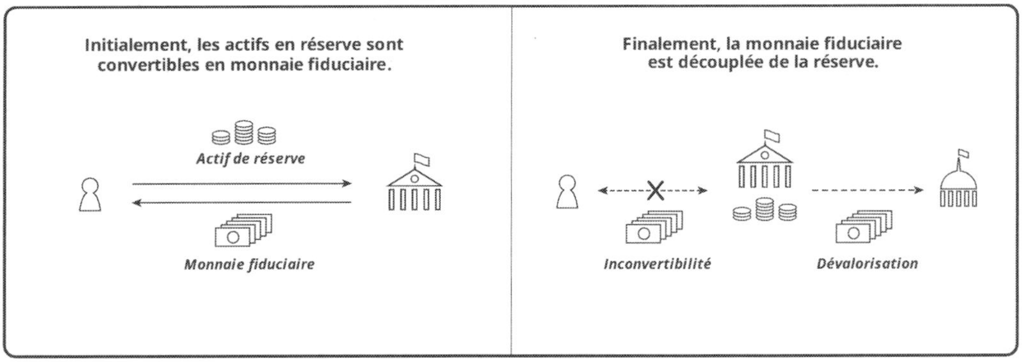

La principale réserve de change des États-Unis est l'or[6] (74,5 %), le reste étant en devises étrangères et équivalents, tandis que les citoyens conservent de la valeur principalement

Références

[1] https://fr.wikipedia.org/wiki/Taux_de_change

[2] https://fr.wikipedia.org/wiki/Coinage_Act_of_1834

[3] https://fr.wikipedia.org/wiki/Gold_Reserve_Act

[4] https://en.wikipedia.org/wiki/Nixon_shock

[5] https://en.wikipedia.org/wiki/Representative_money

[6] https://fr.wikipedia.org/wiki/Réserve_d'or

en utilisant le dollar. Les propres billets à ordre ou la monnaie fiduciaire d'un État ne sont généralement pas utilisables comme propre réserve de change, car l'État peut abroger ou dévaloriser son paiement.

Le Trésor américain rapporte qu'il stocke[1] plus de 8.000 tonnes d'or, d'une valeur d'environ 400.000.000.000 $. Le pouvoir d'achat du billet à ordre du dollar étasunien en 1834 était environ 30 fois supérieur à celui du dollar étasunien fiduciaire en 2019.

Le but d'une monnaie de réserve est de prélever un impôt. L'État achète d'abord la monnaie de réserve avec des billets[2] à ordre négociables, puis émet plus de billets qu'a de monnaie en réserve, abroge ensuite les billets et garde la réserve. La dévaluation des billets est le résultat d'une émission excessive (seigneuriage) et constitue un impôt pour ceux qui les conservent. L'État recueille la monnaie de réserve dans son stock, qui représente sa capacité à régler ses propres dettes avec d'autres États. Bien que les gens continuent de thésauriser la monnaie de réserve, cette dernière est soumise à de lourdes contraintes[3] quant à son utilisation afin de préserver l'avantage fiscal de la monnaie de monopole étatique. Ces contraintes se resserrent à mesure que le niveau de l'impôt augmente.

L'utilisation de l'or comme réserve d'État n'offre aucun avantage monétaire aux individus qui doivent encore échanger en utilisant la monnaie de monopole. Comme le montre le Sophisme de la monnaie de réserve[4], le bitcoin en tant que réserve d'État ne peut pas faire mieux. Cependant, contrairement à l'or, la définition du bitcoin est entre les mains de ceux qui l'acceptent dans le commerce. Avec la majeure partie de l'acceptation réelle du bitcoin entre les mains de l'État, et des gens qui échangent des

Références

[1] https://home.treasury.gov/data/us-international-reserve-position/04162021

[2] https://fr.wikipedia.org/wiki/Effet_de_commerce#Billet_à_ordre

[3] https://www.reuters.com/article/us-venezuela-economy/venezuela-loosens-currency-exchange-controls-to-allow-forex-trading-idUSKCN1SD2NC

[4] Chapitre : Sophisme de la monnaie de réserve

substituts[1] monétaires, rien n'empêche l'État d'introduire à la fois une inflation et une censure arbitraires.

Références

[1] https://www.wikiberal.org/wiki/Support_monétaire#Substitut_monétaire

Sophisme de la monnaie de réserve

Il existe une théorie selon laquelle le bitcoin sera éventuellement détenu par les États comme monnaie de réserve[1] et que les particuliers effectueront des transactions en utilisant de la monnaie de monopole[2] « adossée » au bitcoin. La théorie affirme que le volume de transactions est insuffisant pour son utilisation en tant que monnaie de consommation, mais que la capacité à empêcher l'inflation monétaire[3] du bitcoin fait de lui un actif de réserve idéal. Les banques centrales et leurs fonctionnaires autorisés émettraient des billets à ordre[4] négociables tout en gardant du bitcoin en réserve. Étant donné que l'offre monétaire du bitcoin ne peut pas être augmentée, la multitude de problèmes produits par le contrôle étatique de la monnaie serait résolue, inaugurant ainsi une nouvelle ère de prospérité. Les frais de transaction seraient faibles tandis que le volume des transactions serait illimité.

Considérons le déroulement d'un tel scénario. Le bitcoin devient une devise[5] (au sens de currency) assez largement utilisée mais connaît des difficultés avec un faible volume de transactions, des frais élevés et de longs délais de confirmation. Afin d'acquérir une réserve de bitcoin (BTC), l'État émet des certificats bitcoin (CB) négociables[6] en échange de bitcoin. Cela peut être accompli en saisissant des comptes centralisés (conversion contrainte) ou en négociant sur le marché, moyens qui ont tous deux été utilisés pour constituer des réserves d'or. Se met en place un processus d'audit par lequel les gens peuvent vérifier que les CB émis ne dépassent jamais les réserves de BTC. Des lois imposant le cours légal[7] sont créées, obligeant les gens à accepter le CB comme moyen de

Références

[1] Chapitre : Principe de réserve

[2] Chapitre : Taxonomie des monnaies

[3] https://fr.wikipedia.org/wiki/Création_monétaire

[4] https://fr.wikipedia.org/wiki/Effet_de_commerce#Billet_à_ordre

[5] https://en.wikipedia.org/wiki/Currency

[6] https://fr.wikipedia.org/wiki/Titre_de_créance_négociable

[7] https://fr.wikipedia.org/wiki/Cours_légal

paiement pour le règlement des dettes, sauf accord contraire explicite. Les gens achètent du CB avec du BTC afin de pouvoir payer leurs impôts et acheter des produits auprès de petits commerçants du marché blanc. La plupart des BTC finissent par être détenus sous forme de réserves d'État.

Ce scénario devrait nous paraître familier, car c'est de cette manière que les États se sont retrouvés avec de l'or et les gens avec du papier. La théorie est invalide à plusieurs niveaux.

Le rapport entre les CB émis et les BTC en réserve ne peut jamais être vérifié avec certitude. Même si les règles de consensus de Bitcoin demeurent identiques d'une manière ou d'une autre, il n'y a *aucun moyen* de savoir combien de CB ont été émis, et il n'y a aucun recours possible si une dépréciation est suspectée. Il faut faire *confiance* à la banque centrale pour rendre compte des émissions de CB, ce qui signifie à terme que tout le monde fait confiance à l'État pour ne pas s'engager dans un assouplissement[1]. L'histoire démontre que cela est peu probable, et néanmoins il ne s'agit pas d'une amélioration par rapport aux monnaies étatiques actuelles.

Alors pourquoi une personne ne peut-elle jamais auditer (valider) efficacement le CB, comme c'est possible avec le BTC qu'il a remplacé ? Parce que cela rendrait le CB indiscernable du BTC détenu en réserve. En d'autres termes, la *raison* pour laquelle il existe une différence entre la monnaie ayant cours légal et la monnaie de réserve est de permettre l'inflation de la monnaie utilisée (impôt[2]) tout en conservant une meilleure monnaie[3] en réserve (thésaurisation).

De plus, pour que Bitcoin existe, il doit y avoir une véritable économie décentralisée utilisant le bitcoin. Sans les individus qui valident le BTC reçu dans le commerce, il n'y a

Références

[1] https://fr.wikipedia.org/wiki/Assouplissement_quantitatif

[2] https://fr.wikipedia.org/wiki/Seigneuriage

[3] https://fr.wikipedia.org/wiki/Loi_de_Gresham

personne pour refuser le BTC invalide quand il en vient à être redéfini par l'État[1]. Dans ce cas, la censure[2] et l'inflation peuvent facilement être introduites, ce qui invalide la théorie. Seules les transactions en bitcoin sur le marché noir et le minage peuvent résister[3] à cette transition. Cela fournit peu de pression économique sur l'État pour maintenir la cohérence avec les règles de consensus de Bitcoin.

Le traitement en surcouche préserve les principes cryptodynamiques[4] de la décentralisation, tandis que l'« adossement » est un abandon total de ces principes. Le bitcoin ne peut pas se maintenir principalement comme une monnaie d'adossement pour les billets de banque centrale. Les gens doivent commercer avec pour qu'il soit sécurisé.

Le bitcoin peut certainement être détenu par les Trésors d'État, mais cela n'offre aucun passage à l'échelle des transactions, ni aucun autre avantage pour les gens.

Références

[1] Chapitre : Objectifs de Fedcoin

[2] Chapitre : Propriété de résistance à la censure

[3] Chapitre : Axiome de résistance

[4] Chapitre : Principes cryptodynamiques

Principe de la banque d'État

Il n'y a pas de véritable prêteur en dernier ressort[1] dans le modèle de la banque libre[2], cette expression implique simplement un autre prêteur soumis aux contraintes démontrées dans le Sophisme de la création ex nihilo[3]. Cependant, dans le modèle de la banque d'État, il s'agit de la banque centrale[4], soutenue par le contribuable. L'État prélève des impôts pour accorder des prêts à taux réduit[5] aux banques membres[6] et au Trésor public. Les prêts doivent être assortis d'une décote par rapport aux taux du marché[7], car sinon ils ne constituent pas un dernier recours. Les banques ont toujours la possibilité d'emprunter auprès d'autres banques et de déposants potentiels. L'impôt est nécessaire pour soutenir la décote. Ainsi, si le taux d'intérêt économique est de 10 %, l'État peut prêter aux banques membres à 3 % et couvrir la différence avec les impôts.

L'État dispose de nombreuses sources de recettes fiscales, mais en général, les banques centrales subventionnent les taux d'emprunt réduits avec le seigneuriage[8]. Les banques centrales sont connues pour déclarer qu'elles « n'impriment pas de monnaie », mais c'est exactement ce qu'elles font. La Réserve fédérale[9] des États-Unis (la « Fed ») a le pouvoir de commander de la nouvelle monnaie[10] au Bureau de la gravure et de l'impression[11] du Trésor des États-Unis. La Fed paie le coût d'impression[12] de la monnaie « papier » (en

Références

[1] https://fr.wikipedia.org/wiki/Prêteur_en_dernier_ressort

[2] https://fr.wikipedia.org/wiki/Banque_libre

[3] Chapitre : Sophisme de la création ex nihilo

[4] https://fr.wikipedia.org/wiki/Banque_centrale

[5] https://en.wikipedia.org/wiki/Discount_window

[6] https://fr.wikipedia.org/wiki/Réserve_fédérale_des_États-Unis#Institutions_et_fonctionnement

[7] https://www.frbdiscountwindow.org/pages/discount-rates/current-discount-rates

[8] https://fr.wikipedia.org/wiki/Seigneuriage

[9] https://fr.wikipedia.org/wiki/Réserve_fédérale_des_États-Unis

[10] https://www.newyorkfed.org/aboutthefed/fedpoint/fed01.html

[11] https://www.moneyfactory.gov/

[12] https://www.federalreserve.gov/faqs/currency_12771.htm

réalité faite de tissu[1]) et la valeur nominale de la pièce de monnaie[2]. Le Trésor n'est que le contractant qui effectue le travail. En général, les pièces de monnaie sont produites de telle sorte que leur valeur nominale est légèrement supérieure à leur valeur d'usage[3], afin d'éviter leur disparition[4]. Cette valeur d'usage doit donc être réduite lorsque la valeur nominale diminue par rapport à celle-ci, suite à la dévaluation de la monnaie fiduciaire correspondante.

Cela implique que l'inflation monétaire[5] de la monnaie fiduciaire étatique est littéralement la conséquence de l'impression de la monnaie « papier ». Ce processus est quelque peu obscurci. La Fed n'imprime pas d'abord la monnaie pour la placer dans des coffres forts, et puis la prêter. C'est inutile. Dans la pratique, l'ordre est inversé. La Fed émet des prêts à taux réduit, avec la *présomption* que la monnaie se trouve dans ses coffres forts.

Le processus de règlement[6] établi par la Fed permet de savoir combien de monnaie se trouve dans les réserves de chaque banque membre. La plupart des règlements peuvent souvent être compensés[7], mais la monnaie doit périodiquement être déplacée physiquement.

Pour réduire davantage les coûts de transport, une partie importante des réserves des banques membres doit être détenue dans les propres coffres forts de la Fed. Ceci peut être

Références

[1] https://www.moneyfactory.gov/hmimpaperandink.html

[2] https://fr.wikipedia.org/wiki/Pièce_de_monnaie

[3] https://fr.wikipedia.org/wiki/Valeur_d'usage

[4] https://fr.wikipedia.org/wiki/Loi_de_Gresham

[5] https://fr.wikipedia.org/wiki/Création_monétaire

[6] https://en.wikipedia.org/wiki/Fedwire

[7] https://fr.wikipedia.org/wiki/Netting_(finance)

réalisé en achetant des bons du Trésor (« Treasuries[1] ») qui sont mis en vente[2] par la Fed. Fed. Ce sont des substituts monétaires[3] considérés comme suffisants pour satisfaire aux exigences de réserve des banques membres. Les Treasuries sont des titres de créance émis par le Trésor des États-Unis et sont généralement achetés en gros par la Fed sur le marché ouvert[4]. La Fed réduit le rendement des Treasuries (c'est-à-dire le taux d'intérêt payé par l'État) en fournissant une demande accrue. Elle finance ces opérations fondamentalement de la même manière que les prêts à taux réduit accordés à ses banques membres. La distinction est simplement que ces achats sont des prêts à taux réduit accordés à l'État.

La Fed peut *faire semblant* d'avoir la monnaie dans ses coffres forts et n'en imprimer que si cela est nécessaire pour le règlement. Cela crée l'illusion que l'inflation monétaire est le résultat de prêts. Mais en réalité, elle est entièrement le résultat de la capacité de la Fed à acheter de la monnaie à un prix réduit, finançant ainsi les prêts. Lorsqu'une banque membre a besoin de monnaie, elle peut l'acheter à la Fed en utilisant des Treasuries. Lorsque la réserve de monnaie réelle de la Fed est insuffisante, elle effectue simplement un « retrait » auprès du contribuable en commandant de la monnaie à l'imprimeur.

Références

[1] https://en.wikipedia.org/wiki/United_States_Treasury_security

[2] https://www.stlouisfed.org/open-vault/2019/august/open-market-operations-monetary-policy-tools-explained

[3] https://www.wikiberal.org/wiki/Support_monétaire#Substitut_monétaire

[4] https://fred.stlouisfed.org/series/TREAST

La Fed paie au Trésor les montants suivants pour les « billets » en dollars :

Dénomination	Prix
1 $	5,5 centimes
2 $	5,5 centimes
5 $	11,4 centimes
10 $	11,1 centimes
20 $	11,5 centimes
50 $	11,5 centimes
100 $	14,2 centimes

Si cela avait coûté 5,5 centimes pour imprimer un billet de 1 $ en 1915, il en coûterait aujourd'hui environ 1,40 $. Lorsque le coût d'impression d'un billet atteint sa valeur nominale, il passe de monnaie fiduciaire à monnaie-marchandise[1]. À ce moment-là, sa valeur de seigneuriage est nulle. Au fur et à mesure que la dévaluation se poursuit, la dénomination doit être abandonnée. L'observation des banques centrales engagées dans l'hyperinflation[2] est instructive, car la monnaie atteint le coût d'impression sur des périodes beaucoup plus courtes, et les pièces ont tendance à disparaître complètement. L'émission de billets de plus grande valeur permet à la monnaie de rester fiduciaire à mesure que la monnaie-marchandise est abandonnée. Le dollar zimbabwéen[3] a atteint des billets de 100.000.000.000.000 d'unités avant d'être entièrement abandonné au profit des devises étrangères.

Références

[1] https://www.wikiberal.org/wiki/Monnaie-marchandise

[2] https://fr.wikipedia.org/wiki/Hyperinflation

[3] https://fr.wikipedia.org/wiki/Hyperinflation_au_Zimbabwe

Sans cette capacité de créer de la monnaie fiduciaire, la Fed serait incapable de régler les comptes, comme n'importe quelle banque, si les réserves (y compris celles qui peuvent être empruntées) sont insuffisantes pour couvrir les retraits et les défauts de paiement. Tant que la banque membre ne doit pas régler en monnaie, comme dans le cas d'un retrait d'espèces aux distributeurs automatiques[1], aux guichets bancaires[2] ou auprès de banques non membres et d'autres institutions, il n'est pas nécessaire de déplacer la monnaie réelle, ou de l'imprimer.

Mais sans la capacité d'imprimer de la monnaie à un prix inférieur au coût, la Fed serait sujette au défaut de paiement comme n'importe quelle autre banque.

Le montant total de dollars étasuniens en circulation[3] est appelé « M0 ». Il s'agit de toute la monnaie tangible (« numéraire ») et des soldes bancaires intangibles des comptes de la Réserve fédérale. Ces deux formes sont considérées comme des « obligations[4] » (monnaie) interchangeables de la Fed. Les obligations intangibles sont de la monnaie qui est comptabilisée mais pas encore imprimée.

Lorsque les emprunts des banques membres sont réduits, par exemple par la Fed qui augmente ses taux d'intérêt, les obligations de la Fed peuvent être détruites avec l'effet inverse de leur impression. Si la Fed a contracté M0[5] de près de 20 % en quatre ans depuis son pic en 2015, cela a un coût pour les recettes fiscales. La Fed se fait passer pour une organisation à but non lucratif, remettant chaque année au Trésor des États-Unis[6] le revenu net de ses prêts.

Références

[1] https://fr.wikipedia.org/wiki/Guichet_automatique_bancaire

[2] https://www.l4m.fr/emag/metier/banque-finance-5/guichetier-banque-14668

[3] https://en.wikipedia.org/wiki/Money_supply#United_States

[4] https://en.wikipedia.org/wiki/Money_supply#Money_creation_by_commercial_banks

[5] https://tradingeconomics.com/united-states/money-supply-m0

[6] https://www.stlouisfed.org/on-the-economy/2018/september/fed-payments-treasury-rising-interest-rates

« La Réserve fédérale a augmenté l'objectif du taux des fonds fédéraux à sept reprises entre décembre 2015 et juin 2018. Cela a des conséquences sur la trajectoire du déficit et de la dette fédérale de deux manières :

* Directement par les paiements d'intérêts nets
* Indirectement par le biais des remises annuelles de la Fed au département du Trésor des États-Unis

Les versements annuels au Trésor sont essentiellement les recettes restantes de la Fed après les dépenses de fonctionnement. Selon la loi, ce revenu supplémentaire doit être reversé au Trésor.

Les recettes envoyées au Trésor ont atteint un pic de 97,7 milliards de dollars en 2015 et n'ont cessé de baisser depuis. En janvier, la Fed a envoyé 80,2 milliards de dollars au Trésor. »

Banque fédérale de réserve de St. Louis (traduit)

Ces « recettes restantes de la Fed » sont celles qui sont gagnées, après les dépenses de fonctionnement, à partir de prêts de monnaie imprimée par le Trésor des États-Unis à un coût nominal, garantie par sa protection monopolistique[1] en le faisant. Le résultat net est donc que le Trésor imprime de la nouvelle monnaie et récupère ensuite la monnaie gagnée en tant qu'intérêt sur cette monnaie imprimée. Comme indiqué ci-dessus, le Trésor emprunte également de la monnaie à des taux réduits, indirectement financée par la Fed, par l'émission de bons du Trésor. **Bien que la monnaie ne soit pas imprimée puis déposée directement au Trésor, le résultat est le même.**

La monnaie de monopole[2] étatique n'est pas créée *ex nihilo* par une comptabilité bancaire frauduleuse. Elle est littéralement créée par l'État à partir de vieux jeans[3].

La transition vers une « société sans espèces[4] » moderne implique que les banques centrales conservent la forme actuelle de comptabilité pour la monnaie fiduciaire non

Références

[1] https://fr.wikipedia.org/wiki/Faux-monnayage

[2] Chapitre : Taxonomie des monnaies

[3] https://www.washingtonpost.com/news/wonk/wp/2013/12/16/how-tight-jeans-almost-ruined-americas-money

[4] https://www.nytimes.com/2018/11/21/business/sweden-cashless-society.html

encore imprimée, et effectuent simplement tous les règlements en interne. Cela élimine les coûts de transport de l'impression et du règlement, et garantit un potentiel de censure total. Une instance de Fedcoin[1], comme l'e-Krona[2] expérimentale, serait nécessaire pour que les gens puissent effectuer des transactions avec la monnaie étatique par voie électronique. Le bitcoin sert le même objectif, mais sans le contrôle de l'État sur l'émission (minage) et sur la confirmation. Pour ces raisons, on ne peut pas attendre de Bitcoin qu'il serve de monnaie de réserve[3] (monnaie) pour les banques d'État, car il suivrait nécessairement la même trajectoire que l'étalon-or[4]. La proposition de valeur[5] de Bitcoin réside dans l'évitement de la monnaie étatique.

Références

[1] Chapitre : Objectifs de Fedcoin

[2] https://www.riksbank.se/en-gb/payments--cash/e-krona

[3] Chapitre : Sophisme de la monnaie de réserve

[4] https://fr.wikipedia.org/wiki/Étalon-or

[5] Chapitre : Proposition de valeur

MINAGE

Sophisme du monopole des ASIC

Il existe une théorie selon laquelle le prix des ASIC[1] de Bitcoin est contrôlé par un cartel[2] de mineurs, créant un avantage disproportionné pour les partenaires mining du cartel.

Il n'y a pas de différence économique entre un cartel et une organisation unique. L'évolution de la taille d'organisation est un résultat du marché libre qui est observable à mesure que le capital recherche une économie d'échelle[3] optimale. Si les partenaires reçoivent des ASIC à un prix qui produit un rendement du capital inférieur à celui du marché, cela équivaut à une subvention interne entre partenaires. Il en va de même pour un prix qui produit un rendement du capital supérieur à celui du marché, la subvention allant dans la direction opposée. De ce fait, il n'y a aucun avantage net à une telle remise entre partenaires.

La production est généralement fixée à un niveau destiné à produire un taux de rendement[4] maximal du capital. Pour un producteur, le seul moyen économiquement rationnel d'augmenter ses prix est de limiter la production en dessous de cet optimum. Sinon, un prix plus élevé impliquerait des stocks invendus, ce qui entraînerait une baisse des rendements nets. Cela implique que la production doit être limitée par le cartel afin d'augmenter le prix unitaire[5] pour les non-partenaires.

La limitation de la production laisse à d'autres producteurs la possibilité de capter les clients tirant une utilité marginale[6] moindre du produit, car ces clients ne sont pas servis

Références

[1] https://fr.wikipedia.org/wiki/Application-specific_integrated_circuit

[2] https://mises.org/library/man-economy-and-state-power-and-market/html/p/1059

[3] https://fr.wikipedia.org/wiki/Économie_d'échelle

[4] https://fr.wikipedia.org/wiki/Rendement_(finance)

[5] https://en.wikipedia.org/wiki/Unit_price

[6] https://fr.wikipedia.org/wiki/Utilité_marginale

autrement. Ainsi, la concurrence fait baisser les prix jusqu'à ce que le marché compense. Un marché libre recherche le prix de compensation qui produit le rendement global du capital (l'intérêt). Un prix courant au-dessus de ce niveau augmente la production et un prix en dessous diminue la production. C'est la préférence temporelle[1] qui détermine le taux d'intérêt.

À moins que la production ne soit soumise de manière disproportionnée aux forces hostiles au marché, telles que les impôts ou les subventions, tout le monde a la même possibilité de mobiliser des capitaux et d'être compétitif dans la production.

S'il n'y a pas de concurrence, cela signifie que les rendements de ce secteur d'activité sont au moins conformes aux rendements moyens du marché. Les impôts et les subventions provoquent des distorsions régionales mais n'éliminent pas la concurrence. **En d'autres termes, le prix de monopole ne peut être atteint que si l'État octroie un pouvoir de monopole.**

Une théorie apparentée affirme que l'achat d'ASIC auprès de ce cartel augmente sa puissance de hachage. Cette théorie est invalidée par l'explication de la tarification monopolistique ci-dessus. Le capital du producteur recherchera le même rendement dans n'importe quel secteur d'activité ou d'investissement. Il n'y a aucune raison de croire que le rendement des ASIC sera disproportionné.

Une théorie apparentée affirme que l'algorithme de preuve de travail de Bitcoin produit une pression de regroupement[2], en conséquence de la supposée cartellisation. Si les gens croient vraiment que les ASIC sont surévalués, la réponse rationnelle est de lever des capitaux et de produire des ASIC. Mais dans tous les cas, seules les forces du marché et les

Références

[1] https://www.wikiberal.org/wiki/Préférence_temporelle

[2] Chapitre : Risque de la pression de regroupement

forces (étatiques) hostiles au marché contrôlent la production de puces et, de ce fait, ne constituent pas une pression de regroupement découlant du protocole.

Sophisme de l'équilibre des pouvoirs

Le pouvoir dans Bitcoin repose entre les mains des mineurs et des commerçants. Pourtant, ces deux pouvoirs ne sont pas « équilibrés » l'un par rapport à l'autre, comme s'ils étaient enfermés dans une sorte de système de pouvoirs et de contrepouvoirs[1]. La puissance des mineurs est orthogonale[2] au pouvoir des commerçants. Les mineurs contrôlent la sélection des transactions, les commerçants contrôlent la validité, et aucun des deux ne peut contrôler l'autre. Il n'est pas surprenant que ces rôles aient été combinés dans la description[3] originelle et dans la première implémentation.

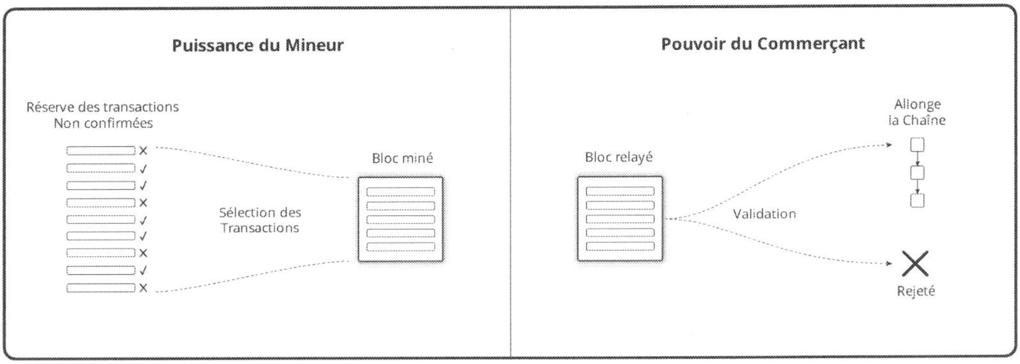

Le pouvoir n'est pas la même chose que l'influence. Les commerçants peuvent influencer les mineurs en n'achetant pas le service. De même, les mineurs peuvent influencer les commerçants en ne le produisant pas. Ces choix se manifestent par des scissions ou des ralentissements. Cependant, la nature du pouvoir est telle qu'il peut ignorer l'influence (et il le fait souvent). L'État a le pouvoir ; il peut appliquer la coercition and cooptation tout en ignorant l'influence. Les commerçants et les mineurs possèdent *ensemble* le

Références

[1] https://fr.wikipedia.org/wiki/Séparation_des_pouvoirs

[2] https://fr.wikipedia.org/wiki/Orthogonalité

[3] https://bitcoin.org/bitcoin.pdf

pouvoir de se défendre[1] contre ces agressions, mais aucun ne peut le faire sans le soutien de l'autre.

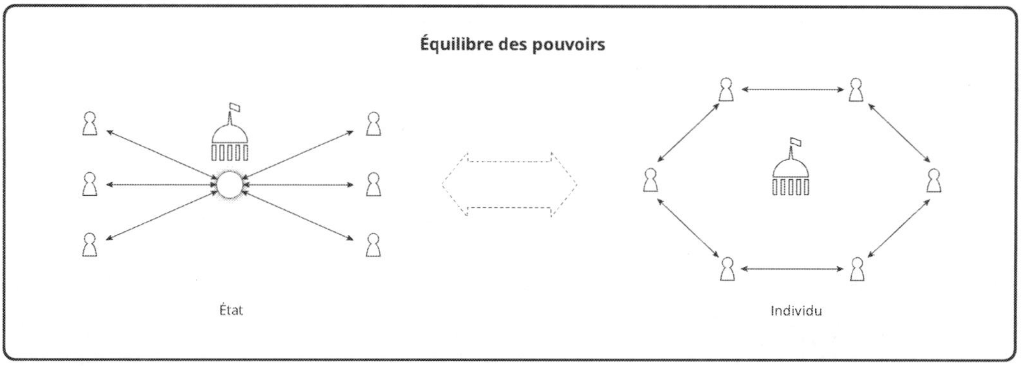

L'équilibre des pouvoirs dans Bitcoin se situe entre les *individus* et l'État. Même les États créent des systèmes qui tentent[2] d'isoler leurs monnaies du contrôle politique. Bitcoin n'est pas différent dans ce sens, en incorporant l'axiome de résistance[3]. Les individus peuvent être des mineurs et peuvent être des commerçants. Avec une large distribution de ces activités, il devient difficile pour les acteurs étatiques de censurer ce marché. **L'idée que les mineurs et les commerçants sont dans une position antagoniste est une incapacité à comprendre le modèle de sécurité de Bitcoin.**

Références

[1] Chapitre : Principe de partage des risques

[2] https://www.federalreserve.gov/aboutthefed/bios/board/default.htm

[3] Chapitre : Axiome de résistance

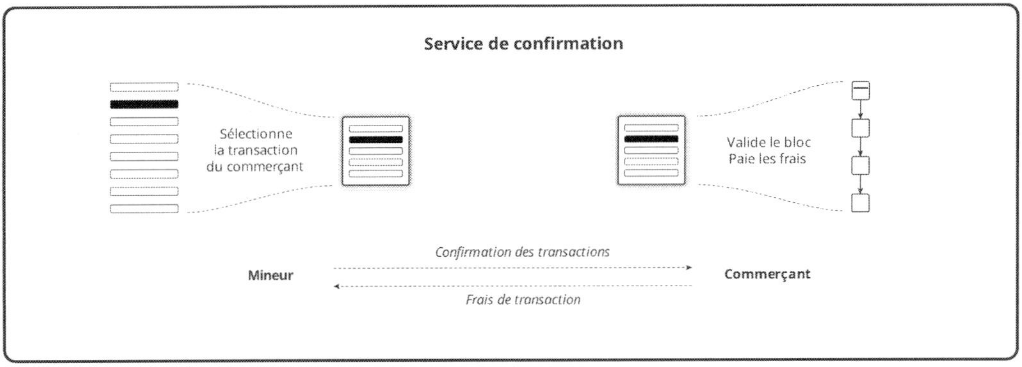

Les commerçants achètent un service auprès des mineurs et, à ce titre, les deux sont impliqués dans le commerce. Les commerçants achètent des services miniers conformes à leurs règles moyennant des frais satisfaisants. Ils sont libres de provoquer une scission et les mineurs sont libres de ne pas miner du tout, ou de ne pas sélectionner certaines transactions pour les raisons qui leur conviennent. Le commerce n'est ni antagoniste ni asymétrique, il est volontaire et mutuellement avantageux, toutes les tensions étant résolues par le prix.

Cette incompréhension amène les gens à croire que le minage peut être centralisé par le regroupement tant que les commerçants ne sont pas centralisés dans leur validation, car l'économie peut contrôler le comportement du minage, ce qui sécurise le système. Cette croyance est incorrecte mais, malheureusement, les gens tirent cette conclusion[1] invalide d'événements récents. Un sophisme étroitement apparenté[2] est qu'un hard fork de preuve de travail réalisé par les commerçants peut contrôler le comportement des mineurs.

Références

[1] https://www.coindesk.com/uasf-revisited-will-bitcoins-user-revolt-leave-lasting-legacy

[2] Chapitre : Sophisme de la preuve de travail

Sophisme du minage par sous-produits

Il existe une théorie selon laquelle le minage de bitcoin implique une réduction de la consommation d'énergie commercialisable, dans la mesure où il peut consommer un sous-produit[1] nécessaire et autrement non commercialisable de la production d'énergie, tel que le gaz naturel non utilisé[2].

Compte tenu d'un nouveau marché de sous-produits, ne pas profiter du prix présumé inférieur représente un coût d'opportunité[3] pour chaque mineur. La concurrence pour le sous-produit fait augmenter son prix, jusqu'au niveau où l'avantage net est éliminé. Dans l'intervalle, cela représente une opportunité[4] de profit minier.

Paradoxalement[5], toute réduction du coût se traduit par une consommation proportionnellement plus élevée. Le coût réduit du minage doit entraîner une augmentation du minage afin que son coût revienne au niveau de la récompense. Ainsi, le sous-produit autrefois « consommé » sous forme de gaspillage fait augmenter le taux de hachage minier jusqu'à ce que le même coût soit consommé dans le minage. La consommation nette d'énergie du minage est en fait augmentée par la baisse du prix.

Pourtant, en monétisant une ressource résiduelle, l'offre énergétique globale commercialisable augmente sans que son coût de production n'augmente. Et la demande pour l'offre énergétique autrement commercialisable dans le minage est diminuée. Cela implique une réduction du prix de l'énergie sur le marché.

Références

[1] https://fr.wikipedia.org/wiki/Déchet

[2] https://fr.wikipedia.org/wiki/Torchage_du_gaz_naturel

[3] https://fr.wikipedia.org/wiki/Coût_d'opportunité

[4] https://bitcoinist.com/bitcoin-mining-waste-oil-industry

[5] Chapitre : Paradoxe de l'efficacité

Une expansion correspondante de la production peut généralement résulter d'une réduction du prix de l'énergie sur le marché. Cette stabilité des prix[1] est une caractéristique générale de tous les produits. **De ce fait, on ne peut pas supposer une réduction conséquente de la consommation énergétique globale provenant du minage par sous-produits**, ce qui invalide la théorie. Cependant, une augmentation globale de la richesse est impliquée par une plus grande production au même coût ou par une même production à moindre coût.

Références

[1] Chapitre : Propriété de stabilité

Sophisme de la causalité

Il existe une théorie selon laquelle le minage « suit » le prix, ou plus précisément la valeur de la récompense. L'implication est que le minage est asservi au prix, sans aucune contribution à l'utilité de la monnaie.

Considérons un mineur qui ne réagit qu'aux valeurs de récompense historiques. Cette personne ne peut pas être le premier mineur, car la récompense n'a alors aucune valeur historique. Aucun prix ne peut être établi car aucun échange n'a eu lieu. Le mineur a peut-être entendu dire qu'un certain nombre d'unités non confirmées ont acheté une pizza, mais peut-être que les mêmes unités ont fait l'objet d'une double dépense. Il doit anticiper un certain niveau de rendement net futur du capital qui est inconnu jusqu'à ce qu'il se matérialise ou non. C'est la nature du risque entrepreneurial. Le risque doit être pris avant que le produit puisse exister. On pourrait croire que le risque peut être transféré au consommateur, par une commande effectuée à l'avance. Mais à ce moment-là, le consommateur devient l'entrepreneur, en fournissant le capital et en assumant le risque de la production.

Il est certainement possible pour un mineur de ne réagir qu'aux valeurs de récompense historiques une fois que l'historique a été établi par la prise de risque de quelqu'un d'autre. Mais quelle est la fenêtre temporelle et la méthode de calcul de la moyenne qui prédit les valeurs de récompense futures ? La capacité unique de prédire les prix d'échange fournirait au mineur des richesses illimitées. Si cela pouvait être fait de manière générale, le prix ne changerait jamais, car tous les changements potentiels seraient escomptés lors de la première création de monnaie. Donc, soit le prix change de manière imprévisible, soit il ne change pas du tout. En d'autres termes, chaque mineur est confronté à la même situation que le premier. Il n'existe pas de prix historiques permettant de prédire les prix futurs.

En supposant qu'il existe un rendement moyen du capital minier en général sur le marché, tant la surestimation que la sous-estimation de la valeur de récompense impliquent une perte par rapport au coût du capital. Compte tenu de la nature de la concurrence, les bénéfices et les pertes (respectivement supérieurs et inférieures au rendement du capital sur le marché) subissent une pression existentielle négative constante. En d'autres termes, le marché tente d'éliminer ces erreurs. Mais étant donnée la nature imprévisible du prix, il ne pourra jamais le faire. La production ne recherche jamais la demande qui existe, qui est par essence historique, elle recherche toujours la demande qu'elle anticipe. **La production continue de deviner la consommation future et, ce faisant, crée une opportunité de consommation.**

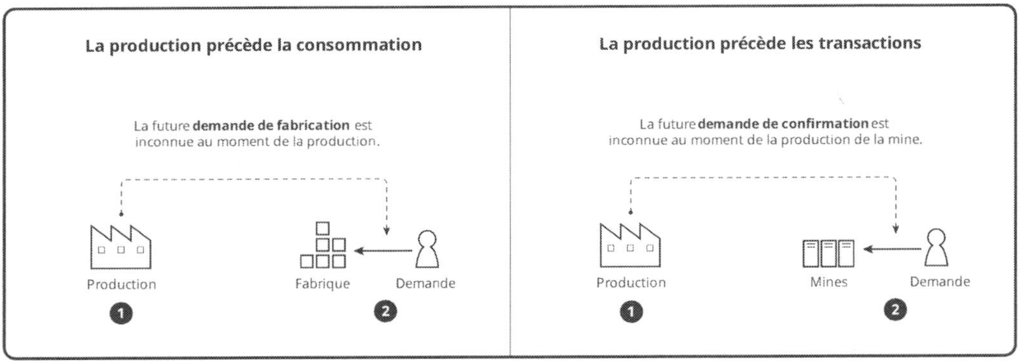

Les mineurs échangent leur capital contre des unités de bitcoin. Ce faisant, ils représentent une fraction de la demande globale de bitcoin. Pourtant, les mineurs n'établissent pas les prix de manière indépendante. Leur demande particulière n'a pas plus d'impact sur le prix que celle d'un non-mineur ayant le même niveau de demande.

On pourrait dire que les mineurs convergent vers un rendement du capital sur le marché en anticipant les valeurs de frais *les plus élevées* possibles. Mais les commerçants convergent de la même manière vers un rendement du capital des mineurs sur le marché en recherchant la valeur des frais *la plus basse* possible. Cependant, les mineurs doivent anticiper la demande globale et risquer de miner avant qu'il puisse y avoir une quelconque utilité. Donc, dans la mesure où il y a une asymétrie, le minage précède les transactions, tout comme toute production doit précéder la consommation. Supposer le contraire revient à confondre la direction qu'un marché recherche avec la manière dont il le fait.

Sophisme du minage découplé

Il existe une théorie selon laquelle la sécurité[1] est augmentée par le découplage de la récompense et de la sélection des transactions dans le minage en coopératives. Selon cette théorie, en ne partageant que la récompense, le contrôle sur la sélection des transactions est transféré aux mineurs ayant moins de puissance de hachage. Cela implique une réduction de la remise de variance[2] et par conséquent une augmentation de la compétitivité[3] des petites mines. Puisqu'on peut supposer que les petites mines peuvent fonctionner de manière plus clandestine que les plus grandes, ceci implique en conséquence que la résistance[4] à la censure est accrue.

La théorie ne reconnaît pas que le contrôle sur la sélection des transactions reste entre les mains de l'opérateur de la coopérative et est donc invalide. Le seul avantage est la réduction de la variance, mais celle-ci n'est réalisée que par la réception du paiement. Comme le paiement est discrétionnaire, n'importe quelles conditions peuvent être jointes à l'accord. De telles conditions peuvent inclure la censure et l'identité. Le recours des membres est de quitter la coopérative pour une autre, tout comme dans le cas d'une coopérative couplée. De ce fait, les coopératives découplées et les coopératives couplées sont tout autant sujettes à la cooptation.

Références

[1] Chapitre : Modèle de sécurité qualitatif

[2] Chapitre : Défaut de la remise de variance

[3] Chapitre : Propriété de résistance à la censure

[4] Chapitre : Axiome de résistance

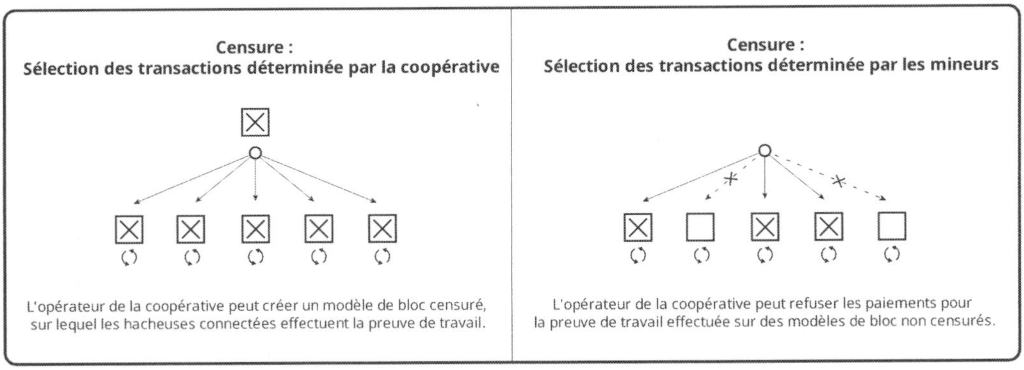

Il existe une théorie apparentée selon laquelle la transparence d'une coopérative découplée est supérieure à celle d'une coopérative couplée, ce qui facilite la fuite des membres vers des coopératives qui ne censurent pas, limitant ainsi la domination des coopératives qui censurent. En acceptant généreusement les hypothèses d'une plus grande transparence et de mineurs indépendants opérant contre leur intérêt financier personnel, nous restons confrontés au fait de la cooptation. L'État peut toujours se réserver la capacité d'opérer avec les avantages financiers du regroupement[1] et la théorie est donc invalide.

Ce sophisme est similaire au Sophisme du relais[2] en ce que tout avantage financier dépend de mineurs par ailleurs indépendants qui accordent le contrôle de cet avantage à une seule personne.

Références

[1] Chapitre : Risque de la pression de regroupement

[2] Chapitre : Sophisme du relais

Principe des coûts dédiés

Les coûts inutiles encourus par les mineurs ne contribuent en rien à la résistance à la double dépense ou à la résistance à la censure[1]. Ces coûts constituent un véritable gaspillage et ne représentent rien de plus que l'inefficacité d'un mineur donné. Par exemple, un mineur dont les machines sont mal configurées ne contribue pas à la sécurité s'il dépense beaucoup d'énergie tout en étant incapable de gagner une récompense en raison de cette mauvaise configuration. Tout coût qui n'est pas strictement requis pour la génération optimale de puissance de hachage n'est pas un coût nécessaire. La mauvaise configuration d'un mineur ne représente pas un coût pour un autre.

Il existe une théorie selon laquelle la preuve de travail (PDT) peut être rendue plus efficace sur le plan énergétique[2] en introduisant des coûts non dédiés dans la fonction de minage. Un tel exemple est la découverte de nombres premiers[3]. La raison d'incorporer de tels coûts est que les découvertes qui en résultent ont une valeur commercialisable présumée. Dans le cas contraire, l'incorporation n'aurait objectivement aucune valeur.

Par analogie, les brasseurs peuvent vendre leurs sous-produits céréaliers aux agriculteurs. Cela améliore leur efficacité en réduisant leurs coûts. Ainsi, dans la mesure où le sous-produit obtenu a de la valeur, sa production n'entraîne pas de coût net. Pourtant, le coût net nécessaire doit s'élever au niveau de la récompense à cause de la concurrence. Par conséquent, le même résultat serait obtenu par une production de PDT de base consommant la totalité de la valeur de la récompense et par des opérations indépendantes consommant de l'énergie et générant les produits commercialisables.

Références

[1] Chapitre : Propriété de résistance à la censure

[2] Chapitre : Paradoxe de l'efficacité

[3] http://primecoin.io

Tout coût consacré à la production d'une valeur commercialisable indépendante peut être compensé par la vente de ce sous-produit. De ce fait, la théorie est invalide.

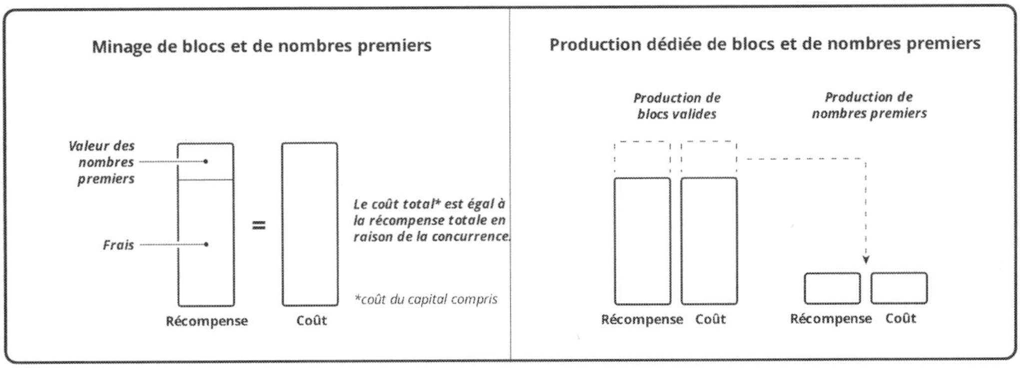

Le minage combiné[1] est généralement mis en œuvre pour résoudre le problème de l'amorçage d'une nouvelle monnaie au-delà du stade vulnérable de la faiblesse du taux de hachage. Cette conception ne reconnaît pas que le taux de hachage non dédié à la nouvelle monnaie ne contribue pas à sa sécurité. Comme le coût total du taux de hachage peut être récupéré en le vendant sur une chaîne, il n'y a aucun coût à censurer 'autre ou les autres chaînes minées en combinaison.

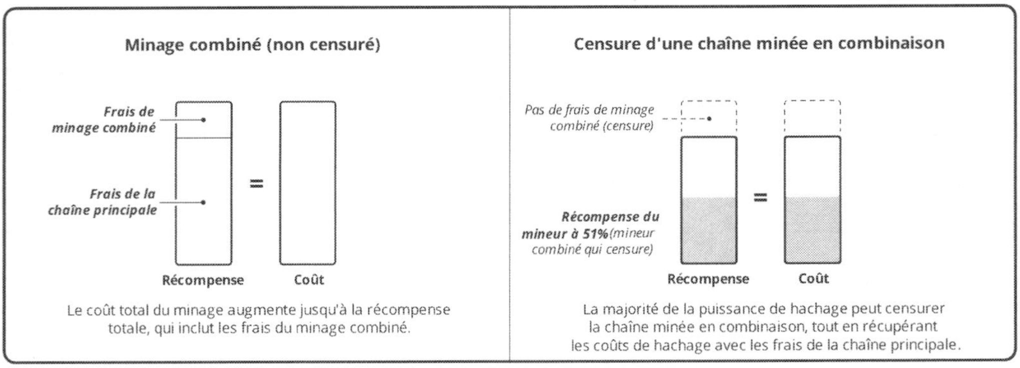

Références

[1] https://eprint.iacr.org/2017/791.pdf

Paradoxe de l'efficacité

Le minage de bitcoin dans son ensemble ne peut pas être rendu plus efficace en ce qui concerne son coût réel. Étant donné que tous les coûts sont liés à l'énergie, on pourrait dire que Bitcoin ne peut pas être rendu plus efficace sur le plan énergétique. Paradoxalement[1], quelle que soit l'amélioration technologique introduite, le coût de la confirmation des transactions reste la somme des récompenses pour la confirmation.

Cette contradiction apparente découle du fait que la récompense détermine en fin de compte le coût. Une augmentation du taux de hachage pour le même coût entraîne une augmentation de la difficulté à maintenir la période de bloc, ce qui augmente le coût en conséquence. Le minage de bitcoin doit toujours consommer en coût le montant de sa récompense présente.

Références

[1] https://fr.wikipedia.org/wiki/Paradoxe

Sophisme du bloc vide

Il existe une théorie selon laquelle le minage de blocs vides constitue une attaque. La théorie ne requiert pas que les blocs soient minés sur une branche faible dans le but de permettre une double dépense, ni ne spécifie quelle personne est attaquée.

Considérons ce qui suit :

- Le terme « attaque » sous-entend le vol. Le livre blanc de Bitcoin[1], par exemple, n'utilise le terme que pour décrire les tentatives de double dépense.
- Une récompense se compose de frais pour les transactions et d'une subvention pour le bloc. Le mineur qui renonce aux frais de transaction en n'incluant pas les transactions n'est pas récompensé pour celles-ci.
- La puissance de hachage du mineur contribue proportionnellement à la sécurité du réseau. La subvention est une compensation pour cette sécurité pendant la phase inflationniste. Le but de l'inflation est de répartir rationnellement les unités. La distribution rationnelle se fait spécifiquement en échange de puissance de hachage, pas de l'inclusion des transactions.
- La confirmation des transactions n'est pas assurée. Les frais forment l'incitation à la confirmation. L'absence de confirmation implique objectivement des frais insuffisants.
- Le minage de blocs vides est entièrement conforme aux règles de consensus et ne peut être raisonnablement empêché par une nouvelle règle.

En outre, si 10 % de la puissance de hachage mine des blocs vides, les confirmations prendront en moyenne 10 % plus longtemps. Pourtant, si un mineur supprime 10 % de la puissance de hachage totale, les confirmations prendront également 10 % plus

Références

[1] https://bitcoin.org/bitcoin.pdf

longtemps en moyenne, jusqu'au prochain ajustement de la difficulté. Le minage d'un bloc vide est par conséquent indiscernable de l'absence de minage.

Il vaut la peine d'explorer la source du sophisme. En raison de la Propriété de somme nulle[1], on peut supposer que le minage d'un bloc vide retire « injustement » l'opportunité de confirmation des transactions.

Un mineur engage des capitaux dans le minage, produisant de la puissance de hachage. En mettant à part les effets du regroupement[2], le mineur est subventionné proportionnellement au taux de hachage. Sans ce travail, d'autres mineurs produiraient le même nombre moyen de blocs à une difficulté proportionnellement plus faible. En d'autres termes, les attaques *réelles* seraient proportionnellement moins chères. Ainsi, bien qu'il n'ait pas été récompensé pour avoir inclus des transactions, le mineur de blocs vides sécurise les transactions précédemment confirmées.

Étant donné que le coût marginal[3] d'inclusion d'une transaction est nécessairement inférieur aux niveaux de frais moyens, le mineur de blocs vides subit un coût d'opportunité[4]. Cela équivaut à une subvention de la sécurité de la chaîne de la part du mineur.

Références

[1] Chapitre : Propriété de somme nulle

[2] Chapitre : Risque de la pression de regroupement

[3] https://fr.wikipedia.org/wiki/Coût_marginal

[4] https://fr.wikipedia.org/wiki/Coût_d'opportunité

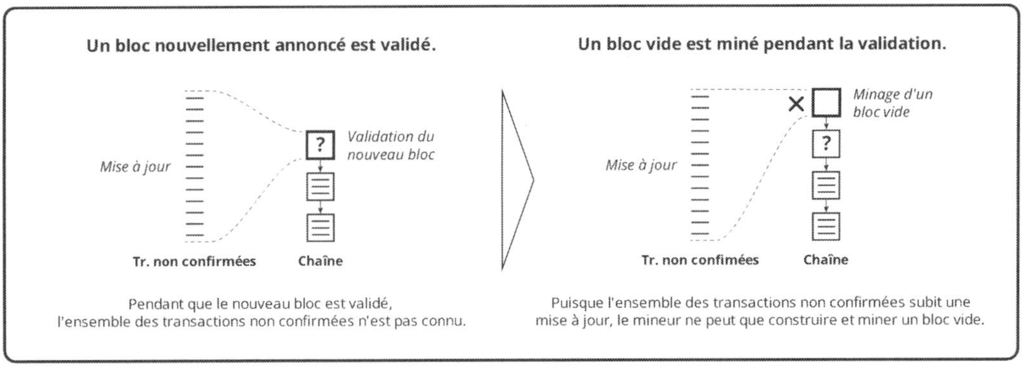

Bien que cela semble économiquement irrationnel, il peut en être autrement en raison du coût d'opportunité compensatoire pour attendre un nouveau candidat non vide après une annonce. **Dans la mesure où il réduit les coûts des mineurs, le minage de blocs vides ne peut avoir aucun impact sur les frais ou sur le taux de confirmation.** La théorie est donc invalide.

Si un mineur donné peut considérer qu'il est avantageux de miner des blocs vides, il appartient à toute autre personne d'en faire autrement. Au bout du compte, c'est l'exercice de cette opportunité concurrentielle et intéressée qui sécurise la monnaie contre les attaques réelles.

Sophisme de l'épuisement d'énergie

Il existe une théorie selon laquelle la preuve de travail pourrait épuiser toute l'énergie à disposition des gens. La PDT convertit l'énergie en une barrière contre la double dépense qui augmente de façon monotone[1] pour n'importe quelle transaction donnée. Ceci est comparable à l'énergie dépensée pour sécuriser n'importe quelle monnaie contre la contrefaçon (par son propre émetteur ou autre).

L'objectif de toute mesure de sécurité est de créer un coût nécessaire pour surmonter cette mesure, c'est-à-dire une barrière financière. Bitcoin crée sa barrière contre la double dépense en obligeant l'attaquant à remplacer la branche de la transaction ciblée par une branche ayant un travail probabiliste plus important. Il est intéressant de noter qu'un tel remplacement réhausse la barrière pour les attaquants suivants. **L'énergie dépensée n'a pas d'importance indépendante, la barrière érigée représente la charge financière nécessaire de l'attaquant.**

La barrière de sécurité (S) d'un bloc est le produit du coût unitaire de hachage (C), du taux de hachage (H) et de la période (T).

```
S = C × H × T
```

L'ajustement fait varier le taux de hachage afin de maintenir une période constante pour un coût de hachage et une sécurité donnés.

```
T = S / (C × H)
```

Références

[1] https://fr.wikipedia.org/wiki/Fonction_monotone

Une période constante implique que le taux de hachage est inversement proportionnel au coût pour une sécurité donnée.

```
H ~ S / C
```

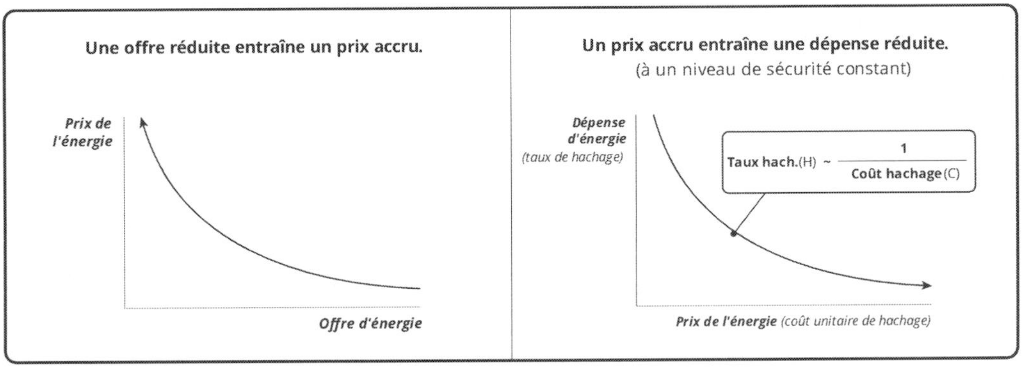

Lorsque l'offre d'énergie est réduite, son prix doit augmenter, ce qui réduit la quantité dépensée pour un niveau de sécurité donné. Par conséquent, l'énergie ne peut pas être épuisée par le minage et la théorie est invalide.

Sophisme du stockage d'énergie

Il existe une théorie selon laquelle la valeur de l'énergie dépensée par la preuve de travail est convertie en valeur de monnaie, ce qui revient à « stocker » la valeur pour une consommation ultérieure. En supposant que l'énergie et la monnaie auront de la valeur pour des gens à un moment donné dans le futur, elles pourront à nouveau être échangées.

Pourtant, il s'agit au mieux d'un piètre métaphore. Les mineurs échangent de l'énergie contre des unités. Cependant, *tous* les commerçants qui acceptent des unités de la monnaie fournissent quelque chose en échange, et *toutes les choses* offertes dans le commerce représentent une demande. La théorie se trompe en insinuant que la valeur énergétique dépensée dans le minage est unique dans sa contribution à la valeur. **En dehors de son ampleur, une source de demande ne peut pas être un facteur de valeur généralement plus important qu'une autre source.** De ce fait, la théorie est invalide.

En outre, c'est une erreur similaire d'affirmer que la monnaie[1] est une réserve de valeur[2]. La monnaie est une réserve de monnaie. En réalité, seuls les objets peuvent être stockés. La valeur de la monnaie découle entièrement de la valeur de ce pour quoi elle peut être échangée pour les personnes qui échangent. Puisque la valeur est subjective[3], il s'agit d'une préférence humaine, sujette à des changements constants et imprévisibles, et elle ne peut pas être stockée.

Références

[1] Chapitre : Taxonomie des monnaies

[2] https://fr.wikipedia.org/wiki/Monnaie#Réserve_de_valeur_et_norme_de_paiement_différé

[3] https://fr.wikipedia.org/wiki/Conception_subjective_de_la_valeur

Sophisme du gaspillage d'énergie

Il existe une théorie selon laquelle la preuve de travail gaspille de l'énergie. Cela implique que le niveau de sécurité fourni est plus grand que nécessaire, ou que le même niveau de sécurité peut être fourni par une autre preuve externe à un coût énergétique inférieur. La preuve *interne*, et plus précisément la preuve d'enjeu[1], est un modèle de sécurité différent qui n'est pas sécurisé de manière cryptodynamique[2], et n'est pas examinée ici.

La puissance de hachage totale est fonction de la récompense, récompense, qui elle-même est fonction des frais, qui sont déterminés par le marché des confirmations. Si une personne considère que la puissance de hachage actuelle est insuffisante pour sécuriser l'échange d'une valeur donnée contre la double dépense, alors l'exigence de profondeur augmente. De plus, comme le montre la Propriété du seuil d'utilité[3], les transactions dont la valeur est insuffisante pour assurer la sécurité d'une seule confirmation sont exclues économiquement de la chaîne.

Ces limites supérieures et inférieures de la sécurité dépendent du coût de confirmation et sont par conséquent indépendantes de la technique de preuve. **Il n'y a pas de niveau de sécurité nécessaire, juste une profondeur de confirmation subjective et une utilité minimale.**

La sécurité des confirmations augmente avec le coût de génération de chaque bloc. La double dépense d'une transaction exige que sa branche soit remplacée par une autre dont le coût est probabilistiquement plus élevé. Le coût énergétique ne peut donc être réduit qu'en dépensant le même coût moyen pour un temps de confirmation donné, mais avec une composante énergétique plus faible.

Références

[1] https://fr.wikipedia.org/wiki/Preuve_d'enjeu

[2] Chapitre : Sophisme de la preuve d'enjeu

[3] Chapitre : Propriété du seuil d'utilité

Le travail engendre des coûts sous plusieurs formes : main-d'œuvre, matériel, services, terrain, etc. Toute autre preuve externe consomme ces mêmes ressources, mais éventuellement dans des proportions différentes. La question de la réduction du coût énergétique revient par conséquent à savoir si une composante énergétique du coût d'une preuve peut être remplacée par une autre composante de ressource ayant le même coût. Or le coût de la ressource de substitution inclut tous ses coûts de production, qui doivent se réduire à l'énergie consommée. La théorie est donc invalide.

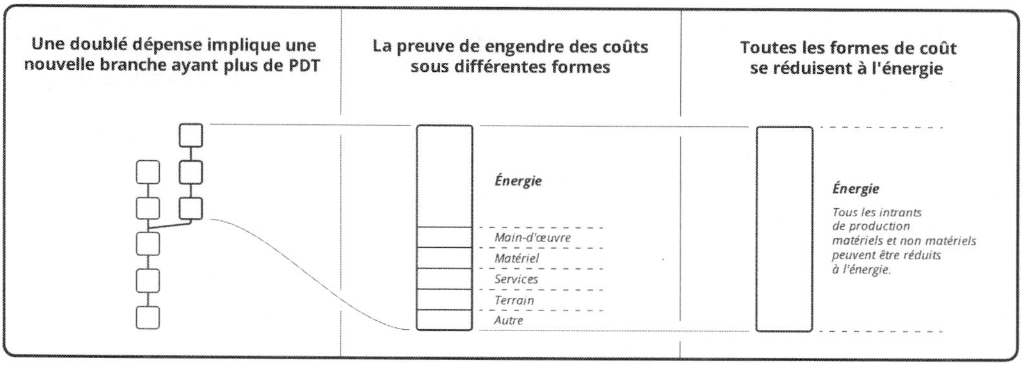

En outre, la sécurisation de toute monnaie entraîne un coût pour les commerçants. De ce fait, leur utilisation de la monnaie implique qu'elle est préférée aux autres alternatives. Cela implique que les alternatives sont en fin de compte plus coûteuses. Comme tous les coûts se réduisent fondamentalement à la consommation d'énergie, il s'ensuit que la monnaie[1] utilisée est la plus efficace sur le plan énergétique.

Références

[1] Chapitre : Taxonomie des monnaies

Sophisme de la récupération des frais

Il existe une théorie selon laquelle les mineurs obtiennent un avantage financier par rapport aux autres mineurs en minant leurs propres transactions et en « récupérant » leurs propres frais.

Cette théorie ne tient pas compte du coût d'opportunité[1] lié au minage d'un espace de bloc sans perception d'un paiement pour cela. Le paiement de frais à soi-même *de quelque montant que ce soit* est un non-événement financier. Le fait de ne pas percevoir de frais est un coût réel correspondant au montant abandonné, car le coût du minage de cette partie du bloc n'est pas compensé. **Les frais réels payés par le mineur sont équivalents à l'opportunité à laquelle il renonce.**

Il existe une théorie apparentée selon laquelle les outils d'estimation des frais peuvent être trompés en recommandant des frais plus élevés que nécessaire. Comme indiqué dans le Sophisme des frais annexes[2], cela suppose qu'il y ait une relation entre les taux de frais historiques et les taux de frais futurs, relation qui n'existe pas, et que tous les frais soient visibles sur la chaîne, ce qui n'est pas le cas.

Références

[1] https://fr.wikipedia.org/wiki/Coût_d'opportunité

[2] Chapitre : Sophisme des frais annexes

Sophisme du halving

Les règles de consensus de Bitcoin produisent un taux prévisible d'inflation monétaire. Ce taux est réduit périodiquement à un moment appelé le halving. Il existe plusieurs fonctions en escalier[1] dans Bitcoin. Le halving a lieu tous les 210.000 blocs forts, l'ajustement de la difficulté tous les 2016 blocs forts et la coordination de la chaîne toutes les 10 minutes environ. Les valeurs numériques qui contrôlent ces intervalles sont arbitraires, mais la discontinuité est nécessaire en raison des intervalles discrets requis pour la preuve de travail. Il existe une théorie selon laquelle le halving crée un choc financier abrupt pour les mineurs pouvant conduire à un ralentissement perpétuel. La théorie est basée sur la confluence de deux fonctions en escalier (celle du halving et celle de la difficulté), entraînant une expansion spectaculaire de la période d'une autre (celle de la coordination) en raison de la réduction simultanée des profits des mineurs.

La théorie suppose que l'ajustement de la difficulté remet à zéro le profit économique[2] moyen des mineurs, ce qui ne permet qu'à la moitié supérieure des mineurs (selon la rentabilité) de survivre, réduisant finalement l'activité minière à seulement quelques mineurs. En d'autres termes, l'ajustement de la difficulté est considéré comme une pression de regroupement[3]. Cependant, il n'y a aucune raison de croire que l'ajustement réduit à zéro le profit de *tous* les mineurs. La conséquence de cette hypothèse n'est pas qu'il y aura *peu* de mineurs, mais qu'il n'y en aura *aucun*, du seul fait de l'ajustement de la difficulté. En fait, l'ajustement ne fait rien pour réguler les profits des mineurs, il ne contrôle que la période de coordination. Sans ajustement, le profit ne serait pas affecté tandis que la période de coordination et donc la variance répondrait au taux de hachage

Références

[1] https://fr.wikipedia.org/wiki/Fonction_étagée

[2] https://fr.wikipedia.org/wiki/Profit_économique

[3] Chapitre : Risque de la pression de regroupement

total. La préférence temporelle[1], qui dicte le rendement du capital sur le marché, régule les profits des mineurs comme elle le fait sur tous les marchés.

Considérons le cas où le prix ne change pas. Dans ce cas, il n'y a aucune raison de s'attendre à un changement du taux de hachage total, ni à un ajustement de la difficulté, et nous pouvons conclure que la mine moyenne génère le rendement du capital sur le marché. En d'autres termes, un nombre quelconque de mineurs indépendants peuvent se concurrencer indéfiniment (en l'absence de pressions de regroupement réelles).

Considérons également que les changements de prix, les ajustements de la difficulté et les fluctuations des récompenses affectent tous la rentabilité des mineurs de la même manière. Un ajustement de la difficulté et/ou un halving n'est donc pas plus important pour un mineur qu'une fluctuation de prix comparable, et présente une plus grande prévisibilité.

La théorie prévoit également que la récompense peut être insuffisante pour compenser les mineurs pour la difficulté immédiatement après un halving. De ce fait, ils peuvent choisir de réduire le taux de hachage, en prolongeant les temps de confirmation jusqu'à ce que les frais augmentent, que le prix augmente et/ou que la difficulté s'ajuste à la baisse. Pourtant, les frais et le prix sont déterminés par le marché et peuvent certainement atteindre le niveau que les gens sont prêts à payer.

Il n'y a aucun moyen de savoir quels niveaux le marché supportera, mais le prix continue d'avoir un impact beaucoup plus important que les halvings. Les plus grands halvings se sont passés sans aucune perturbation. Étant donné que les halvings suivants produiront l'équivalent d'une réduction de prix exponentiellement *plus faible*, il n'y a aucune raison de croire que les événements futurs seront plus intéressants que les précédents.

Références

[1] https://www.wikiberal.org/wiki/Préférence_temporelle

Sophisme du minage impuissant

Il existe une théorie selon laquelle les mineurs n'ont aucun pouvoir. Elle est distincte du Sophisme de la preuve de travail[1] qui lui est étroitement apparenté. La théorie repose sur l'hypothèse que les mineurs sont soumis à des pressions économiques qui les empêchent d'attaquer efficacement et durablement la chaîne. Cette théorie amène les gens à croire que les mineurs peuvent être fortement regroupés tant que les commerçants ne sont pas centralisés, car l'économie peut contrôler le comportement du minage, ce qui sécurise le système. La conséquence de cette théorie invalide est la complaisance à l'égard de l'insécurité causée par le regroupement.

La théorie soutient que si la puissance de hachage majoritaire réalise des doubles dépenses, les commerçants augmenteront nécessairement leurs exigences de profondeur de confirmation, ce qui augmentera le coût des attaques ultérieures. À un moment donné, un équilibre est atteint où des profondeurs plus importantes sont considérées comme suffisantes pour l'échange. Étant donné que cela empêcherait complètement la double dépense, il n'y aurait aucun avantage à entretenir l'attaque. La théorie admet que des attaques peuvent se produire, mais pas assez fréquemment pour réduire matériellement l'utilité.

La théorie soutient également qu'un mineur ne peut pas éviter de sélectionner les transactions payant les frais les plus élevés, car cela réduirait sa récompense, tout en enrichissant les autres mineurs. Cela est supposé conduire à une perte de la puissance majoritaire et donc à une incapacité à continuer. Cet aspect de la théorie implique que les mineurs ne peuvent pas censurer efficacement.

La théorie considère également que le minage égoïste par la puissance de hachage majoritaire est faisable, mais qu'en l'absence de double dépense et de censure, il n'y a pas

Références

[1] Chapitre : Sophisme de la preuve de travail

de conséquence négative pour l'économie. Dans ce cas, la majorité devient simplement le seul mineur car tous les autres sont incapables de conserver leurs récompenses. En dépit du manque de concurrence, le taux de hachage et le niveau des frais sont maintenus par la *possibilité* toujours présente de concurrence.

Pourtant, les mineurs et les commerçants sont des partenaires commerciaux, engagés volontairement dans des activités mutuellement avantageuses. Comme l'explique le Sophisme de l'équilibre des pouvoirs[1], aucun des deux ne peut contrôler l'autre et le prix constitue la résolution de l'ensemble des préférences. Cela semble étayer la théorie, cependant **la théorie ne traite pas de la menace** et est en réalité un leurre[2]. Bitcoin est conçu pour se défendre contre les forces *extérieures au marché*, et en particulier l'État. Les forces du marché ne constituent jamais une menace pour le marché lui-même.

Le regroupement de la puissance de hachage prive la sécurité de sa substance, car les États peuvent simplement coopter cette puissance de hachage. Mais les États peuvent également construire leurs propres mines pour obtenir le même résultat. Bitcoin nécessite donc à la fois une puissance de hachage une distribution de cette puissance entre les personnes qui sont disposées et capables de s'exposer au danger du contrôle étatique[3].

L'État est un acteur économiquement rationnel. L'inflation est rentable pour l'émetteur. L'utilisation généralisée de Bitcoin empêcherait les États de percevoir efficacement l'impôt d'inflation[4]. Des attaques étatiques sont par conséquent attendues, et des

Références

[1] Chapitre : Sophisme de l'équilibre des pouvoirs

[2] https://fr.wiktionary.org/wiki/leurre

[3] Chapitre : Principe de partage des risques

[4] https://fr.wikipedia.org/wiki/Seigneuriage

attaques analogues sont monnaie courante[1]. Il est pratiquement inévitable que les États subventionnent les attaques, mais la possibilité même que cela arrive invalide la théorie.

Références

[1] https://fr.wikipedia.org/wiki/Contrôle_des_changes

Modèle économique du mineur

Les mineurs participent à un jeu à somme nulle[1] dans une économie à somme positive[2]. Ils sont en concurrence les uns avec les autres, pas avec l'économie. L'augmentation de l'utilité est le reflet d'une somme positive et une conséquence naturelle du commerce.

Il a été avancé que les blocs minés dans une période de hausse des prix produisent des rendements démesurés pour les mineurs, du moins jusqu'à l'ajustement de la difficulté. Cette idée est basée sur l'incapacité courante à comprendre que les prix du marché ne sont pas prévisibles[3]. Les paris sur le changement de prix sont spéculatifs. Il n'y a aucune raison de supposer que la spéculation sur le bitcoin soit plus ou moins efficace qu'une autre. Dans la mesure où une hausse des prix est généralement prévisible par les mineurs, la concurrence la prédit aussi, ce qui invalide l'idée d'un rendement démesuré inhérent.

L'investissement dans le minage de bitcoin est quant à lui basé sur la relation prévisible entre le profit et la concurrence dans le temps. Cette relation prédit que la moyenne de toutes les activités minières se rapproche du taux d'intérêt du marché. Comme sur tous les marchés, les périodes plus courtes sont imprévisibles en matière de prix et les périodes plus longues se rapprochent des rendements du marché. À terme, la préférence temporelle[4] contrôle le taux de rendement des investissements sur le marché.

Alors, comment un mineur peut-il obtenir des rendements démesurés ? Il ne peut pas le faire avec des accords de frais annexes[5]. Il n'y a qu'une seule façon d'obtenir un taux de rendement supérieur à celui du marché, c'est d'avoir un coût de puissance de hachage inférieur à la moyenne en ce qui concerne la monnaie. On y parvient soit en tirant parti

Références

[1] https://fr.wikipedia.org/wiki/Jeu_à_somme_nulle

[2] https://fr.wikipedia.org/wiki/Gagnant-gagnant

[3] https://fr.wikipedia.org/wiki/Théorie_du_chaos

[4] https://www.wikiberal.org/wiki/Préférence_temporelle

[5] Chapitre : Sophisme des frais annexes

des pressions de regroupement[1], soit grâce à une efficacité opérationnelle supérieure. En raison de la propriété de somme nulle[2], ces taux de rendement supérieurs sont compensés par les taux de rendement inférieurs obtenus par les autres mineurs. Par conséquent, la prime diminue pour un mineur honnête au-delà de 50 % de puissance de hachage, et tombe à zéro à 100 %.

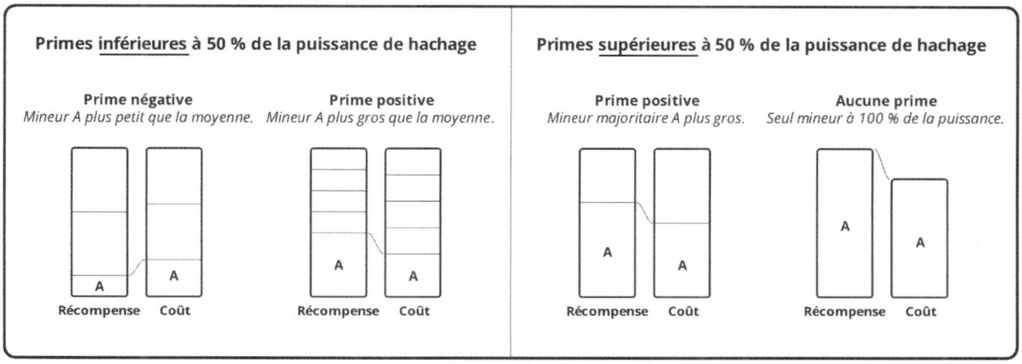

Cependant, les autres mineurs finiront par quitter le marché car leurs capitaux recherchent les rendements du marché. Il ne resterait qu'un seul mineur, lié aux rendements du marché. En d'autres termes, pour obtenir des rendements démesurés, il faudrait d'autres mineurs à qui les prendre. Le rendement le plus élevé pouvant être maintenu est fonction du coût d'opportunité le plus élevé que les autres sont prêts à supporter. Il s'agit d'une fonction de l'utilité de la récompense différentielle, comme examinée dans le Paradoxe du niveau de menace[3].

En limitant les dividendes[4] aux taux de rendement du marché et en réinvestissant toutes les récompenses restantes, un mineur peut maintenir une puissance de hachage constante et ainsi obtenir des rendements du marché contre une base de capital

Références

[1] Chapitre : Risque de la pression de regroupement

[2] Chapitre : Propriété de somme nulle

[3] Chapitre : Paradoxe du niveau de menace

[4] https://fr.wikipedia.org/wiki/Dividende

proportionnelle à la capitalisation du bitcoin. Le réinvestissement des dividendes augmente la puissance de hachage, et la liquidation la diminue. Les hacheuses sont liquidées en mettant chaque appareil hors ligne lorsqu'il devient producteur négatif net, ou en actualisant[1] ces rendements futurs en vendant l'appareil.

Le taux de rendement minier du capital dépend uniquement de la préférence temporelle. La relation entre l'économie et les mineurs est explorée plus en détail dans le Sophisme de l'équilibre des pouvoirs[2].

Références

[1] https://fr.wikipedia.org/wiki/Valeur_actuelle_nette

[2] Chapitre : Sophisme de l'équilibre des pouvoirs

Risque de la pression de regroupement

La pression de regroupement est l'ensemble des incitations économiques favorisant l'agrégation du taux de hachage, en particulier :

- La prime de proximité[1]
- La remise de variance[2]
- La variation du marché
- La distorsion du marché
- L'économie d'échelle[3]

La latence et la variance sont inévitables. Ces deux premières incitations économiques sont en fait créées par les règles de consensus. La variation est la conséquence de la variation du prix des ressources de minage sur le marché. La distorsion est la conséquence de la variation des coûts extérieurs au marché, ce qui comprend les impôts, les réglementations, les subventions et les brevets ; la force à laquelle Bitcoin est censé résister[4]. Dans un environnement à forte menace, l'économie d'échelle peut devenir négative en raison du coût associé à une plus grande visibilité[5], mais peut sinon être positive.

Il existe plusieurs manifestations du regroupement. L'une est géographique, lorsque les mineurs indépendants se rapprochent physiquement les uns des autres. Une autre est coopérative, lorsque des mineurs précédemment indépendants unissent leurs forces et rassemblent leur hachage. Une autre est virtuelle, lorsque les mineurs deviennent des hacheurs et rassemblent leur taux de hachage entre les mains d'un seul mineur distant.

Références

[1] Chapitre : Défaut de la prime de proximité

[2] Chapitre : Défaut de la remise de variance

[3] https://fr.wikipedia.org/wiki/Économie_d'échelle

[4] Chapitre : Axiome de résistance

[5] https://www.theatlantic.com/magazine/archive/2017/09/big-in-venezuela/534177/

Une autre est l'utilisation de relais[1], qui agrègent la puissance de hachage des mineurs. Une autre est le flux des capitaux, car un taux de hachage plus élevé associé à une plus grande utilisation du capital est une forme de rassemblement.

Étant donnée une pression positive perpétuelle, la sélection des transactions finira par être réduite au contrôle d'une seule personne. Il est possible que ce soit déjà le cas. Le risque pour Bitcoin est qu'une seule personne forme la seule défense[2] de l'utilité, rendant le succès d'une cooptation inévitable. Ce risque ne peut pas être atténué[3] par l'économie.

La pression de regroupement dans Bitcoin est analogue au système de la Réserve fédérale des États-Unis[4]. Le système a été conçu[5] pour faciliter le prélèvement fiscal par la dépréciation[6] d'une monnaie de marché. Il offrait un soutien[7] de l'État à une procuration[8] monétaire en échange de la monnaie de marché[9]. Cette combinaison a été conçue afin de créer une pression pour collecter la monnaie de marché au niveau de l'autorité centrale. Une fois que cette collecte a été suffisante, l'État a éliminé le prétexte et s'est simplement emparé[10] de toute la monnaie de marché restante. Tous les États ont des systèmes similaires et coopèrent[11] pour les défendre.

Références

[1] Chapitre : Sophisme du relais

[2] Chapitre : Principe de partage des risques

[3] Chapitre : Sophisme de l'équilibre des pouvoirs

[4] https://www.federalreserve.gov

[5] Chapitre : Principe de la banque d'État

[6] https://en.wikipedia.org/wiki/Debasement

[7] https://fr.wikipedia.org/wiki/Cours_légal

[8] https://en.wikipedia.org/wiki/Federal_Reserve_Note

[9] Chapitre : Taxonomie des monnaies

[10] https://fr.wikipedia.org/wiki/Executive_Order_6102

[11] https://fr.wikipedia.org/wiki/Fonds_monétaire_international

Cela n'implique pas que le minage soit en conflit avec Bitcoin. En suivant l'analogie, le modèle de la banque libre[1] n'est pas en conflit avec l'or. Le minage est une partie nécessaire de Bitcoin. Le regroupement représente un risque, bien que la pression de regroupement ne soit pas créée par les mineurs mais par les défauts présents dans Bitcoin lui-même.

Références

[1] https://fr.wikipedia.org/wiki/Banque_libre

Défaut de la prime de proximité

La latence est le temps nécessaire pour la communication. Les informations se déplacent à une vitesse inférieure à la vitesse de la lumière[1] et, par conséquent, la latence ne peut pas être éliminée.

Les différences de distance entre les mineurs impliquent que les annonces seront connues de certains avant d'autres. Tant qu'un mineur demeure ignorant d'une annonce, il gaspille du capital à hacher à partir d'un candidat faible. À mesure que le temps passe, il devient exponentiellement moins probable que le mineur soit récompensé pour le candidat. Les mineurs se font donc concurrence pour voir les annonces avant les autres mineurs, car cela réduit le coût d'opportunité[2].

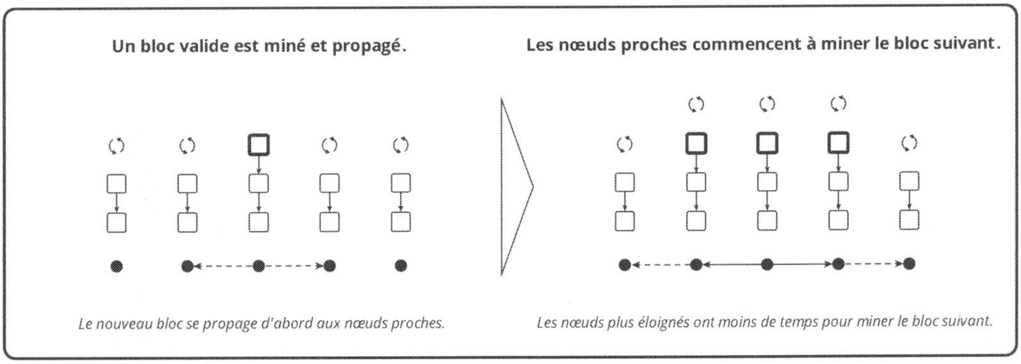

Si nous devions disperser des mineurs possédant un même taux de hachage à des points équidistants autour de la Terre, ils subiraient la même latence moyenne. Pourtant, en raison de l'avantage financier que représente la réduction de la latence, ils auraient tendance à se rapprocher les uns des autres. Les mineurs obtiennent une prime sur les rendements grâce à l'agrégation.

Références

[1] https://fr.wikipedia.org/wiki/Vitesse_de_la_lumière

[2] https://fr.wikipedia.org/wiki/Coût_d'opportunité

Cette pression de regroupement[1] basée sur la proximité est une conséquence de l'ordre linéaire des blocs requis par les règles de consensus. **Bitcoin prescrit un ordre où tout va au vainqueur, ce qui produit un coût d'opportunité disproportionné.** La remise de variance[2] est l'autre pression de regroupement causée par le consensus.

La défense[3] que Bitcoin *veut* mobiliser est la défense du marché contre les forces (étatiques) hostiles au marché. Pour ce faire, la puissance de hachage doit être largement distribuée entre les personnes afin qu'il devienne difficile de la coopter. Cependant, les pressions de regroupement inhérentes au consensus vont à l'encontre de cet objectif. De ce fait, la caractéristique est appelée un défaut, bien qu'aucun moyen d'éliminer ce défaut n'ait été découvert.

Références

[1] Chapitre : Risque de la pression de regroupement

[2] Chapitre : Défaut de la remise de variance

[3] Chapitre : Axiome de résistance

Sophisme du relais

Le réseau pair-à-pair diffuse les blocs et les transactions non confirmées. Le protocole lui-même permet aux nœuds de se protéger contre les dénis de service. Par conséquent, cette communication ne nécessite aucune identité. C'est grâce à cette protection que le réseau évite de requérir une autorisation pour participer.

Cependant, cette protection a un coût en termes de latence d'annonce et, en raison de l'avantage de proximité[1], une latence plus faible se traduit par une puissance de hachage apparente plus élevée. Par conséquent, les mineurs sont en concurrence pour obtenir une latence réduite. Une façon de réduire la latence est le regroupement, une autre est l'utilisation d'un réseau de diffusion plus efficace. Étant donné que le regroupement cède le pouvoir à l'opérateur, on peut supposer que cette dernière option est préférable.

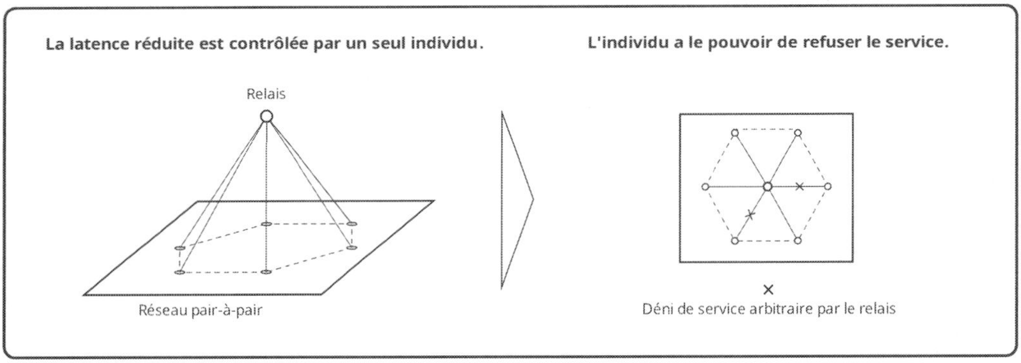

Une façon d'améliorer la diffusion est d'*optimiser* le réseau pair-à-pair. L'autre consiste à rejoindre un réseau distinct, appelé relais, qui présente une latence plus faible en raison de l'élimination des protections contre le déni de service, par exemple[2] :

Références

[1] Chapitre : Défaut de la prime de proximité

[2] http://bitcoinfibre.org

> « Le format du message cmpctblock a été conçu pour qu'il s'intègre parfaitement dans un mécanisme de relais basé sur UDP-FEC. La seule différence est que nous l'envoyons par UDP avec une FEC. [...] De cette façon, les sauts supplémentaires n'introduisent pas plus de latence. Malheureusement, en raison de la nature de notre encodage de la FEC, nous ne pouvons pas savoir si les paquets individuels font partie d'un bloc légitime, ou de n'importe quel bloc, et nous ne permettons donc cette optimisation qu'entre les nœuds gérés par le même groupe. »
>
> *bitcoinfibre.org (traduit)*

Le relais accepte la communication d'un ensemble de mineurs, par le biais du protocole pair-à-pair ou d'un autre. Le relais est constitué d'un ensemble de machines sous le contrôle du relayeur. Il communique les annonces au sein de son réseau interne[1] et finalement aux mineurs associés.

L'observation importante en matière de sécurité est que la communication au sein du relais est sous le contrôle du relayeur. En raison de la suppression des protections contre le déni de service, un contrôle central est *nécessaire* au système. Le relais peut retarder certains blocs en fonction du mineur, de la région, du signal, du non-paiement, etc. Un relais vend de la latence réduite, et fait par conséquent partie du secteur d'activité du minage. Du point de vue de la sécurité, il importe peu que ce service soit offert gratuitement. Les mineurs peuvent de la même manière offrir aux hacheurs une latence et une variance réduites et gratuites.

Les relais sont des agrégations de mineurs et les mineurs sont des agrégations de hacheurs. Plus l'agrégation de la puissance de hachage est grande, plus la mine est rentable, tout comme le relais. On peut considérer que les hacheurs sont libres de quitter les mines et que les mineurs sont libres de quitter les relais, et il est bien sûr possible pour un hacheur de gérer sa propre mine et son propre relais. Mais les agrégations plus

Références

[1] https://bitcoinmagazine.com/articles/blockstream-satellite-broadcasting-bitcoin-space

importantes sont plus rentables, donc quitter le plus grand relais ou la plus grande mine fait augmenter le coût relatif[1] de son activité.

Une théorie soutient que les relais réduisent la pression de regroupement. C'est une erreur. **Toute réduction du regroupement causée par un relais ne disparaît pas, mais est transférée au relais sous forme d'une augmentation du regroupement.** Les statistiques sur les relais ne sont généralement pas présentées aux côtés des statistiques sur le minage, ce qui masque le transfert de pouvoir. Cela peut amener les gens à croire que le minage est moins fortement regroupé que ce n'est le cas.

Références

[1] Chapitre : Propriété de somme nulle

Sophisme du minage égoïste

L'expression « minage égoïste » fait référence à une *optimisation* du minage. Cependant, un article universitaire[1] présente l'optimisation comme suit :

> « La sagesse conventionnelle affirme que le protocole de minage respecte la compatibilité des incitations et est sécurisé contre les groupes minoritaires en collusion, c'est-à-dire qu'il incite les mineurs à suivre le protocole tel qu'il est prescrit. Nous montrons que le protocole de minage de Bitcoin ne respecte pas la contrainte de compatibilité des incitations. »
>
> *Ittay Eyal et Emin Gün Sirer : Majority is not Enough (traduit)*

Cette affirmation suppose un « protocole de minage de Bitcoin prescrit » qui exclut la rétention, ce qui est un homme de paille[2]. Les règles de consensus de Bitcoin sont nécessairement silencieuses à propos du moment des annonces.

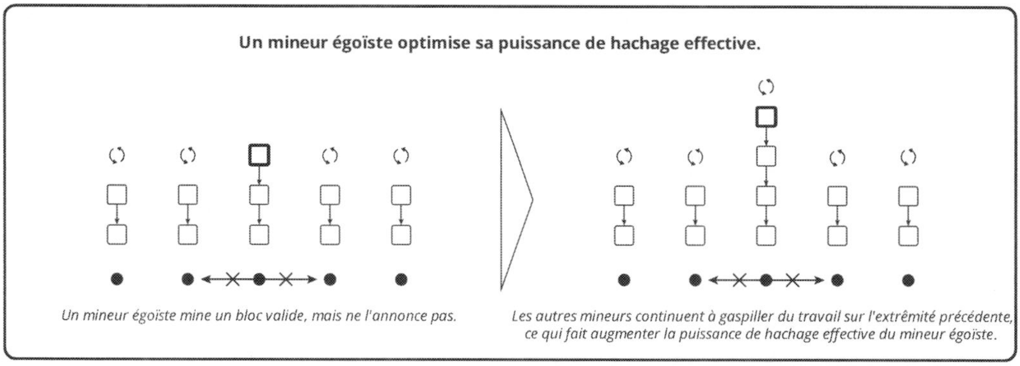

> « Nous présentons une attaque avec laquelle les mineurs en collusion obtiennent un revenu supérieur à leur juste part. »

Références

[1] https://www.cs.cornell.edu/~ie53/publications/btcProcFC.pdf

[2] https://fr.wikipedia.org/wiki/Épouvantail_(rhétorique)

Cette affirmation suppose un concept de « juste part » qui est étranger à Bitcoin, ce qui est un autre homme de paille. Un mineur est récompensé en fonction des blocs qui arrivent à maturité, non en fonction du taux de hachage réel.

Ces hommes de paille sont explicitement attribués à la « sagesse conventionnelle ». En d'autres termes, l'article les utilise pour montrer que la sagesse conventionnelle est incorrecte. Cependant, l'article se trompe en déclarant inconditionnellement que cette supposée *violation injuste du protocole* constitue une attaque :

> « Cette attaque peut avoir des conséquences importantes pour Bitcoin : les mineurs rationnels préféreront rejoindre les mineurs égoïstes, et le groupe en collusion augmentera en taille jusqu'à devenir majoritaire. À ce stade, le système Bitcoin cesse d'être une monnaie décentralisée. »

C'est la source du sophisme. Ce n'est pas une attaque que la sagesse conventionnelle soit incorrecte, c'est une erreur dans la sagesse conventionnelle présumée. Le minage égoïste implique que Bitcoin présente une pression de regroupement[1] basée sur la latence, bien qu'il s'agisse d'un défaut avéré[2]. Toutes les pressions de regroupement tendent à réduire le nombre de mineurs, exposant ainsi Bitcoin à des attaques.

Les optimisations ne sont pas des attaques. Le regroupement augmente les possibilités d'attaque, mais il ne faut pas confondre possibilité et action. Le terme « attaque » implique le vol. En fait, le livre blanc[3] de Bitcoin utilise ce terme uniquement pour décrire les tentatives de double dépense.

Références

[1] Chapitre : Risque de la pression de regroupement

[2] Chapitre : Défaut de la prime de proximité

[3] https://bitcoin.org/bitcoin.pdf

Sophisme des frais annexes

Il existe une théorie selon laquelle les frais de transaction payés de manière externe représentent une incitation individuelle qui va à l'encontre de la sécurité du système (incompatibilité des incitations[1]). La théorie soutient qu'un commerçant qui paie un mineur « hors chaîne » pour que ce dernier confirme ses transactions empêche les transactions des autres commerçants d'être confirmées, ou qu'il augmente le coût de ces confirmations, donnant un avantage à ceux qui acceptent de tels frais.

L'un des effets de ces accords est qu'un taux de frais *historique* moyen ne peut pas être déterminé au moyen d'une analyse de chaîne. Le taux apparent serait inférieur au taux du marché. Cela pourrait bien sûr amener ceux qui dépensent à sous-estimer les frais suffisants. Cependant, aucun aspect de Bitcoin n'exige que les frais futurs soient égaux à une moyenne des frais passés. L'estimation compense inévitablement ceci, par exemple en ignorant les transactions « gratuites » dans des blocs pleins ou en utilisant l'écart type[2] pour identifier les valeurs aberrantes. Mais l'estimation des frais n'est que cela, une estimation. Les niveaux de frais réels sont contrôlés par la concurrence.

Un autre effet est que les niveaux de frais relatifs disparates peuvent mettre en évidence certaines transactions comme étant associées à de tels accords. Cela peut contribuer à salir la transaction du commerçant et/ou la transaction de récompense du mineur. Mais étant donné que l'arrangement est un choix fait par les créateurs de ces transactions, il n'y a pas de perte de confidentialité.

Il n'y a aucun effet sur les taux des frais du marché ou sur la capacité des autres à obtenir des confirmations. Si l'arrangement s'écarte des taux du marché, le mineur ou le commerçant accepte une perte inutile. Ce n'est pas différent du mineur confirmant des

Références

[1] https://en.wikipedia.org/wiki/Incentive_compatibility

[2] https://fr.wikipedia.org/wiki/Écart_type

transactions avec des frais de chaîne inférieurs au marché ou du commerçant surestimant les frais de chaîne, respectivement. Dans tous les cas, la sécurité du système n'en pâtirait pas, même si tous les frais étaient payés hors chaîne.

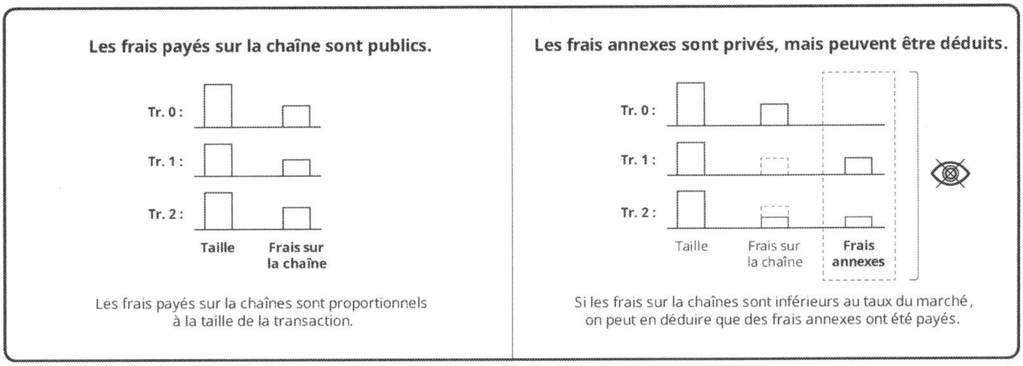

Bitcoin fournit un mécanisme de frais sur la chaîne afin qu'une transaction puisse dédommager *n'importe quel* mineur sans utilisation d'identité. C'est un avantage préservant la vie privée. **Si les mineurs et les commerçants préfèrent affaiblir leur propre confidentialité en effectuant des tâches supplémentaires, rien ne permet de considérer cela comme indésirable.** Cette théorie est par conséquent invalide.

En outre, le commerçant doit accepter un temps de confirmation retardé qui est inversement proportionnel à la puissance de hachage du mineur. Les frais annexes sont proposés au taux du marché, car le mineur encourra un coût d'opportunité dans le cas contraire.

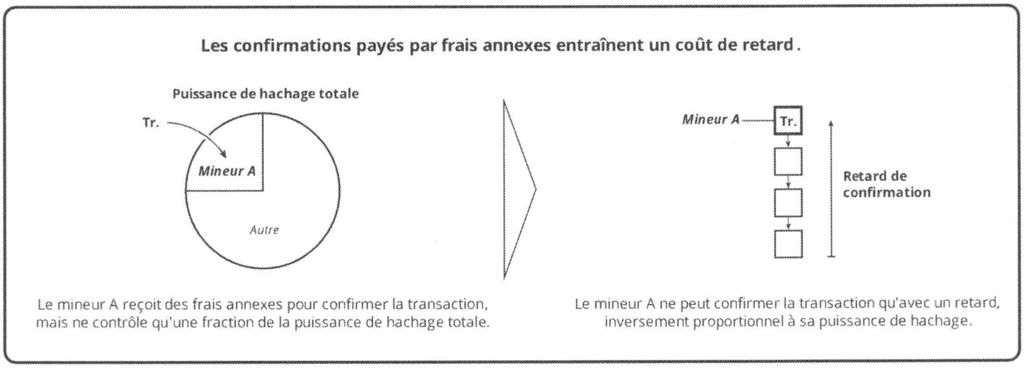

Il existe une théorie apparentée selon laquelle les arrangements de frais annexes constituent une pression de regroupement[1]. Si les frais payés sont conformes au marché, il ne peut y avoir aucun effet sur le regroupement. Les frais supérieurs au marché forment une subvention étatique, car nous devons traiter la subvention comme n'étant pas économiquement rationnelle. Les frais inférieurs au marché forment un impôt, car nous devons traiter la perte comme involontaire. Ce sont des distorsions comme toute autre subvention/tout autre impôt de l'État et elles ne sont par conséquent pas spécifiques aux frais annexes. De ce fait, l'existence de frais annexes ne crée pas une nouvelle pression de regroupement au-delà de ce qui existe avec les frais recueillis sur la chaîne, et la théorie est donc invalide.

Références

[1] Chapitre : Risque de la pression de regroupement

Appellation impropre du spam

Le terme de spam[1] en informatique faisait originellement référence à une publication croisée excessive sur Usenet et est devenu plus tard synonyme de diffusion de courrier électronique indésirable. Bien qu'il n'y ait pas de distinction claire entre les courriers électroniques désirables et indésirables, les messages portent une identité, ne sont pas fongibles et ne comportent pas de paiement pour le traitement par le destinataire. En comparaison, les transactions en bitcoin sont nécessairement anonymes[2], fongibles et assorties d'un paiement pour leur traitement.

Bien que la détection de spam pour le courrier électronique soit un processus subjectif, elle est nécessaire en raison de l'absence de paiement pour le traitement. Ce processus est facilité par l'identité et l'absence de fongibilité. En revanche, en raison de l'anonymat et de l'objectif de fongibilité, il n'est pas possible d'analyser la légitimité des transactions et, grâce au paiement, il n'y en a pas besoin. En d'autres termes, **toutes les transactions valides sont pareillement légitimes**, et cela ne soumet pas les nœuds à un déni de service. Un nom approprié pour une transaction payant des frais bas est : « transaction à bas frais ».

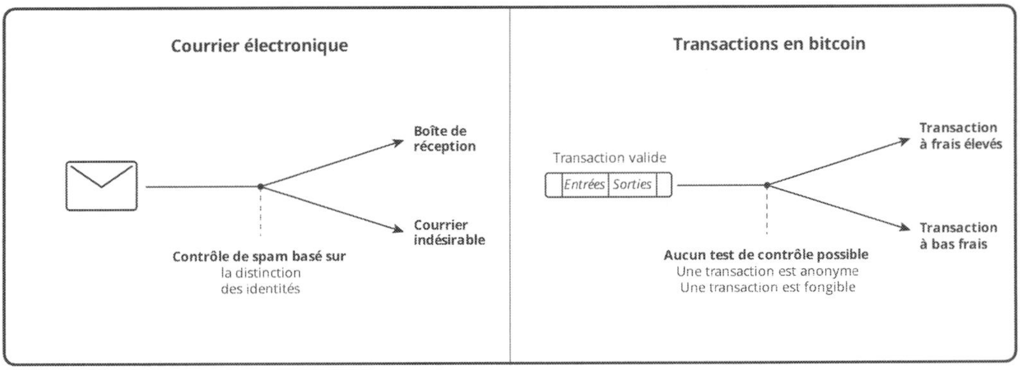

Références

[1] https://fr.wikipedia.org/wiki/Spam

[2] Chapitre : Principe de partage des risques

La soumission d'un volume élevé de transactions redondantes est un problème de déni de service typique qui est indépendant des frais de transaction et qui peut être effectué par n'importe quelle personne, sans être limité à celui qui dépense. Les transactions non redondantes qui intègrent des dépenses contradictoires ne constituent pas un risque de déni de service, puisqu'elles sont soit rejetées comme invalides, soit acceptées en raison d'une augmentation des frais suffisante.

Défaut de la remise de variance

La variance est la fréquence variable d'obtention d'une récompense. La variance est inhérente à la nature probabiliste du minage et ne peut être éliminée.

Par consensus, la différence de puissance de hachage parmi les mineurs implique que les récompenses sont gagnées par certains plus fréquemment que par d'autres. Avec un taux de hachage de 10 %, on peut s'attendre à être récompensé 10 fois plus fréquemment qu'avec 1 %. Les résultats réels sont imprévisibles et peuvent varier considérablement. Mais il est suffisant ici de supposer la proportionnalité dans les deux cas. Dans cet exemple, un mineur reçoit une récompense toutes les 100 minutes et l'autre toutes les 1000 minutes. En supposant des récompenses identiques par bloc, l'ampleur de la récompense est aussi proportionnelle à la puissance de hachage.

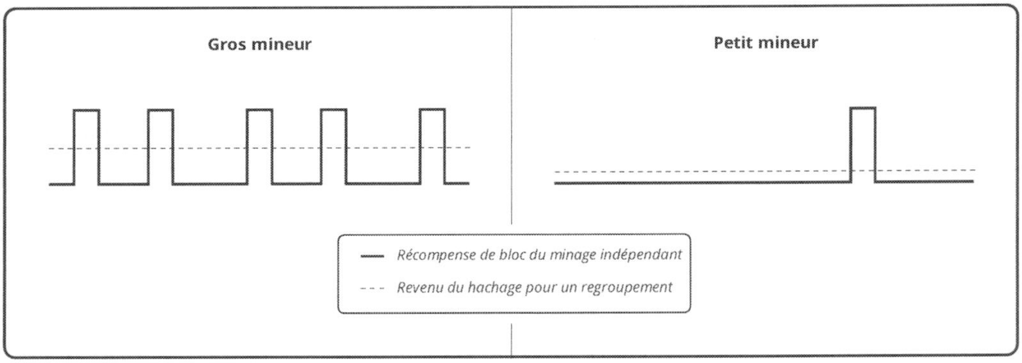

Il faut donc considérer qu'un mineur minuscule peut devoir attendre des années avant de recevoir une seule récompense. Il y a aussi la possibilité qu'une mine soit mal configurée et ne puisse jamais réussir. Bien qu'il soit récompensé proportionnellement, un petit mineur est confronté à une insuffisance par rapport au plus gros mineur. Il doit améliorer ses flux de trésorerie[1] pour recevoir une fraction de la récompense plus

Références

[1] https://fr.wikipedia.org/wiki/Flux_de_trésorerie

fréquemment. Pour ces raisons, les mineurs abaissent leurs rendements pour la variance. Les petits mineurs vont convertir leurs mines en hacheuses et payer un mineur agrégé pour une variance réduite. Éviter cette agrégation est la raison d'être de P2Pool[1], mais comme la réduction distribuée de la variance est moins efficace, le regroupement prédomine.

Cette pression de regroupement[2] basée sur la variance est une conséquence de la difficulté exigée par les règles de consensus. **Les petits mineurs doivent rivaliser à difficulté élevée malgré une faible puissance de hachage, ce qui amplifie la variance inhérente.** La prime de proximité[3] est l'autre pression de regroupement provoquée par le consensus.

La défense[4] que Bitcoin *veut* mobiliser est la défense du marché contre les forces (étatiques) hostiles au marché. Pour ce faire, la puissance de hachage doit être largement distribuée entre les personnes afin qu'il devienne difficile de la coopter. Cependant, les pressions de regroupement inhérentes au consensus vont à l'encontre de cet objectif. De ce fait, la caractéristique est appelée un défaut, bien qu'aucun moyen d'éliminer ce défaut n'ait été découvert.

Références

[1] https://en.bitcoin.it/wiki/P2Pool

[2] Chapitre : Risque de la pression de regroupement

[3] Chapitre : Défaut de la prime de proximité

[4] Chapitre : Axiome de résistance

Propriété de somme nulle

Le minage est un jeu à somme nulle[1]. En moyenne, la chaîne augmente toutes les 10 minutes d'un bloc, dont la récompense complète est contrôlée par son mineur. Les mineurs se font concurrence pour obtenir cette récompense et, en excluant les pressions de regroupement[2], chacun d'entre eux obtient en moyenne un nombre de récompenses proportionnel à son taux de hachage. La différence entre le coût d'un mineur et cette récompense est au fil du temps l'intérêt sur le capital investi dans la mine.

Il existe deux aspects de la propriété de somme nulle :

- Pendant la période entre les coordinations, un mineur gagne une récompense et le reste des mineurs n'en gagne aucune. Ni le prix, ni le taux de hachage, ni la difficulté, ni l'inflation, ni les frais, ni rien d'autre n'a d'effet sur cette propriété.
- L'ampleur des récompenses, calculée en unités de monnaie ou selon le prix d'échange, n'a aucun effet sur le taux de rendement du capital.

Le minage dans le Bitcoin idéalisé est un système fermé[3]. Le rendement du capital varie par rapport aux autres mines, en raison des défauts protocolaires de la prime de proximité[4] et de la remise de variance[5], ainsi que de l'économie d'échelle[6] et de l'efficacité des exploitants. **Pourtant, comme ces facteurs n'ont d'incidence que sur le coût relatif de la puissance de hachage, seule la proportionnalité des taux de rendement est affectée, pas les rendements globaux.**

Références

[1] https://fr.wikipedia.org/wiki/Jeu_à_somme_nulle

[2] Chapitre : Risque de la pression de regroupement

[3] https://fr.wikipedia.org/wiki/Système_fermé

[4] Chapitre : Défaut de la prime de proximité

[5] Chapitre : Défaut de la remise de variance

[6] https://fr.wikipedia.org/wiki/Économie_d'échelle

Le Bitcoin réel n'est pas un système fermé. La pression de regroupement du marché et celle hostile au marché, qui sont respectivement la variation et la distorsion, sont externes. Fondamentalement, Bitcoin existe pour défendre les marchés, opposant nécessairement la distorsion à la variation (ou leur absence).

Lorsqu'une distorsion est appliquée à un mineur dans ce système à somme nulle, tous les autres mineurs sont affectés. Par exemple, une subvention[1] (à ne pas confondre avec la subvention du consensus) d'un mineur agit comme un impôt sur tous les autres, et un impôt sur un mineur agit comme une subvention de tous les autres. Le mineur subventionné fonctionne à un coût inférieur pour le même taux de hachage, ou possède un taux de hachage effectif (c'est-à-dire une puissance de hachage) plus élevé pour le même coût. Le mineur taxé fonctionne à un coût plus élevé pour le même taux de hachage, ou possède un taux de hachage effectif inférieur pour le même coût.

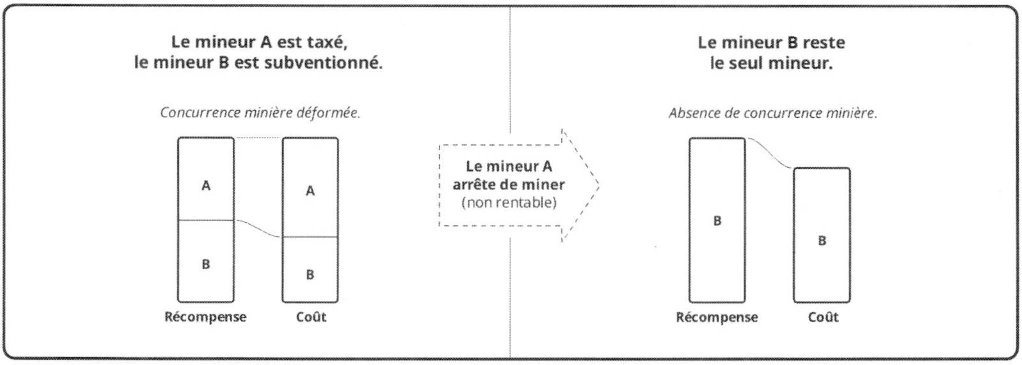

Un subventionneur n'attend aucun rendement de son capital, sinon il serait considéré comme un investisseur. L'investissement est une force de marché par laquelle le mineur paie un prix de marché pour le capital. Avec un taux de rendement effectif plus élevé, le mineur subventionné attire plus de capitaux que les autres mineurs, continuant à étendre la puissance de hachage jusqu'à ce qu'il y ait un mineur possédant une majorité

Références

[1] https://fr.wikipedia.org/wiki/Subvention

du taux de hachage. L’objectif du subventionneur est à terme de *contrôler* la mine subventionnée.

L'impôt sur le minage a pour effet de déplacer la puissance de hachage vers des mines non taxées, hors de la portée de l'autorité fiscale, car le capital recherche les rendements du marché. Si elle est appliquée généralement, cela peut donner le contrôle à l'autorité par le biais de sa propre exploitation minière. En d'autres termes, l'autorité peut supprimer la concurrence. Cela peut également être accompli grâce à un impôt de 100 %, par lequel l'autorité coopte les mines. L'effet est le même, le mineur taxé est mis en faillite et le produit de l'impôt est appliqué au contrôle.

Les conséquences du minage à somme nulle et de sa pression de regroupement inhérente sont explorées dans le Paradoxe du niveau de menace[1].

Références

[1] Chapitre : Paradoxe du niveau de menace

ALTERNATIVES

Étiquettes de Bitcoin

Depuis sa création, Bitcoin a manqué d'une définition claire[1]. Cela est une conséquence de l'utilisation fortement surchargée du terme. Le terme a été inventé par Satoshi dans Bitcoin : A Peer-to-Peer Electronic Cash System[2], en tant qu'étiquette pour désigner ses concepts essentiels. Il a également été utilisé par la suite pour désigner l'implémentation du prototype, une chaîne (historique) de confirmations de transactions, un ensemble de règles de consensus qui contraignent une chaîne, une unité de la monnaie, et une communauté de personnes vaguement délimitée.

Bien qu'il n'y ait qu'un seul ensemble de concepts, chacun des autres contextes peut produire un certain nombre de variations possibles compatibles avec ces concepts. Il existe de nombreuses implémentations (du prototype et autres), les règles de consensus ont dévié (au sein du prototype et dans d'autres implémentations), l'historique est dynamique et arbitraire (même le bloc de genèse codé dans le prototype aurait pu être différent sans que cela n'ait de conséquence), et chaque monnaie manifeste un ensemble indépendant d'unités et est soutenu par son propre ensemble de partisans.

Pour ces raisons, Bitcoin est utilisé ici comme étiquette pour les Principes cryptodynamiques[3]. Les implémentations sont désignées par leurs marques[4], telles que « Bitcoin Core[5] » ou « Libbitcoin[6] » ; les chaînes sont désignées par les sigles boursiers couramment utilisés, tels que « BTC » et « LTC » ; les règles de consensus pour une chaîne donnée sont désignées dans le contexte du sigle boursier, comme « les règles de

Références

[1] http://gavinandresen.ninja/a-definition-of-bitcoin

[2] https://bitcoin.org/bitcoin.pdf

[3] Chapitre : Principes cryptodynamiques

[4] Chapitre : Usurpation de marque

[5] https://bitcoin.org/en/bitcoin-core

[6] https://libbitcoin.info

consensus de LTC » ; une unité de monnaie est désignée par le sigle boursier en minuscules, comme « le btc » ou « le ltc » (un raffinement de la convention ambiguë d'utilisation du « bitcoin » minuscule pour désigner une unité de « BTC ») ; et les communautés sont appelées « communauté de Bitcoin » (en général) ou « communauté de BTC » (en particulier).

Bien que les maximalistes[1] puissent rejeter l'utilisation de « Bitcoin » comme étiquette conceptuelle, l'associant à la place à un historique, **le terme a été inventé en relation avec un ensemble de principes et continue de s'appliquer à eux.** En outre, il existe de multiples instances de chaînes indépendantes qui adhèrent à ces principes, ce qui rend ambiguë l'étiquette basée sur l'historique. En raison de cette ambiguïté, les gens ont naturellement adopté la convention de se référer sans ambiguïté aux historiques par le biais des sigles boursiers.

Références

[1] Chapitre : Définition du maximalisme

Sophisme de la blockchain

Il existe une théorie selon laquelle la propriété des biens peut être garantie par une conservation immuable des créances, à la fois contre la perte des créances et contre le Risque de garde[1].

Étant donné que la créance n'est pas en elle-même le bien, le contrôle du bien incombe au dépositaire contre qui la créance est faite. Un dépositaire a la capacité de céder ou de conserver le bien et est par conséquent un tiers de confiance[2]. La possibilité de l'abrogation d'une créance par son dépositaire est toujours contrebalancée par la signature, cryptographique ou autre, de ce dépositaire, l'exécution de la créance étant laissée à son titulaire.

La théorie affirme que la conservation immuable des créances offre une garantie contre la perte de la créance par son propriétaire, car personne d'autre n'aurait d'intérêt dans cette perte. Toutefois, afin d'encaisser la créance, son propriétaire doit fournir une preuve de propriété au dépositaire. Cela exige que le propriétaire ne perde pas le secret qui prouve cette propriété. De ce fait, la garantie de la créance contre la perte n'est pas du tout contrebalancée, elle change simplement de forme. La théorie est par conséquent invalide en ce qui concerne la prévention des pertes.

Le stockage d'une référence forte à la créance peut réduire la taille, et donc le coût, de son stockage immuable. La créance peut prendre la forme d'un contrat humain ou automatique, et être référencée comme une empreinte à sens unique[3]. Dans les deux cas, la validation et l'exécution du contrat sont nécessaires au transfert de propriété par le

Références

[1] Chapitre : Principe de risque de garde

[2] https://fr.wikipedia.org/wiki/Tiers_de_confiance

[3] https://fr.wikipedia.org/wiki/Fonction_de_hachage_cryptographique

dépositaire. Par conséquent, une créance de contrat référencée combine le risque de perte avec des données supplémentaires, le contrat.

Comme le montre le Principe de partage des risques[1], les gens sont toujours la base de la sécurité. Les gens peuvent agir collectivement pour protéger l'immuabilité d'une monnaie, et donc toute donnée de créance associée au contrôle de la monnaie.

Cependant, un dépositaire est un tiers de confiance. Les créances immuables n'atténuent en aucun cas les attaques directes contre un dépositaire, ou par celui-ci. Lorsque le dépositaire est l'État ou est soumis à son contrôle, la créance n'offre aucune garantie[2] contre le remplacement de l'autorité de l'État en lieu et place de la propriété prouvée d'une créance. La théorie est donc également invalide en ce qui concerne la défaillance des dépositaires.

Bitcoin en tant que monnaie[3] ne repose pas sur un dépositaire. Ses unités ne représentent pas un actif détenu par un tiers de confiance. La monnaie est échangée directement entre le client et le commerçant. En ce sens, *tous les commerçants* sont les dépositaires de la valeur du bitcoin. **Le sophisme de la** blockchain **découle d'une méconnaissance du modèle de sécurité de Bitcoin, attribuant la sécurité à sa technologie plutôt qu'à la distribution de ses commerçants.** L'expression « technologie blockchain » renforce cette erreur, en laissant entendre que c'est principalement la structure de données de Bitcoin qui le sécurise.

Références

[1] Chapitre : Principe de partage des risques

[2] https://fr.wikipedia.org/wiki/Executive_Order_6102

[3] Chapitre : Taxonomie des monnaies

Usurpation de marque

Bitcoin est un ensemble de concepts essentiels[1], pas une chaîne. Aucune personne ne peut contrôler les concepts. Les gens l'utiliseront pour décrire une ou plusieurs chaînes et scissions à mesure qu'elles évoluent. Cela se produit avec toutes les monnaies[2], y compris l'or et le pétrole qui s'échangent à différentes puretés et qualités.

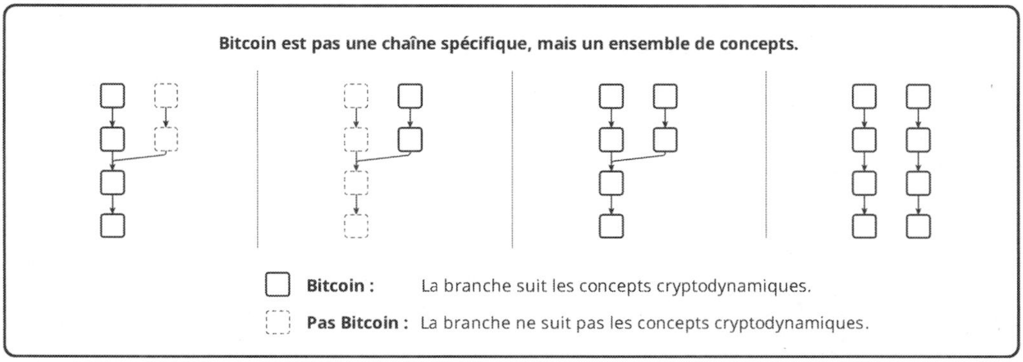

Ceci est cohérent avec la déclaration de Bitcoin[3], car elle scelle un ensemble de concepts, pas un ensemble de règles, de protocoles, ou d'implémentations. **Les détenteurs de capitaux investis ont un désir inhérent d'identité de marque, mais il n'existe pas de revendication « légitime » de celle-ci.**

Références

[1] Chapitre : Principes cryptodynamiques

[2] Chapitre : Taxonomie des monnaies

[3] https://bitcoin.org/bitcoin.pdf

Principe de consolidation

La nécessité de changer une monnaie pour une autre afin d'échanger avec les commerçants de cette dernière est un coût. Ce coût doit être non nul même s'il est automatisé, car il doit consommer de l'espace et/ou du temps. De ce fait, une monnaie est toujours « meilleure » (utilité supérieure) que deux, dans la mesure où la monnaie qui en résulte ne devient pas assujettie aux frais comme l'implique le seuil d'utilité[1].

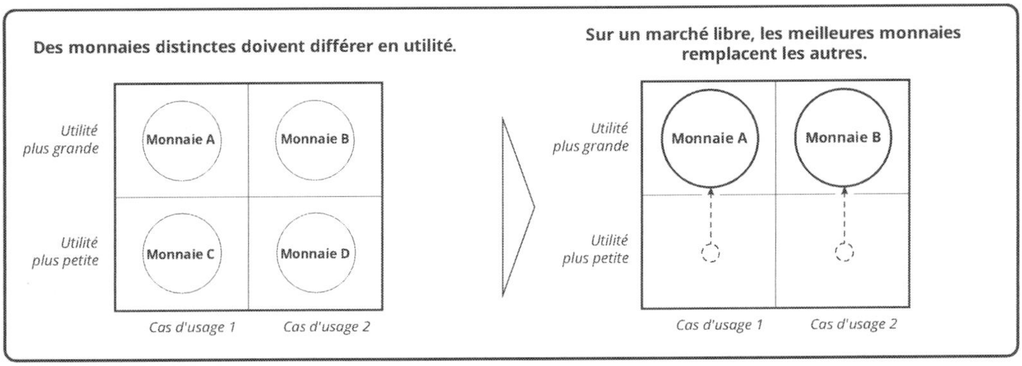

On peut raisonnablement supposer que deux monnaies[2] distinctes ne peuvent pas avoir éternellement une utilité identique. La loi de Thiers[3] traite des conséquences de l'existence d'une meilleure monnaie en l'absence de contrôle étatique. De celle-ci, on conclut nécessairement que **la meilleure des deux monnaies finira par remplacer l'autre** en l'absence de contrôle étatique. Lorsque cela se produit, l'utilité revient à la monnaie survivante dans le sens inverse de la manière détaillée dans le Principe de fragmentation[4].

Références

[1] Chapitre : Propriété du seuil d'utilité

[2] Chapitre : Taxonomie des monnaies

[3] https://en.wikipedia.org/wiki/Gresham's_law#Reverse_of_Gresham's_law_(Thiers'_law)

[4] Chapitre : Principe de fragmentation

Cela n'implique pas que de nouvelles monnaies ne peuvent pas être créées ou qu'elles ne peuvent pas exister pendant une période de temps significative. Cela implique qu'il y a une pression du marché vers une seule monnaie. Une meilleure monnaie dans une situation donnée peut ne pas être une meilleure monnaie dans une autre, voire même ne pas être utile.

Par exemple, l'or n'est pas une monnaie utile pour le transfert électronique et le bitcoin n'est pas très utile sans réseau. Une monnaie en remplace une autre dans les scénarios où la première est meilleure.

Sophisme de la vente à bas prix

Il existe une théorie selon laquelle vendre les unités d'une monnaie issue d'une scission pour les unités de l'autre monnaie issue de cette scission réduit utilité relative de la monnaie « vendue ». Cependant, chaque partie vend (et achète). En tant qu'échange commercial, l'action est symétrique, et la théorie est par conséquent invalide.

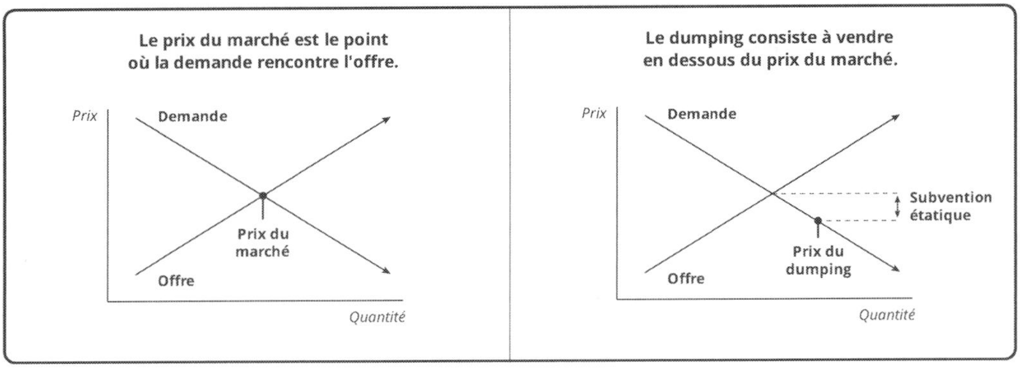

Il existe une théorie apparentée selon laquelle l'échange d'unités d'une monnaie issue d'une scission constitue un dumping[1] de cette monnaie, ce qui réduit son utilité. **Cette théorie déforme simplement le concept de** dumping. Le dumping est une subvention[2] étatique (à ne pas confondre avec la subvention de Bitcoin) pour un produit vendu dans un autre État. Il s'agit d'un prélèvement sur les contribuables de l'État qui subventionne, généralement appliqué afin d'établir une part de marché pour le produit. Dans le cas où la demande est élastique[3], la subvention augmente le volume des ventes du produit en réduisant le prix par rapport au prix du marché. Le prix inférieur augmente la demande, en attirant les acheteurs accordant une utilité marginale[4] plus faible pour le produit,

Références

[1] https://fr.wikipedia.org/wiki/Dumping

[2] https://fr.wikipedia.org/wiki/Subvention

[3] https://fr.wikipedia.org/wiki/Élasticité_(économie)#Élasticité-prix

[4] https://fr.wikipedia.org/wiki/Utilité_marginale

jusqu'à ce que le marché compense. Contrairement au dumping, la négociation au prix du marché ne réduit pas le prix parce qu'elle n'est pas subventionnée.

Enfin, il existe une théorie apparentée selon laquelle la réduction de la thésaurisation[1] réduit généralement les prix d'échange du bien thésaurisé. C'est vrai[2], mais un transfert ne constitue pas une réduction des niveaux de thésaurisation à moins que l'acheteur du bien thésaurisé le thésaurise moins que le vendeur par la suite. C'est une erreur de supposer que c'est le cas.

Références

[1] https://fr.wikipedia.org/wiki/Thésaurisation

[2] http://pratclif.com/economy/money_files/rothbard.money1.htm#9

Principe de fragmentation

L'utilité d'une monnaie[1] découle directement de sa capacité à faciliter le commerce par rapport au troc[2]. Si elle n'est acceptée par *aucun* commerçant, alors elle n'a objectivement aucune utilité monétaire. Plus le nombre de biens et services[3] (en prenant en compte leur emplacement) pouvant être achetés avec une monnaie à un moment donné est élevé, plus il est probable que la monnaie représente une utilité accrue pour une personne donnée.

Une scission implique qu'un ou plusieurs commerçants ont cessé d'accepter la monnaie initiale et qu'un ou plusieurs parmi eux ont commencé à accepter la nouvelle monnaie. Une scission « nette » est un scénario hypothétique dans lequel il n'y a pas de chevauchement dans l'acceptation des deux monnaies par les commerçants, ni de changement dans l'ensemble des commerçants. Une scission nette produit deux économies à partir de l'ensemble initial de commerçants.

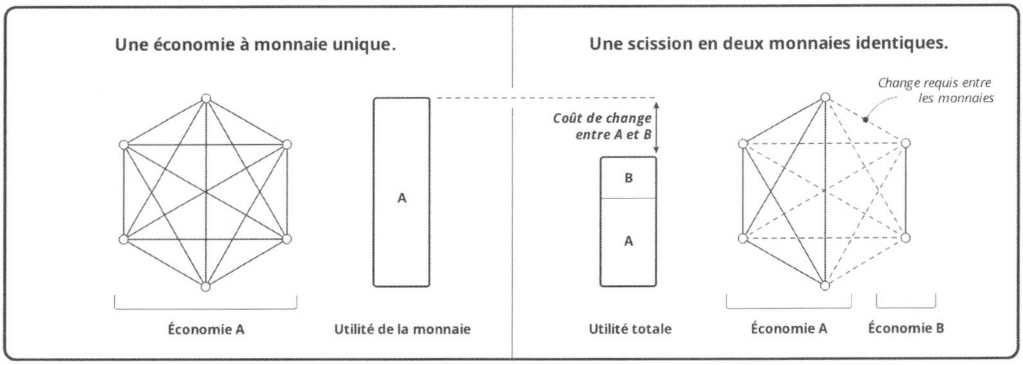

Si on suppose que les monnaies sont identiques en dehors du fait de la scission, le Principe de consolidation[4] implique que l'utilité des monnaies combinées est la même que l'utilité

Références

[1] Chapitre : Taxonomie des monnaies

[2] https://fr.wikipedia.org/wiki/Troc

[3] https://fr.wikipedia.org/wiki/Biens_et_services

[4] Chapitre : Principe de consolidation

de la monnaie initiale, moins le coût de change. Le scénario peut être étendu pour inclure le chevauchement des commerçants. Cela n'a aucun effet sur l'utilité des monnaies, car ce chevauchement ne fait que déplacer l'incidence du coût de change de l'acheteur vers le vendeur.

Une augmentation ou une diminution du nombre de commerçants acceptant l'une ou l'autre des monnaies est respectivement un gain net ou une perte nette d'utilité combinée, car cela implique la suppression ou l'ajout d'un coût de change. En d'autres termes, l'effet est proportionnel à chacune des monnaies de la scission. Ce facteur concerne les particularités d'une scission donnée, et non la scission en général.

Par conséquent, une scission produit à la fois un déplacement et une réduction de l'utilité, proportionnellement à la taille relative des économies résultantes. Le Sophisme de l'effet de réseau[1] explique pourquoi la réduction n'est pas de nature quadratique, comme on le suppose parfois.

Bien qu'il puisse sembler que, dans le déplacement, quelqu'un ait « pris » la valeur de la monnaie initiale, cette valeur l'a en fait « quittée » pour former la nouvelle monnaie. En d'autres termes, les commerçants sont maîtres de la valeur qu'ils apportent à une monnaie. Les propriétaires ont une influence indépendante sur le pouvoir d'achat, en fonction de leur niveau de thésaurisation[2]. Cependant, cela affecte le prix unitaire, pas l'utilité.

Lors de la scission, une unité initiale devient deux unités, chacune ayant une utilité réduite et proportionnelle par rapport à l'unité initiale. Avec une protection contre la rediffusion[3] obligatoire et bidirectionnelle, chacune peut être dépensée sans coût

Références

[1] Chapitre : Sophisme de l'effet de réseau

[2] Chapitre : Sophisme de la vente à bas prix

[3] Chapitre : Sophisme de la protection contre la rediffusion

supplémentaire. Dans le cas contraire, le besoin d'autoprotection réduit la valeur[1] des unités de la (ou des) chaîne(s) non protégée(s).

Cette analyse s'applique également aux nouvelles monnaies. La différence dans le cas d'une nouvelle monnaie est que les unités de la monnaie initiale (l'autre monnaie) ne peuvent pas être dépensées sur la nouvelle chaîne. De ce fait, la nouvelle monnaie est confrontée à la difficulté d'allouer des unités, ce qui demande du travail et donc du temps. Les scissions amorcent[2] ce processus en subdivisant l'utilité d'une chaîne existante, dans la mesure où ses commerçants sont disposés à le faire.

Références

[1] https://fr.wikipedia.org/wiki/Valeur_actuelle_nette

[2] https://fr.wikipedia.org/wiki/Amorçage

Sophisme de la pureté génétique

Il existe une théorie selon laquelle une monnaie est plus robuste lorsque toute la validation est effectuée par une implémentation commune. Selon cette théorie, la complexité de la mise en œuvre des règles de consensus implique une probabilité que plusieurs implémentations divergent et entraînent une scission involontaire de la chaîne. Une telle scission implique une perte financière pour les personnes du côté le plus faible. En plus de la divergence, une implémentation unique risque de provoquer un ralentissement global du réseau. La menace de perte financière implique une utilité moindre et donc une sécurité du système plus basse.

En se basant sur la présomption de complexité élevée, chaque mise à jour du « seul vrai client » produit la même probabilité de divergence. De même, la dépendance à l'égard de bibliothèques externes mises à jour indépendamment a le même effet. En d'autres termes, *il n'est pas possible d'avoir une seule implémentation*. Dans le cas de l'implémentation initiale de Bitcoin, la mise à niveau du client[1] et la mise à niveau d'une dépendance externe[2] ont entraîné des scissions involontaires de la chaîne et des pertes financières importantes[3]. De plus, des vulnérabilités zero-day[4] dans cette implémentation ont été publiées sans préavis[5] et auraient pu produire un ralentissement global.

Une implémentation unique produirait une faiblesse directement analogue à celle d'une espèce vivante présentant une uniformité génétique. Dans le cas d'une

Références

[1] https://github.com/bitcoin/bips/blob/master/bip-0050.mediawiki

[2] https://github.com/bitcoin/bips/blob/master/bip-0066.mediawiki

[3] https://cointelegraph.com/news/miners-lost-over-50000-from-the-bitcoin-hardfork-last-weekend

[4] https://fr.wikipedia.org/wiki/Vulnérabilité_zero-day

[5] https://www.reddit.com/r/btc/comments/6z827o/chris_jeffrey_jj_discloses_bitcoin_attack_vector/

implémentation unique, les mises à jour internes et externes pénètrent rapidement et profondément l'économie. L'impact financier d'une scission est par conséquent plus important que celui causé par une implémentation moins bien déployée. Dans un scénario où dix implémentations supportent chacune une fraction égale de l'économie, il y aurait un risque pour tout au plus 10 % de l'économie dans le cadre d'une mise à jour donnée, alors que la mise à jour d'une seule implémentation universellement déployée atteint le risque maximal de scission de 50 %. La théorie n'est donc pas seulement invalide mais exprime le contraire du comportement réel du système.

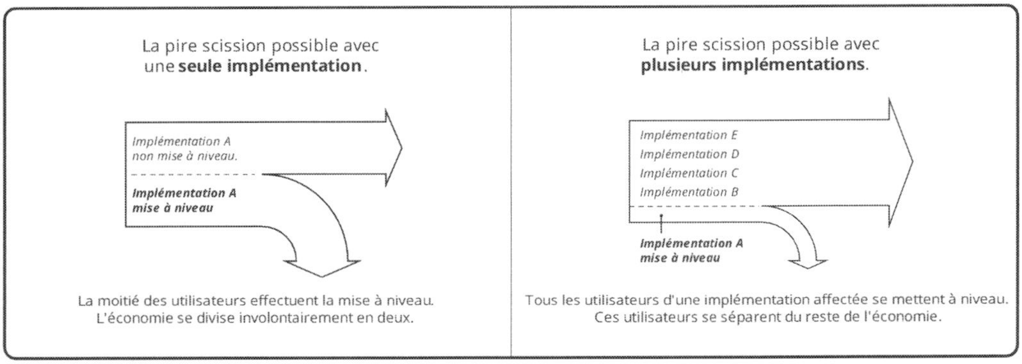

Sophisme du minage hybride

Il existe une théorie selon laquelle une combinaison de minage par preuve de travail (PDT) et par preuve d'enjeu (PDE) offre un niveau de sécurité du système plus élevé que le minage par PDT. La théorie implique qu'une majorité de propriétaires de monnaie peuvent atténuer le « mauvais comportement » des mineurs par PDT.

En l'absence d'un mineur possédant une puissance de hachage majoritaire, il n'y a rien à atténuer. Par conséquent, la théorie est basée sur l'augmentation du coût du régime de censure. Cela repose sur l'hypothèse irréfutable que les mineurs par PDT ne sont pas aussi des mineurs par PDE.

Le coût du minage hybride correspond aux coûts combinés du travail et des parts mises en jeu, coût en capital inclus. Le retour sur investissement du mineur équivaut nécessairement au coût en capital, en conséquence de la concurrence. Puisque le minage est rentable, le coût en capital ne contribue pas à la sécurité. **L'obtention de la part majoritaire n'est pas plus coûteuse que l'obtention de la puissance de hachage majoritaire.** La théorie est donc invalide.

Étant donné un modèle dans lequel un détenteur majoritaire peut empêcher la confirmation de blocs de PDT autrement valides, une fois la majorité atteinte, le censeur ne peut pas être évincé[1]. Un tel système est fondamentalement une monnaie par PDE, dépourvue de résistance à la censure[2], où l'aspect de PDT n'offre aucune sécurité supplémentaire.

Références

[1] Chapitre : Sophisme de la preuve d'enjeu

[2] Chapitre : Propriété de résistance à la censure

Définition du maximalisme

Le maximalisme est un effort de relations publiques visant à décourager la formation de substituts pour une monnaie donnée. Dans la mesure où cet effort est couronné de succès, il peut profiter aux propriétaires existants en restreignant l'offre et en faisant par la suite augmenter le prix. Cependant, comme les gens ne trouvent pas de substituts[1] proches, l'activité se déplace vers des substituts plus éloignés. Dans le cas des paiements électroniques, il s'agit généralement de la monnaie étatique.

Le maximalisme est distinct de la prise de conscience du concept de shitcoins[2] en ce qu'il se caractérise par la promotion d'un Bitcoin au détriment de tous les autres. Ses partisans expriment souvent la théorie contradictoire qu'aucune autre monnaie ne pourrait rivaliser avec leur monnaie préférée. Si tel était le cas, il n'y aurait aucune raison de préconiser l'usage d'une seule monnaie.

Références

[1] Chapitre : Principe de substitution

[2] Chapitre : Définition du shitcoin

Sophisme de l'effet de réseau

Il existe une théorie selon laquelle l'utilité créée par une économie varie suivant le carré du nombre de ses commerçants, en supposant que chaque commerçant offre la même valeur de biens ou de services à vendre contre une seule monnaie. Cette théorie est une application de la loi de Metcalfe[1].

Celle-ci implique qu'une scission égale de l'économie réduit de moitié l'utilité combinée. Par exemple, si 1 réseau de 20 commerçants réunit une utilité de 400, alors 2 réseaux de 10 de ces commerçants ont une utilité totale de 200.

Cependant, la possibilité de changer des unités d'une monnaie pour celles d'une autre fusionne l'utilité les deux économies en celle d'une économie hybride. En raison du coût de conversion[2], **la monnaie hybride possède une utilité inférieure à celle d'une seule monnaie, mais la situation ne peut pas être comparable à la perte entière de l'une des deux monnaies, à moins que le coût de conversion ne soit illimité.** La théorie est donc invalide.

Références

[1] https://fr.wikipedia.org/wiki/Loi_de_Metcalfe

[2] Chapitre : Principe de consolidation

Sophisme de la preuve de coût

Dans un marché concurrentiel (libre), le minage de bitcoin consomme en coût pour le mineur ce qu'il crée en valeur pour lui, à la fois par l'émission de nouvelles unités et par le service de confirmation. C'est le cas, que la récompense d'un bloc miné reflète le rendement total du mineur ou non.

La quantité de calcul effectué lors du minage est reflétée de manière probabiliste dans la difficulté du bloc. Ce calcul est appelé travail. Un entête de bloc valide est la preuve probabiliste que ce travail a été effectué. C'est la base de l'expression « preuve de travail ».

La quantité d'énergie consommée dans la production des blocs n'est pas prouvable, que ce soit de manière spécifique ou probabiliste. L'efficacité énergétique est variable. L'entête d'un bloc ne reflète pas la « preuve d'énergie » consommée. De telles affirmations sont des approximations.

Le rendement d'un mineur sur la production de blocs n'est pas entièrement reflété par le bloc. Le minage de ses propres transactions implique des frais qui ne sont pas nécessairement reflétés dans le bloc, tout comme les frais annexes[1] en général. Un mineur peut introduire des transactions avec des frais arbitrairement élevés ou bas. La récompense du bloc ne représente pas une « preuve de récompense ». De telles affirmations sont des hypothèses.

Dans un marché libre, le rendement du minage est la valeur de sa récompense, que le montant soit ou non reflété dans le bloc, et les frais perçus sont déterminés par la demande de transaction. C'est une conséquence de la concurrence. Ainsi, dans ce cas, il est correct de considérer un entête de bloc valide comme une « preuve de coût », bien que

Références

[1] Chapitre : Sophisme des frais annexes

le montant du coût reste inconnu. Tout ce que l'on sait, c'est que le mineur a obtenu un taux de rendement du capital conforme au marché.

Cependant, dans le cas d'un monopole[1] d'État, le prix n'est pas contrôlé par la concurrence. Un monopole peut facturer n'importe quel prix tant que le marché le supporte. Le coût d'application du monopole est payé par le contribuable. La prime sur le prix est un autre impôt, payé par le consommateur. La valeur de l'impôt est transférée au monopole.

Dans le cas de la censure de Bitcoin par l'État, le coût d'application et la prime sur le prix (ou sur les frais) existent en tant qu'impôts à la manière d'un monopole. Le niveau des frais peut dépasser le taux de marché, et son application est subventionnée par les impôts. Le minage monopolistique peut produire du seigneuriage[2] comme toute monnaie de monopole. L'entête de bloc continue à fournir une preuve de travail, mais ne fournit plus une preuve de coût de marché.

De la même manière, l'existence d'une unité valide de monnaie de monopole[3] fournit une preuve suffisante d'un coût de production réel, mais ne fournit aucune preuve que l'émetteur n'a pas gagné une prime de monopole sur ce coût. Il existe une théorie selon laquelle le coût de production du bitcoin est « infalsifiable », alors que le seigneuriage de la monnaie d'État représente une « falsification du coût ». Comme cela vient d'être démontré, **le bitcoin est également soumis au seigneuriage**, ce qui invalide la théorie.

Références

[1] https://mises.org/library/man-economy-and-state-power-and-market/html/pp/1054

[2] https://fr.wikipedia.org/wiki/Seigneuriage

[3] Chapitre : Taxonomie des monnaies

Tous les biens ont un coût de production réel. Le monopole existe pour augmenter le prix au-dessus du coût. Bien que Bitcoin soit résistant à la censure[1], l'efficacité de la résistance n'est pas garantie[2].

Références

[1] Chapitre : Propriété de résistance à la censure

[2] Chapitre : Axiome de résistance

Faux-semblant de la preuve de mémoire

Il a été proposé[1] que la preuve de mémoire (PDM) puisse remplacer une partie du coût énergétique de la preuve de travail (PDT) par du matériel, et même s'appuyer sur des dispositifs de mémoire existants. Comme le montre le Sophisme du gaspillage d'énergie[2], un niveau de sécurité constant nécessite une dépense constante et continue. Par conséquent, un tel système nécessiterait un niveau comparable de consommation de matériel pour compenser toute réduction du coût énergétique. **En d'autres termes, la consommation totale d'énergie ne peut pas être réduite, elle ne peut être transférée qu'à la fabrication, à l'exploitation et à la cession du matériel.**

En décembre 2017, le coût annualisé estimé de l'énergie consommée dans le minage de bitcoin était de 1.628.000.000 $, en se basant sur une approximation de 32,56 térawattheures consommées à un coût énergétique moyen de 0,05 $ par kilowattheure. À la même époque, ce niveau de coût équivalait à la consommation de 32.560.000 disques durs d'un téraoctet à un prix moyen de 50 $ par disque. L'utilisation de la mémoire sous-utilisée existante réduit le coût unitaire et augmente par conséquent l'exigence de taille de manière comparable.

Il vaut la peine de considérer le comportement économique d'un système théorique dans lequel la PDM est déterminée par un agrégat de mémoire fixe existant (gratuit) sans expiration ni coûts opérationnels. Puisque le coût du minage est nul, les récompenses abondent sans dépense en proportion de la mémoire (en ne supposant aucune pression de regroupement[3]). Toute augmentation des frais moyens augmente cette récompense pour la mémoire. Le capital investi est nul et donc le taux d'intérêt est éternellement infini. En dépit d'une incitation illimitée, l'hypothèse d'une expansion nulle exclut la

Références

[1] https://eprint.iacr.org/2017/893.pdf

[2] Chapitre : Sophisme du gaspillage d'énergie

[3] Chapitre : Risque de la pression de regroupement

concurrence. Mais puisque la preuve est extériorisée, la concurrence ne peut pas être réellement restreinte. Dans un système réel, la fabrication de matériel augmente perpétuellement pour un niveau de frais donné, et cette expansion s'accélère avec l'augmentation du niveau des frais.

La preuve de mémoire est égale à la preuve de travail en ce qui concerne la consommation de ressources et il n'y a aucune raison de supposer une composante énergétique réduite de ce coût. Le matériel agit comme une batterie de preuve, représentant l'énergie consommée de manière démontrable lors de sa fabrication. Il s'agit d'une façade analogue à la voiture à batterie « zéro émission ».

Sophisme de la preuve d'enjeu

La sécurité des confirmations requiert une autorité pour sélectionner les transactions. Bitcoin confie périodiquement cette autorité au mineur qui produit la plus grande preuve de travail. Toute forme de travail se ramène nécessairement[1] à une consommation d'énergie[2]. Il est essentiel[3] qu'une telle preuve soit indépendante de l'historique de la chaîne. On peut parler de preuve « externe ».

La seule autre source d'autorité sélective dépend par conséquent de l'historique de la chaîne, source qui peut être désignée comme « interne ». Il existe une théorie selon laquelle une telle preuve d'enjeu (PDE) constitue une alternative comparable à la preuve de travail (PDT) en matière de sécurité des confirmations. Il est vrai que la PDE et la PDT délèguent toutes les deux le contrôle sur la sélection des transactions à une personne en charge de la plus grande réserve d'un certain capital.

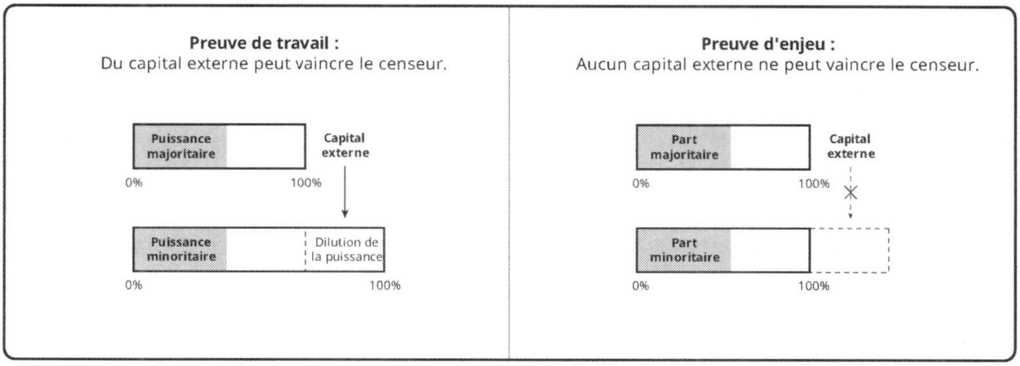

Références

[1] Chapitre : Faux-semblant de la preuve de mémoire

[2] Chapitre : Sophisme du gaspillage d'énergie

[3] Chapitre : Propriété de résistance à la censure

La différence se situe dans la déployabilité du capital. La PDT exclut le capital qui ne peut pas être converti en travail, tandis que la PDE exclut tout capital qui ne peut pas acquérir des unités de la monnaie. Cette différence a une conséquence importante pour la sécurité.

Dans le Principe des autres moyens[1], il est montré que la résistance à la censure dépend des personnes qui paient les mineurs pour vaincre le censeur. **Vaincre la censure n'est pas possible dans un système de PDE, puisque le censeur a acquis la part majoritaire et ne peut pas être évincé.** De ce fait, les systèmes de PDE ne sont pas résistants à la censure et la théorie est donc invalide.

Références

[1] Chapitre : Principe des autres moyens

Sophisme de la protection contre la rediffusion

Il existe une théorie selon laquelle la protection contre la rediffusion appliquée sur une chaîne issue d'une scission augmente l'utilité relative de la chaîne originale. La protection contre la rediffusion est une règle conçue par rapport à une autre chaîne et avec un comportement directionnel. La protection rend les transactions de la chaîne protégée invalides sur l'autre.

Même sans protection, il est possible pour un propriétaire de dépenser ses fonds de manière à empêcher la rediffusion dans un sens ou dans l'autre, bien qu'il y ait des frais et/ou un coût de complexité pour le faire. Une scission peut réduire, mais pas éliminer, ce coût dans une ou deux directions en activant des règles que les dépenses peuvent utiliser de manière sélective. C'est ce qu'on appelle la protection optionnelle contre la rediffusion, par opposition à la protection obligatoire contre la rediffusion. La protection optionnelle contre la rediffusion réduit le coût mais ne l'élimine pas, alors que la protection obligatoire peut l'éliminer.

La rediffusion d'une dépense sur une autre chaîne n'a pas d'effet dilutif[1]. La sortie commune peut être dépensée sur l'une ou l'autre chaîne, avec ou sans protection contre la rediffusion. **La seule distinction apportée par la protection est que les dépenses peuvent toujours être distinctes sur chaque chaîne sans coût supplémentaire pour celui qui dépense.** L'offre au sein de chaque chaîne n'est pas affectée par la protection.

C'est une curieuse erreur de perception que de penser qu'une chaîne peut en quelque sorte absorber les transactions d'une autre en cas de scission. Toutes les sorties du segment

Références

[1] https://fr.wikipedia.org/wiki/Dilution_(finance)

commun restent dépensables sur les deux chaînes. La protection contre la rediffusion ne fait que réduire le coût de leur dépense sur la chaîne protégée.

On pourrait supposer que l'absence de protection rend un propriétaire moins enclin à dépenser sur la chaîne non protégée, limitant ainsi l'offre et augmentant le prix de change. Cependant, cela suppose que la demande n'est pas affectée par ce qui revient à une augmentation du coût d'échange. Si le propriétaire n'échange pas en raison de l'augmentation du coût de l'échange, l'utilité de la pièce n'augmente pas mais diminue.

Le coût d'autoprotection équivaut à un demeurage[1] unique qui persiste jusqu'à ce qu'une protection soit appliquée aux unités non protégées, intentionnellement ou non. Ce coût est une réduction[2] de l'utilité d'une chaîne non protégée par rapport à la même chaîne hypothétique munie d'une protection. Cela implique une *plus grande* utilité de la chaîne protégée par rapport à la chaîne qui n'est pas protégée contre l'autre côté de la scission comme ce serait le cas autrement. La théorie est donc invalide.

Références

1 https://fr.wikipedia.org/wiki/Demeurage_(finance)

2 https://fr.wikipedia.org/wiki/Valeur_actuelle_nette

Définition du shitcoin

Un shitcoin est un système qui n'est pas sécurisé de manière cryptodynamique[1] mais qui prétend accaparer la proposition de valeur[2] de Bitcoin.

Les shitcoins sont présumés être des escroqueries, bien qu'il soit possible que ses partisans soient bien intentionnés mais ignorants des principes cryptodynamiques. À titre d'exemple, les technologies de preuve d'enjeu[3] sont des shitcoins.

Bien qu'il puisse y avoir des implémentations de Bitcoin plus sécurisées que d'autres, ceci est une question de degré. On ne peut pas démontrer qu'un Bitcoin est absolument sûr[4]. De ce fait, le terme n'est raisonnablement appliqué à aucun Bitcoin. À titre d'exemple, les technologies de preuve de mémoire[5] ne sont pas forcément des shitcoins (malgré leur incapacité à atteindre des objectifs centraux).

Références

[1] Chapitre : Principes cryptodynamiques

[2] Chapitre : Proposition de valeur

[3] Chapitre : Sophisme de la preuve d'enjeu

[4] Chapitre : Axiome de résistance

[5] Chapitre : Faux-semblant de la preuve de mémoire

Sophisme de l'expansion du crédit par scission

Il existe une théorie selon laquelle l'augmentation d'unités monétaires, comme dans le cas d'une scission ou d'une nouvelle monnaie, crée du crédit. Il s'agit d'une erreur qui est vraisemblablement une conséquence de l'hypothèse selon laquelle l'expansion du crédit[1] entraînée par l'expansion monétaire de l'État est une force du marché. Cette hypothèse ne tient pas compte du fait que la monnaie de marché[2] ne peut pas produire de seigneuriage[3].

Le seigneuriage constitue un impôt. Les unités monétaires créées ne représentent pas un nouveau capital mais plutôt la dilution des unités existantes par l'État, en transférant au souverain la propriété du capital qu'elles représentent. Comme ce capital est utilisé dans la subvention de prêts par le cartel de le banque d'État[4], sous forme de monnaie décotée[5] et d'assurances[6], le coût du capital pour les clients de la banque est réduit.

Cette soi-disant expansion du crédit n'est pas simplement le résultat de la réserve fractionnaire en tant que force du marché, c'est la conséquence de l'État qui favorise les débiteurs au détriment des épargnants. Dans un marché bancaire libre, les banques sont simplement des *fonds d'investissement*. Les investisseurs obtiennent en moyenne un rendement du capital conforme au marché, et en supportent le risque. Dans le modèle de la banque d'État, le risque, et par conséquent le capital, sont réorganisés en fonction d'objectifs politiques.

Références

[1] Chapitre : Sophisme de l'expansion du crédit

[2] Chapitre : Taxonomie des monnaies

[3] https://fr.wikipedia.org/wiki/Seigneuriage

[4] Chapitre : Principe de la banque d'État

[5] https://www.frbdiscountwindow.org

[6] https://www.fdic.gov/resources/deposit-insurance

L'expansion du crédit sur le marché est une augmentation du prêt de capital, par opposition à la thésaurisation. L'augmentation des taux de prêt est une conséquence de la réduction de la préférence temporelle[1], et réduit le coût du capital. Il est impossible de démontrer que la création d'une scission ou d'une nouvelle monnaie (ou de quoi que ce soit d'autre) réduit la préférence temporelle. De ce fait, c'est une erreur de supposer que ces créations augmentent la disponibilité du capital ou réduisent son coût.

Références

[1] https://www.wikiberal.org/wiki/Préférence_temporelle

Dilemme du spéculateur de scission

À la suite d'une scission, le propriétaire de la monnaie initiale est confronté au choix de conserver ou de vendre des unités de l'ancienne et de la nouvelle chaîne.

Comme nous l'avons vu dans le Sophisme de la vente à bas prix[1], il n'y a aucun moyen de décourager l'existence d'une chaîne en échangeant ou en thésaurisant[2] des unités de l'une ou de l'autre. Par conséquent, nous considérons que ce choix est strictement une question de maximisation de la valeur des avoirs existants après une scission.

Compte tenu d'une position avant la scission, un propriétaire est affecté par l'augmentation du coût de conversion des unités, et de la protection contre la rediffusion[3] le cas échéant. Il s'agit de coûts d'échange futurs inévitables qui réduisent la valeur actuelle nette[4] des unités. Ces facteurs ne sont donc pas pertinents pour répondre à la question.

Les considérations restantes *supposent* que le prix combiné des monnaies augmentera au cours de la période envisagée.

Selon les hypothèses du Principe de consolidation[5], deux monnaies similaires finiront par se consolider, réduisant à zéro la valeur de l'une d'entre elles au fil du temps. Si l'on sait laquelle, il est rationnel de la vendre et d'acheter l'autre. Cependant, étant donné que l'on peut ne *pas* savoir quelle monnaie survivra, il y a une chance que l'échange conduise à vendre la monnaie qui réussit pour celle qui échoue, sacrifiant par là *toute* la valeur des unités initiales. **En l'absence de connaissance de l'avenir, la vente de la totalité ou d'une**

Références

[1] Chapitre : Sophisme de la vente à bas prix

[2] https://fr.wikipedia.org/wiki/Thésaurisation

[3] Chapitre : Sophisme de la protection contre la rediffusion

[4] https://fr.wikipedia.org/wiki/Valeur_actuelle_nette

[5] Chapitre : Principe de consolidation

partie d'une monnaie pour l'autre augmente la récompense potentielle en proportion de l'accroissement du risque. De ce fait, il est tout aussi rationnel de thésauriser les deux, ce qui préserve les hypothèses qui existaient avant la scission.

Enfin, il convient de souligner que les deux chaînes peuvent échouer, la valeur se consolidant dans une chaîne indépendante, une marchandise ou une monnaie *étatique*. Ce sujet vise uniquement à fournir un cadre de décision rationnel basé sur des hypothèses qui pourraient ne pas se réaliser.

ÉCONOMIE

Sophisme de l'expansion du crédit

L'expansion du crédit est la multiplication du crédit par rapport à une monnaie[1], résultant de l'octroi de prêts. Lorsqu'un prêt est accordé, le prêteur et l'emprunteur semblent tous deux détenir la même monnaie. En raison de la nature apparemment inflationniste[2] de l'expansion du crédit, celle-ci est généralement traitée comme ayant un effet négatif sur les personnes qui détiennent la monnaie. Les banques étant les prêteurs les plus visibles, cet effet est souvent attribué à l'activité bancaire elle-même. Il existe une théorie selon laquelle Bitcoin peut éliminer les effets du système de réserves fractionnaires[3] et ainsi éliminer l'expansion du crédit.

L'épargne englobe la thésaurisation et l'investissement. La thésaurisation implique une dépréciation[4] continue, ce qui constitue une consommation réelle. L'investissement consiste à prêter à la production et n'implique aucune dépréciation, car les produits doivent exister avant de pouvoir se déprécier. L'investissement comprend à la fois les contrats d'emprunt et les contrats actionnariaux, la distinction étant strictement financière et n'ayant aucune signification économique[5].

Références

[1] Chapitre : Taxonomie des monnaies

[2] https://fr.wikipedia.org/wiki/Création_monétaire

[3] https://fr.wikipedia.org/wiki/Système_de_réserves_fractionnaires

[4] Chapitre : Principe de dépréciation

[5] https://mises.org/library/man-economy-and-state-power-and-market/html/p/996

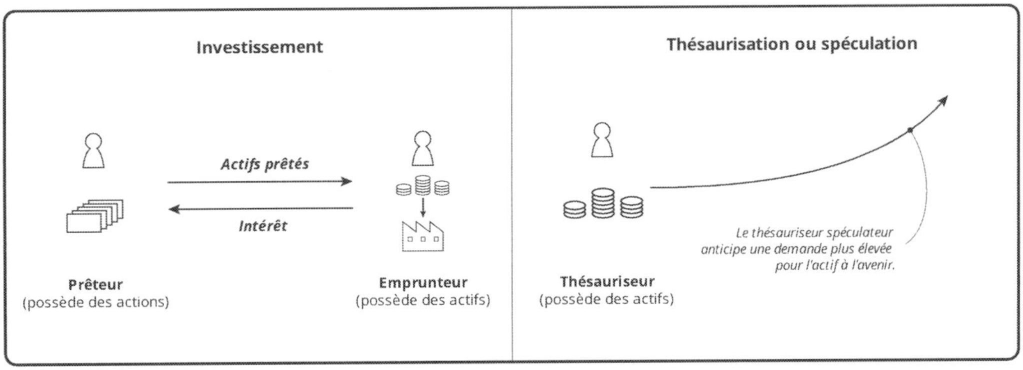

La distinction entre thésaurisation et investissement est essentielle pour comprendre l'expansion du crédit. La monnaie thésaurisée est sous le contrôle de son propriétaire, comme si elle était dans un coffre-fort, enterrée dans le jardin ou enfouie dans un matelas.

Ceci est inhérent à la signification de la propriété. Le prêteur de monnaie n'est pas le propriétaire de la monnaie, même si un prêt est considéré comme de l'épargne.

Un prêteur a besoin de liquidités pour opérer et, de ce fait, doit thésauriser une certaine fraction de son épargne. Lorsqu'un prêt est créé, l'emprunteur est propriétaire du montant prêté. L'emprunteur a également besoin de liquidités, et thésaurise donc une certaine fraction de son emprunt. Le reste de l'emprunt est nécessairement investi. Cela implique que l'emprunteur soit devenu un prêteur. Le processus se poursuit jusqu'à ce que tout le capital existant soit thésaurisé.

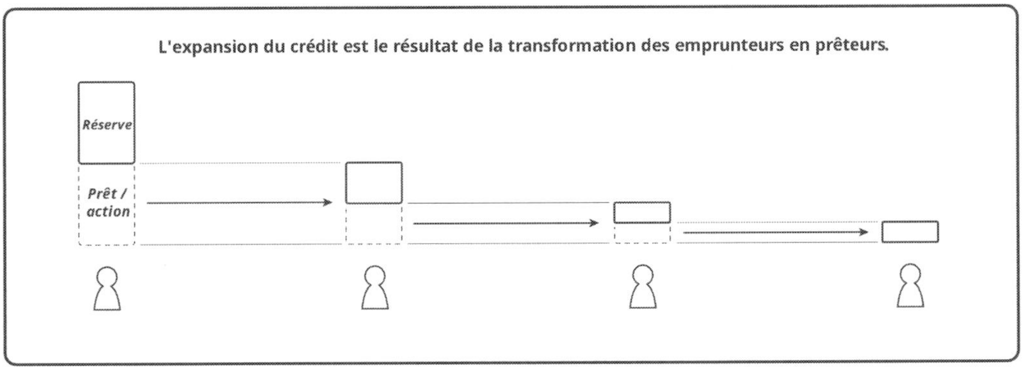

La quantité thésaurisée est parfois appelée « réserve » du propriétaire, mais il s'agit en fait des provisions du propriétaire, une fraction de l'épargne totale de ce propriétaire. Cette utilisation du mot réserve ne doit pas être confondue avec son utilisation dans le contexte de la monnaie étatique de la monnaie de réserve[1] (c'est-à-dire les réserves de change[2]). L'expression « banque à réserves fractionnaires » fait référence au ratio entre les réserves d'une banque et ses crédits émis (comptes monétaires).

La quantité totale de dollars étasuniens en circulation[3] est appelée « M0 ». Cela inclut toute la monnaie tangible (« numéraire ») plus les soldes bancaires intangibles dans les comptes de la Réserve fédérale. Ces deux formes sont considérées comme des obligations interchangeables de la Fed[4]. Les obligations intangibles forment de la monnaie qui est comptabilisée mais pas encore imprimée[5]. Tel que le rapporte la Fed[6], Fed, le total des dollars étasuniens est :

Dollars	Quantité (2019)
Tangibles	1.738.984.000.000 $
Intangibles	1.535.857.000.000 $
Monnaie totale (M0)	3.274.841.000.000 $

M0 plus toute la monnaie des comptes bancaires est appelé « M3 ». Ce chiffre n'est plus publié par la Fed, mais il est estimé[7] à 17.682.335.000.000 $. La quantité totale du crédit accordé en dollars étasuniens peut être estimée à partir de la somme des comptes[8]

Références

[1] Chapitre : Sophisme de la monnaie de réserve

[2] https://fr.wikipedia.org/wiki/Réserves_de_change

[3] https://en.wikipedia.org/wiki/Money_supply#United_States

[4] https://en.wikipedia.org/wiki/Money_supply#Money_creation_by_commercial_banks

[5] Chapitre : Principe de la banque d'État

[6] https://www.federalreserve.gov/releases/h3/current/default.htm

[7] https://fred.stlouisfed.org/series/MABMM301USM189S

[8] https://fr.wikipedia.org/wiki/Types_de_dépôts_bancaires

monétaires libellés en dollars, des obligations[1], des actions publiques[2] and actions privées[3].

Crédit en dollars	Quantité (2019)
Crédit bancaire (M3-M0)	14.407.494.000.000 $
Obligations	41.000.000.000.000 $
Actions publiques	32.891.169.631.125 $
Actions privées	6.426.333.525.358 $

D'après le tableau :

- Le ratio total entre la monnaie et le crédit est d'environ 3,46 %, soit une expansion du crédit de 29,9 fois la monnaie.
- Les réserves[4] bancaires de 1.400.949.000.000 $ indiquent un ratio de réserves bancaires d'environ 11,11 % par rapport au crédit bancaire, ou une expansion du crédit de 9,0 fois la monnaie. Ceci est légèrement supérieur au ratio de réserves obligatoires[5], qui est inférieur à 10 %[6].
- La réserve de monnaie restante (c'est-à-dire excluant les réserves bancaires) par rapport aux marchés des obligations et des actions (c'est-à-dire le rapport entre M0 moins les réserves bancaires et la somme des obligations et des actions) est d'environ 2,08 %, soit une expansion du crédit de 48,0 fois la monnaie.

Références

[1] https://www.forbes.com/sites/kevinmcpartland/2018/10/11/understanding-us-bond-market/

[2] https://data.worldbank.org/indicator/cm.mkt.lcap.cd

[3] https://www.quora.com/What-is-the-estimated-total-value-of-all-US-private-companies

[4] https://www.federalreserve.gov/releases/h3/current/default.htm

[5] https://fr.wikipedia.org/wiki/Réserves_obligatoires

[6] https://en.wikipedia.org/wiki/Reserve_requirement#United_States

L'élimination de l'expansion du crédit nécessite l'élimination du crédit, et donc de la production. Tout crédit est sujet au défaut. Cependant, la théorie soutient que le crédit bancaire est différent à cause de la présomption d'être « sans risque ». Cette présomption découle du fait que le contribuable assure[1] le crédit. Il ne s'agit pas d'une conséquence du système bancaire mais de l'intervention de l'État dans le système bancaire. Dans la mesure où la présomption est attribuée au modèle de la banque libre[2], la théorie est invalide. Toutes les catégories d'entreprises sont sujettes à la faillite et, ce faisant, le modèle de la banque libre élimine cette perception erronée.

La distinction entre un fonds monétaire[3] (FM) et un compte du marché monétaire[4] (CMM) est instructive. Tous deux sont destinés à maintenir une équivalence de un pour un avec la monnaie, mais tous deux sont décotés par rapport à la monnaie en raison des coûts liés au règlement[5] et au risque (par exemple, certaines personnes n'acceptent que la monnaie, rejetant les coûts plus élevés des transactions par carte de crédit[6] et par chèque[7]). La distinction (hormis l'assurance des contribuables pour ces derniers) réside dans le traitement du risque d'investissement et de l'insuffisance des réserves.

Dans le cas d'un FM, l'échec de l'investissement se reflète dans le prix des parts. Bien que le fonds tente de maintenir une valeur liquidative[8] (VL) suffisante pour permettre l'échange d'une unité du fonds contre une unité monétaire, une baisse suffisante de la VL sera reflétée dans le prix des unités. Dans le cas d'un CMM, de telles pertes sont absorbées par les réserves monétaires. Si les réserves sont insuffisantes, soit en raison d'un niveau

Références

[1] https://www.fdic.gov

[2] https://fr.wikipedia.org/wiki/Banque_libre

[3] https://en.wikipedia.org/wiki/Money_market_fund

[4] https://en.wikipedia.org/wiki/Money_market_account

[5] https://fr.wikipedia.org/wiki/Échange,_compensation_et_règlement

[6] https://fr.wikipedia.org/wiki/Carte_de_paiement#Carte_de_crédit

[7] https://fr.wikipedia.org/wiki/Chèque

[8] https://fr.wikipedia.org/wiki/Valeur_liquidative

inattendu de retrait, soit en raison de pertes d'investissement, le CMM fait faillite. La faillite d'un CMM se manifeste par une panique bancaire[1] (ou « course aux guichets »), lors de laquelle certaines personnes sont remboursées et d'autres non. La VL insuffisante d'un FM se manifeste par une baisse uniforme du prix des parts.

L'avantage du CMM est que ses unités sont davantage fongibles[2], bien qu'elles soient toujours décotées par rapport à la monnaie. L'avantage du FM est que les pertes sont uniformément réparties. Il n'est donc pas surprenant que les CMM soient généralement assurés par le contribuable, plus étroitement réglementés par l'État et comptabilisés comme du crédit bancaire. Il est rare qu'un FM casse la parité (« break the buck[3] »), mais cela peut arriver, et cela arrive. Les faillites bancaires se produisent également, mais elles sont masquées par l'assurance du contribuable

Le crédit bancaire n'est pas vraiment fongible. On peut le constater dans l'utilisation quotidienne des cartes de crédit et des chèques. Il existe un risque matériel de non-règlement associé à chacun d'eux. Si ce risque est généralement imputé au titulaire du compte (par exemple dans le cas d'une CMM), il ne l'est pas pour la personne qui accepte le crédit. On pourrait par conséquent imaginer que l'acceptation des cartes de crédit et des chèques par rapport à des FM soit traitée de manière similaire. Le crédit circulerait comme un équivalent monétaire tout en répartissant plus équitablement le risque entre ceux qui bénéficient de son rendement. La banque libre a la possibilité d'adopter l'un ou l'autre modèle dans la mesure où les gens le souhaitent, mais dans tous les cas, le crédit augmentera par rapport à la monnaie, le risque existera et les substituts monétaires[4] existeront.

Références

[1] https://fr.wikipedia.org/wiki/Panique_bancaire

[2] https://fr.wikipedia.org/wiki/Bien_fongible

[3] https://www.investopedia.com/articles/mutualfund/08/money-market-break-buck.asp

[4] https://www.wikiberal.org/wiki/Support_monétaire#Substitut_monétaire

La décision de thésauriser ou d'investir[1] est basée strictement sur la préférence temporelle[2] de chaque personne. La préférence temporelle ne peut être dérivée d'aucune condition. Il s'agit, comme son nom l'indique, d'une préférence humaine. Les préférences humaines changent et, par conséquent, la préférence temporelle aussi. La préférence temporelle détermine le taux d'intérêt économique qui peut également être considéré comme le coût du capital. Une augmentation du coût du capital résultant d'une augmentation de la préférence temporelle entraîne une contraction du crédit disponible, et une diminution a l'effet inverse. Avec une préférence temporelle infinie, tout le capital serait thésaurisé pour la consommation, ce qui mettrait fin à toute production.

Peu importe que le prêteur soit appelé « banque » ou non, tout investissement implique le même comportement. Si les banques opéraient avec une réserve de 100 %, elles ne constitueraient pas des prêteurs. Cela n'implique pas une réduction des prêts, car le taux de prêt[3] est déterminé par la seule préférence temporelle. Le bitcoin peut être prêté et ne limite en rien l'expansion du crédit. La théorie est donc invalide.

L'élimination de l'expansion du crédit est équivalente à une situation où la préférence temporelle est infinie, le taux d'intérêt est infini, aucun capital n'est disponible pour la production et aucun produit n'est disponible pour la consommation. Dans les États où le crédit est limité ou interdit par la loi (lois sur l' usure[4]), l'investissement se déplace vers les instruments de capitaux propres, les prêts usuraires[5] ou la fin de la production.

Références

[1] Chapitre : Relation d'épargne

[2] https://www.wikiberal.org/wiki/Préférence_temporelle

[3] Chapitre : Sophisme de la monnaie imprêtable

[4] https://fr.wikipedia.org/wiki/Usure_(finance)

[5] https://www.legifrance.gouv.fr/codes/article_lc/LEGIARTI000032303335/

Principe de dépréciation

La propriété d'un produit passe des producteurs aux consommateurs (ou aux producteurs), mais il n'y a ni production ni consommation[1] à ce moment-là. Le producteur thésaurise le produit avant l'échange commercial et le consommateur le thésaurise après. Le produit existe et finit par être échangé entre des gens. Les termes « producteur » et « consommateur » sont des noms pour désigner les *objectifs* (production et loisir) des deux principaux acteurs économiques. Le producteur a pour *intention* de créer (apprécier) le capital, tandis que le consommateur a pour intention de le détruire (déprécier). Un producteur qui ne fait que posséder ne produit pas et un consommateur qui ne possède pas ne consomme pas. Mais la réserve du producteur (inventaire) déprécie le produit tout comme le fait le consommateur.

L'utilisation courante du terme « consommation » confond l'intérêt et la dépréciation[2]. Le fait de vendre un produit représente un intérêt pour l'investisseur, et non une dépréciation du produit. La dépréciation d'un produit est une consommation *réelle* et représente soit l'extraction d'un service pour son propriétaire[3] (utilité), soit du gaspillage[4]. Le gaspillage est une dépréciation à laquelle le propriétaire n'accorde aucune valeur. Seule la destruction reflète la consommation réelle, de même que seule la création reflète la production réelle. Seule l'*action* possède un sens économique ; la dénomination d'un rôle donné n'en a aucun. Le produit net d'une vente du producteur au consommateur est un intérêt, même s'il est capitalisé par le réinvestissement.

La richesse, définie comme le capital accumulé, est la somme des produits. Tous les produits sont toujours thésaurisés et se déprécient. La production crée des produits,

Références

[1] Chapitre : Production et consommation

[2] https://fr.wikipedia.org/wiki/Dépréciation

[3] https://mises.org/library/man-economy-and-state-power-and-market/html/p/974

[4] https://fr.wikipedia.org/wiki/Gaspillage

l'intérêt étant à la fois le coût et le rendement de cette production. Le prix d'un produit est la somme de son retour sur investissement en intérêts et du coût de tous les produits consommés dans sa production. Tout produit incorporé dans un composant d'un nouveau produit est entièrement déprécié en tant que produit indépendant et apprécié dans le nouveau produit. Étant donné que la somme des coûts de production est égale au capital d'investissement[1], l'augmentation nette des produits est simplement un intérêt.

Le taux de croissance de la richesse est la différence entre le taux d'intérêt et le taux de dépréciation.

```
taux-croissance = taux-intérêt - taux-dépréciation
```

Les exemples suivants montrent l'effet de la dépréciation sur la croissance :

```
taux-croissance = taux-intérêt - taux-dépréciation
5 % = 10 % - 5 %
-10 % = 10 % - 20 %
```

Le taux de dépréciation est toujours positif, car tous les biens se déprécient.

```
taux-dépréciation > 0
taux-intérêt - taux-croissance = taux-dépréciation
taux-intérêt - taux-croissance > 0
taux-intérêt > taux-croissance
```

Tous les biens se déprécient, ce qui implique que l'intérêt économique est toujours supérieur à la croissance économique.

Références

[1] https://en.wikipedia.org/wiki/Bond_(finance)#Principal

Le taux d'intérêt économique peut être observé dans le temps comme le rendement du capital investi.[1]

> « Les investisseurs s'attendent à des rendements de 10,2 % et la génération Y espère davantage. »
>
> *Shroders : Global Investor Study (traduit)*

Le taux de dépréciation peut être dérivé du taux d'intérêt et du taux de croissance du capital observés.[2]

> « La croissance mondiale de 2019 a été revue à la baisse à 2,6 %, [...] reflétant un commerce et des investissements internationaux plus faibles que prévus en début d'année. La croissance devrait progressivement remonter à 2,8 % d'ici 2021. »
>
> *Banque Mondiale : Global Economic Prospects (traduit)*

Dans ce cas, un taux d'intérêt de 10,2 % est compensé par une dépréciation de 7,6 % pour obtenir une croissance de 2,6 %.

```
taux-dépréciation = taux-intérêt - taux-croissance
taux-dépréciation = 10,2 % - 2,6 % = 7,6 %
```

Ce résultat est conforme aux estimations de la dépréciation du capital. Alors que les bâtiments et les machines ont des taux de dépréciation faibles, les véhicules, le matériel de bureau et les stocks alimentaires (par exemple) ont un taux beaucoup plus élevé.[3]

> « Pour la période 1960 - 2000, les trois estimations pour les machines et équipements sont de 5,61 %, 5,42 % et 5,68 %. Pour les bâtiments, les estimations sont de 3,36 %, 3,43 % et 3,43 %. »
>
> *OCDE : Estimating Depreciation Rates (traduit)*

Références

[1] https://www.schroders.com/en/insights/global-investor-study/investors-expect-returns-of-10.2-with-millennials-hoping-for-more

[2] https://www.worldbank.org/en/publication/global-economic-prospects

[3] https://www.oecd.org/sdd/productivity-stats/35409605.pdf

Dans la mesure où la monnaie[1] présente une valeur d'usage[2], elle se déprécie comme n'importe quel bien[3]. La monnaie fiduciaire, telle que le bitcoin ou le dollar étasunien, est présumée n'avoir aucune valeur d'usage. Une monnaie pure ne présente aucune croissance en raison du coût d'opportunité[4] de l'intérêt abandonné. En d'autres termes, l'intérêt est la capture de la valeur du temps et la dépréciation de la monnaie inclut l'échec à capturer cette valeur.

```
taux-croissance-monnaie-pure = taux-intérêt - taux-intérêt
9 % - 9 % = 0 %
```

Toute valeur monétaire réelle se déprécie également en raison du demeurage[5].

```
taux-croissance-monnaie-marchandise = taux-croissance-monnaie-pure - taux-
demeurage
0 % - 1 % = -1 %
```

Les taux de croissance de la monnaie inflationniste[6] et de la monnaie déflationniste sont indiqués dans le Sophisme de la monnaie imprêtable[7].

Références

[1] Chapitre : Taxonomie des monnaies

[2] https://fr.wikipedia.org/wiki/Valeur_d'usage

[3] https://fr.wikipedia.org/wiki/Bien_(économie)

[4] https://fr.wikipedia.org/wiki/Coût_d'opportunité

[5] https://fr.wikipedia.org/wiki/Demeurage_(finance)

[6] https://fr.wikipedia.org/wiki/Création_monétaire

[7] Chapitre : Sophisme de la monnaie imprêtable

Principe d'expression

Les actions humaines ne doivent pas être confondues avec les biens. L'absence de distinction entre les deux, au niveau le plus fondamental, conduit à des erreurs lourdes de conséquences[1]. Les actions sont fondamentalement des préférences humaines exprimées par des biens, qui sont les objets de cette expression. Sans expression, une préférence n'est qu'une pensée et un bien ne rend aucun service. La catallactique[2] s'intéresse aux préférences exprimées, plus précisément à la production[3], au commerce, et à la consommation[4].

L'esprit humain est l'acteur (la personne). Il a des préférences qu'il exprime en mouvant le corps dont il a le contrôle (qu'il possède). Ce corps est sa propriété, un bien. Lorsque son corps est totalement déprécié (mort), l'esprit cesse d'être un acteur. Il n'est pas nécessaire d'envisager les esprits désincarnés, car aucune action n'est impliquée.

La catallactique n'est pas concernée par les concepts juridiques, théologiques ou éthiques de l'humanité. Le test de Turing[5] est un critère suffisant pour la définition de l'humanité. La distinction catallactique réside dans la formation de préférences, indépendamment de tout autre acteur. En ce sens, une personne est un décideur, par opposition à quelque chose qui suit des règles. Une machine est un bien qui exprime les préférences d'une personne. Une personne exprime ses préférences en paramétrant sa machine.

Un esprit ne peut être un bien, mais le corps est le bien de l'esprit qui l'habite. Seul l'esprit contrôle le corps, où le contrôle définit la propriété. Lorsque l'esprit est contraint d'agir

Références

[1] https://fr.wikipedia.org/wiki/Valeur-travail_(économie)

[2] https://fr.wikipedia.org/wiki/Catallaxie

[3] Chapitre : Production et consommation

[4] Chapitre : Principe de dépréciation

[5] https://fr.wikipedia.org/wiki/Test_de_Turing

par l'agression[1] d'un autre acteur, la préférence n'est pas indépendante. La préférence exprimée (action) est celle de l'agresseur.

La catallactique ne considère que les conséquences des acteurs indépendants. Lorsqu'une personne subit un vol, c'est la préférence du voleur qui s'exprime, pas la sienne. Lorsqu'une personne paie un impôt, on suppose qu'elle exprime la préférence d'une autre personne, l'impôt étant par nature involontaire. L'esclavage implique l'expression des préférences de l'esclavagiste, pas celles de l'esclave. La substitution de la préférence d'une personne à celle d'une autre est un échange involontaire (vol).

Il est parfois avancé que le temps est précieux parce que la vie est temporaire. Ce n'est pas le fondement de la préférence temporelle[2]. La fugacité de la vie d'une personne est sans conséquence pour la catallactique. Une personne peut vivre éternellement, mais on peut supposer qu'elle préfère les biens plus tôt que plus tard. Une vie infinie n'implique pas l'absence de désir de consommer.

L'action est l'expression de la préférence humaine au travers des biens. Les processus dirigés par les humains sont des actions, les processus dirigés par les machines sont des biens. En d'autres termes, la production/le travail[3], le commerce/le vol et le loisir/le gaspillage sont des actions, tandis que les sites web, les chaînes de montage et les voitures sont des biens.

Références

[1] https://fr.wikipedia.org/wiki/Principe_de_non-agression

[2] Chapitre : Sophisme de la préférence temporelle

[3] Chapitre : Travail et loisir

Sophisme de la réserve intégrale

Il existe une théorie selon laquelle le modèle de la banque à réserves fractionnaires[1] est une fraude permettant aux banques de créer de la monnaie[2] « à partir de rien[3]. ». Cette théorie implique qu'une banque honnête doit être une banque à réserves intégrales[4].

Cette théorie s'articule autour de la définition du mot « banque ». Rothbard[5] présente l'argument ci-dessus dans *L'Homme, l'Économie et l'État*[6], mais limite explicitement sa définition d'une banque[7] à celle d'un « entrepôt » de monnaie :

> « Lorsqu'un homme dépose des biens dans un entrepôt, un reçu lui est remis et il paie au propriétaire de l'entrepôt une certaine somme pour le service de stockage. Il reste propriétaire du bien ; le propriétaire de l'entrepôt ne fait que le garder pour lui. Lorsque le reçu de l'entrepôt est présenté, le propriétaire est tenu de restituer le bien déposé. Un entrepôt spécialisé dans la monnaie est appelé "banque". »
>
> *Murray Rothbard, L'Homme, l'Économie et l'État (traduit)*

Les banques offrent effectivement ce service d'entreposage, sous le nom de coffre-fort[8]. Mais les banques ne sont pas définies de manière aussi étroite. Elles proposent aussi généralement des comptes rémunérés, tels que les dépôts d'épargne[9] et les dépôts à

Références

[1] https://fr.wikipedia.org/wiki/Système_de_réserves_fractionnaires

[2] Chapitre : Taxonomie des monnaies

[3] Chapitre : Sophisme de la création ex nihilo

[4] https://fr.wikipedia.org/wiki/100_%_monnaie

[5] https://fr.wikipedia.org/wiki/Murray_Rothbard

[6] https://fr.wikipedia.org/wiki/L'Homme,_l'Économie_et_l'État

[7] https://mises.org/library/man-economy-and-state-power-and-market/html/pp/1086

[8] https://fr.wikipedia.org/wiki/Coffre-fort

[9] https://fr.wikipedia.org/wiki/Types_de_dépôts_bancaires#Compte_d'épargne

terme[1]. Rothbard utilise l'attente d'un intérêt pour différencier l'entreposage de monnaie du prêt de monnaie :

> « Le bien de quelqu'un d'autre est pris par l'entrepôt et utilisé à des fins lucratives. Il n'est pas emprunté, puisqu'aucun intérêt n'est payé pour l'utilisation de la monnaie. »

En d'autres termes, son exigence de réserve intégrale ne s'applique pas aux comptes rémunérés. Cependant, il oublie de préciser que les intérêts perçus sur la monnaie représentée par les dépôts peuvent légitimement compenser les frais de compte par ailleurs nécessaires.

Les banques proposent souvent des dépôts à vue[2] (des comptes chèques par exemple) sans intérêt. Le fait d'avoir un rendement positif sur le compte ne constitue pas la démarcation entre l'entreposage et le prêt, même selon sa propre définition. Lorsqu'un compte bancaire rapporte 5 % avec un taux de frais de 6 %, il n'y a aucune différence avec un rendement de 0 % avec un taux de frais de 1 %. La distinction réside dans l'accord contractuel entre le déposant et la banque.

> « Puisqu'il est pratique de transférer du papier dans l'échange plutôt que de transporter de l'or, les entrepôts de monnaie (ou les banques) qui suscitent la confiance du public constateront que peu de gens encaissent leurs certificats. »

Les certificats monétaires représentant de la monnaie entreposée constituent une monnaie représentative[3], une forme de substitut monétaire[4]. Aux États-Unis, les

Références

[1] https://fr.wikipedia.org/wiki/Types_de_dépôts_bancaires#Dépôts_à_terme_et_plans_d'épargne

[2] https://fr.wikipedia.org/wiki/Compte_courant

[3] https://en.wikipedia.org/wiki/Representative_money

[4] https://www.wikiberal.org/wiki/Support_monétaire#Substitut_monétaire

banques d'État[1] et autres émettaient autrefois de tels certificats. Ceux-ci ont fini par être remplacés par les certificats or[2] et les certificats argent[3] émis par la banque centrale[4]

> « Les banques seront particulièrement sujettes à la tentation de commettre des fraudes et d'émettre des pseudo-certificats monétaires qui circuleront parallèlement à des certificats monétaires authentiques en tant que substituts monétaires acceptables. Le fait que la monnaie soit un bien homogène signifie que les gens ne se soucient pas de savoir si la monnaie qu'ils encaissent est la monnaie qu'ils ont originellement déposée. Cela rend les fraudes bancaires plus faciles à réaliser. »

À supposer que les certificats des banques centrales ont jamais représenté la totalité de la monnaie entreposée (par exemple l'or et l'argent), ils ont fini par suivre le cours décrit par Rothbard.

Lorsque la somme des certificats est devenue trop importante pour rester convertible, ils ont été abrogés et les gens ont été contraints[5] de les convertir en monnaie fiduciaire. Ces fraudes à grande échelle se sont produites du vivant de Rothbard et de son précurseur von Mises[6], et ont été perpétrées par les banques d'État et les banques centrales sous la protection de la loi (c'est-à-dire de l'État).

La théorie ne limite pas sa condamnation des banques à la fraude dans l'entreposage (dépôt en coffre-fort), elle s'étend aux prêts honnêtes des dépôts bancaires en général, y compris aux dépôts à vue, aux dépôts d'épargne et souvent aux dépôts à terme. De ce fait, la théorie est invalide. De plus, elle implique une condamnation du prêt et de

Références

[1] https://fr.wikipedia.org/wiki/Banque_publique

[2] https://fr.wikipedia.org/wiki/Gold_certificate

[3] https://fr.wikipedia.org/wiki/Silver_Certificate

[4] https://fr.wikipedia.org/wiki/Banque_centrale

[5] https://fr.wikipedia.org/wiki/Gold_Reserve_Act

[6] https://fr.wikipedia.org/wiki/Ludwig_von_Mises

l'investissement en général. Et comme Rothbard lui-même le souligne[1], le prêt est indistinct de l'investissement :

> « Que le capital épargné soit canalisé vers des investissements via des actions ou via des prêts n'a aucune importance. La seule différence réside dans les aspects juridiques. De fait, même la différence juridique entre le créancier et le propriétaire est négligeable. »

Tous les prêts proviennent du capital accumulé d'une personne, qu'il soit déposé dans une banque ou autre. Il n'y a pas d'autre source de prêt que l'épargne déposée. Il existe une théorie apparentée[2] selon laquelle les gens sont trop stupides pour comprendre les conditions contractuelles d'un dépôt.

> « Huerta de Soto envisage la possibilité "qu'un certain groupe de clients de la banque (ou, pour les besoins de l'argumentation, tous) concluent un contrat de dépôt en sachant et en acceptant pleinement que les banques investissent (ou prêtent, etc.) une grande partie de la monnaie qu'ils déposent". Dans ce cas, affirme Huerta de Soto, "l'autorisation supposée des déposants n'a pas de validité juridique" car peu de profanes comprennent l'instabilité inhérente de la banque à réserves fractionnaires : ils croient que leur dépôt est garanti, ce que Huerta de Soto considère comme une illusion (quasi universellement répandue). »
>
> *Wikipédia : Jesús Huerta de Soto (traduit)*

Pourtant, ceux qui avancent cet argument se croient capables de le comprendre. De ce fait, la théorie est invalide. Étant donné la distinction morale de la non-agression[3], chaque individu a le droit de contracter avec un autre volontairement. La suppression de ce droit serait un crime. Les références aux « non-bancarisés » supposent généralement qu'un grand nombre de personnes n'ont pas « accès » aux services bancaires. Ce n'est généralement pas le cas ; les services bancaires sont largement disponibles dans le monde

Références

[1] https://mises.org/library/man-economy-and-state-power-and-market/html/p/996

[2] https://en.wikipedia.org/wiki/Jesús_Huerta_de_Soto#Austrian_business_cycle_and_full_reserve_banking

[3] https://fr.wikipedia.org/wiki/Principe_de_non-agression

entier. Ces gens sont les personnes qui comprennent les risques[1] et ont choisi de ne pas les prendre.

Une théorie apparentée veut que le fait que les substituts monétaires s'échangent à la même valeur que la monnaie représente une fraude. Dans la mesure où les substituts monétaires (par exemple les comptes de dépôt) sont assurés par le contribuable[2], la décote par rapport à la monnaie qu'ils remplacent est plus faible. Cependant, même si l'assurance est totale, c'est une erreur de supposer que ces substituts s'échangent au même niveau que la monnaie. Les substituts monétaires se présentent sous la forme de comptes de dépôt et sont généralement négociés par voie électronique. Le règlement[3] des comptes monétaires entraîne des coûts en matière de temps, d'argent et de risque. La fraude par carte de crédit et par chèque est très répandue[4], et ce coût est répercuté sur tous les frais de transaction et de compte. Le règlement peut prendre des jours[5], voire des mois[6]. Les commerçants appliquent nécessairement une décote aux substituts monétaires[7] par rapport à la monnaie. Même le transfert électronique direct entre les banques engendre un coût de règlement important[8] :

> « Les banques doivent payer des frais de transfert bruts de 0,82 $ pour chaque transaction, mais il existe un barème de réduction à trois niveaux, ce qui fait que les frais de transaction réels coûtent entre 0,034 $ et 0,82 $ par transaction, selon le volume de la transaction. »
>
> *Wikipédia : Fedwire (traduit)*

Références

[1] https://www.reuters.com/article/zimbabwe-crisis-cbank/zimbabwe-c-bank-says-raided-private-bank-accounts-idUSLK23553320090420

[2] https://www.fdic.gov/

[3] https://fr.wikipedia.org/wiki/Échange,_compensation_et_règlement

[4] https://en.wikipedia.org/wiki/Credit_card_fraud

[5] https://fr.wikipedia.org/wiki/Chèque#Délai_d'encaissement

[6] https://www.economie.gouv.fr/cedef/chargeback-retrofacturation

[7] https://en.wikipedia.org/wiki/Merchant_account#Discount_rates

[8] https://en.wikipedia.org/wiki/Fedwire

C'est pourquoi de nombreuses entreprises n'acceptent que les espèces, d'autres n'acceptent pas les chèques, d'autres encore demandent une prime pour compenser la décote, et c'est pourquoi il y a des frais de guichet automatique[1], etc. Ainsi, l'observation selon laquelle les substituts monétaires ne sont pas escomptés est réfutée par une montagne de preuves du contraire. Plus important encore, cette décote est manifestement nécessaire, ce qui invalide la théorie.

Une théorie apparentée affirme que les prêts bancaires créent une inflation des prix[2] en raison de l'expansion du crédit[3]. Étant donné que le prêt et la monnaie ont nécessairement évolué ensemble, il n'y a jamais eu un moment où l'expansion du crédit elle-même modifiait le niveau des substituts monétaires. Cela nécessite soit une expansion de l'offre monétaire[4], soit une réduction de la préférence temporelle[5], reflétée par le taux d'intérêt économique. L'expansion du crédit est strictement une fonction de ces deux facteurs, et non du prêt lui-même. De ce fait, la théorie est invalide.

Une théorie apparentée affirme que les banques ne peuvent légitimement prêter que « leur propre » monnaie. Tout capital prêté est l'épargne de quelqu'un. Si n'importe qui peut gérer une banque (c'est-à-dire emprunter sur sa propre épargne et la prêter à d'autres), il s'agit d'une distinction sans différence. L'agrégation de l'épargne avec d'autres personnes (c'est-à-dire par le biais de dépôts bancaires) ne crée aucune distinction significative. De ce fait, la théorie n'est pas valable.

Une théorie apparentée affirme que les banques ne peuvent légitimement prêter que par rapport aux dépôts à terme. Il n'y a aucune distinction économique entre un dépôt à terme et un dépôt à vue, car tous deux impliquent une réserve fractionnaire. La nature

Références

1 https://fr.wikipedia.org/wiki/Guichet_automatique_bancaire#Frais_d'utilisation

2 https://fr.wikipedia.org/wiki/Inflation

3 Chapitre : Sophisme de l'expansion du crédit

4 https://fr.wikipedia.org/wiki/Extraction_de_l'or

5 Chapitre : Sophisme de la préférence temporelle

du dépôt, même le dépôt sécurisé, implique que le temps et d'autres contraintes (par exemple l'identification) sont nécessaires pour le retrait. Même les comptes chèques et les comptes d'épargne assurés par le contribuable sont effectivement des dépôts à terme[1] :

> « Pour tous les comptes d'épargne et tous les comptes chèques personnels rémunérés, nous nous réservons le droit d'exiger un préavis de retrait écrit de sept jours. »
>
> *Chase Bank : Deposit Agreement (traduit)*

Le risque de défaut et l'expansion du crédit demeurent malgré la symétrie des échéances. De ce fait, la théorie est invalide. Le seul véritable dépôt à vue est l'absence de dépôt (la monnaie), et bien sûr les gens conservent cette option et celle du dépôt à terme dans la mesure où ils la préfèrent.

Une théorie apparentée affirme que les banques ne peuvent légitimement prêter que par rapport aux dépôts entièrement assurés. Cependant, le seul véritable rendement sans risque[2] est l'absence de rendement. C'est pourquoi seuls les contribuables assurent les prêts (c'est-à-dire qu'ils sont assurés par la contrainte). Une assurance complète est économiquement équivalente à l'absence totale de prêt, ce qui rend la théorie contradictoire et donc invalide.

Une théorie apparentée affirme que même les banques libres[3] ont la capacité inhérente de créer de la monnaie « à partir de rien[4] ». Pourtant, si cela est vrai, tout le monde peut le faire, puisque le modèle de la banque libre ne confère aucun pouvoir spécial aux personnes qui se désignent elles-mêmes comme des banques. Si la monnaie peut être créée sans coût, elle ne peut être un bien. De ce fait, la théorie est invalide. Même la

Références

[1] https://www.chase.com/content/dam/chasecom/en/checking/documents/deposit_account_agreement.pdf

[2] Chapitre : Sophisme du rendement sans risque

[3] https://fr.wikipedia.org/wiki/Banque_libre

[4] Chapitre : Sophisme de la création ex nihilo

monnaie fiduciaire étatique a un coût de production[1], un coût pour maintenir son monopole sur la production[2], et un coût politique[3] d'inflation monétaire[4]. La banque libre, comme pour l'or ou le bitcoin, ne bénéficie d'aucun privilège de seigneuriage[5], en raison de la nature de la concurrence.

Enfin, les personnes qui plaident pour le prêt à réserve intégrale sont souvent les mêmes qui plaident pour une préférence temporelle plus faible. Il s'agit d'une contradiction directe, car le premier implique une préférence temporelle infinie.

Références

[1] https://www.federalreserve.gov/faqs/currency_12771.htm

[2] https://fr.wikipedia.org/wiki/Faux-monnayage

[3] https://fr.wikipedia.org/wiki/Crise_du_Venezuela

[4] https://fr.wikipedia.org/wiki/Création_monétaire

[5] https://fr.wikipedia.org/wiki/Seigneuriage

Principe d'inflation

Une monnaie[1] est supposée[2] changer de pouvoir d'achat[3] en proportion de la demande de biens qu'elle représente. En d'autres termes, avec une quantité de monnaie deux fois plus importante, chaque unité de monnaie s'échangera contre la moitié de la quantité de biens qu'elle représentait auparavant, car l'accroissement de la quantité d'une chose implique une baisse de la demande pour celui-ci. Il s'agit d'une relation proportionnelle[4] entre l'inflation monétaire[5] et l'inflation[6] (ou la déflation) des prix. Cette relation monétaire[7] est une expression de la loi de l'offre et de la demande[8].

- Une monnaie de marché à offre croissante, comme l'or et le bitcoin *du début*, consomme la même valeur en biens qu'elle crée en nouvelles unités - y compris le coût d'opportunité[9] du capital investi pour ce faire. De ce fait, elle ne produit aucun changement de proportionnalité et donc aucune inflation des prix.
- La monnaie de monopole n'est pas soumise à une production concurrentielle, ce qui permet à son producteur d'obtenir une prime de monopole[10] dans la fixation du prix des nouvelles unités. De ce fait, elle augmente la proportion de monnaie par rapport aux biens, ce qui entraîne une inflation des prix.

Références

[1] Chapitre : Taxonomie des monnaies

[2] https://mises.org/library/man-economy-and-state-power-and-market/html/p/1107

[3] https://fr.wikipedia.org/wiki/Pouvoir_d'achat

[4] https://fr.wikipedia.org/wiki/Proportionnalité

[5] https://fr.wikipedia.org/wiki/Création_monétaire

[6] https://fr.wikipedia.org/wiki/Inflation

[7] https://mises.org/library/human-action-0/html/pp/778

[8] https://fr.wikipedia.org/wiki/Offre_et_demande

[9] https://fr.wikipedia.org/wiki/Coût_d'opportunité

[10] https://mises.org/library/man-economy-and-state-power-and-market/html/pp/1054

- La monnaie de marché à offre fixe, comme le bitcoin final, ne crée aucune unité. De ce fait, la proportion de la monnaie par rapport aux biens diminue avec la croissance économique, ce qui entraîne une déflation des prix[1].

La proportionnalité fait référence aux biens « représentés » par une monnaie. S'il n'y avait qu'une seule monnaie, ce serait une relation directe avec tous les biens. Cependant, cette relation doit être abordée dans le cas de monnaies multiples. Les biens représentés par une monnaie sont ceux pour lesquels elle peut être échangée. En d'autres termes, la relation implique une demande de biens dans la monnaie.

Or, la demande ne reste pas constante dans le cas d'une décision de miner. Une nouvelle demande de biens est créée par le fait du minage. Le mineur doit consommer des biens de « représentation » pour produire la monnaie. La nouvelle monnaie est entièrement compensée par l'augmentation de la demande représentée par les biens consommés et le coût d'opportunité (c'est-à-dire moins de nouveaux biens) de leur emploi dans l'exploitation minière. Par conséquent, la proportionnalité est également préservée dans le cas de monnaies multiples. **La croissance économique ne s'accompagne pas d'une inflation des prix dans un marché libre.**

En développant la théorie quantitative de la monnaie[2] de Copernic[3], Richard Cantillon[4] a formulé une théorie désormais connue sous le nom d'effet Cantillon[5]. Cette théorie est valable lorsqu'elle est appliquée aux monnaies de monopole, mais elle n'a pas de pertinence dans le cas de la monnaie de marché - un fait qui semble avoir échappé aux économistes depuis Cantillon. La base des distorsions expliquées par Cantillon est le

Références

[1] https://fr.wikipedia.org/wiki/Déflation

[2] https://fr.wikipedia.org/wiki/Théorie_quantitative_de_la_monnaie

[3] https://fr.wikipedia.org/wiki/Nicolas_Copernic

[4] https://fr.wikipedia.org/wiki/Richard_Cantillon

[5] https://fr.wikipedia.org/wiki/Richard_Cantillon#L'effet_Cantillon

seigneuriage[1], et non la production monétaire. La production marchande de monnaie, tout comme la production marchande de toute chose, est non seulement neutre quant aux effets réels[2], mais également neutre quant au prix.

Dans *L'Action humaine*[3], Ludwig von Mises[4], comme ses prédécesseurs, tente de démontrer[5] que l'effet Cantillon est valide pour *toute* monnaie.

> « Les changements dans l'offre de monnaie doivent nécessairement altérer la localisation des biens vendables en tant que possédés par les divers individus et firmes. La quantité de monnaie existante dans l'ensemble du système de marché ne peut augmenter ou diminuer autrement qu'en augmentant ou diminuant d'abord les encaisses liquides de certains membres individuellement. »
>
> *Mises : L'Action humaine (traduit)*

Cette affirmation déclare que la nouvelle monnaie affecte d'abord les avoirs existants. Ce n'est pourtant pas le cas de la monnaie de marché. Sa création *réduit* incidemment *les avoirs en biens* tout en *augmentant les avoirs en monnaie*. Sa création réduit incidemment les avoirs en biens tout en augmentant les avoirs en monnaie. La demande accrue de monnaie est compensée simultanément et proportionnellement par son offre accrue. Cette réduction des biens ne peut être ignorée dans l'évaluation de la relation monétaire. L'affirmation confond la monnaie de marché avec la monnaie de monopole, car cette dernière ne consomme pas sa valeur en biens par la production. Dans la mesure où les biens sont consommés essentiellement au même endroit que la monnaie est produite, et au même moment, il n'est même pas question d'une distribution inégale de la relation monétaire. Cette erreur persiste malgré la reconnaissance explicite que l'exploitation minière consomme en biens la valeur qu'elle produit en nouvelle monnaie.

Références

[1] https://fr.wikipedia.org/wiki/Seigneuriage

[2] https://www.wikiberal.org/wiki/Neutralité#Neutralité_de_la_monnaie

[3] https://fr.wikipedia.org/wiki/L'Action_humaine,_traité_d'économie

[4] https://fr.wikipedia.org/wiki/Ludwig_von_Mises

[5] https://mises.org/library/human-action-0/html/pp/778

« Le fait que les propriétaires de mines d'or dépendent des revenus annuels réguliers de leur production d'or n'annule pas l'influence de l'or nouvellement produit sur les prix. Les propriétaires de mines prennent sur le marché, en échange de l'or produit, les biens et services nécessaires pour leur exploitation [...]. S'ils n'avaient pas produit cette quantité d'or, les prix n'en auraient pas été affectés. »

Prise à la lettre, la dernière phrase est une tautologie[1] (une absence de création implique une absence d'effet sur les prix de la création). D'après le contexte, il est clair que Mises pense que, si l'or n'avait pas été produit, les prix seraient restés inchangés. Pourtant, sans changement de l'offre de monnaie, si les biens avaient été consommés dans d'autres productions[2], la croissance économique résultante aurait fait *baisser* les prix ; et si les biens avaient été consommés dans le loisir[3], la contraction économique résultante aurait fait *augmenter* les prix. En d'autres termes, la conclusion ci-dessus est parfaitement inverse. La relation monétaire est *préservée* à cause de la production de monnaie et changerait en raison de son absence. Cette erreur contamine ensuite les théories dépendantes.

« Contre un tel raisonnement, l'on doit tout d'abord observer qu'au sein d'une économie en progrès, où la population augmente et où la division du travail et son corollaire, la spécialisation industrielle, se perfectionnent, il règne en permanence une tendance à l'augmentation de la demande de monnaie. De nouvelles personnes apparaissent et désirent se constituer une encaisse liquide. L'autosuffisance économique, c'est-à-dire la production pour les besoins propres du ménage, perd du terrain, et les gens deviennent davantage dépendants du marché ; en gros et de façon générale, cela les incitera à augmenter leur encaisse liquide. »

En d'autres termes, la croissance économique à elle seule modifie la relation monétaire - une contradiction directe avec l'affirmation précédente.

Références

[1] https://fr.wikipedia.org/wiki/Tautologie

[2] Chapitre : Production et consommation

[3] Chapitre : Travail et loisir

« Ainsi la tendance à la hausse des prix émanant de ce qu'on appelle la production d'or "normale" rencontre une tendance à la baisse des prix émanant de la demande croissante d'encaisses liquides. Toutefois, ces deux tendances opposées ne se neutralisent pas l'une l'autre. Chacun des deux processus suit son cours propre, produisant un bouleversement des conditions sociales existantes, rendant certains plus riches, d'autres plus pauvres. L'un et l'autre affectent les prix de divers biens à des moments différents et à des degrés différents. Il est vrai que la hausse des prix de certaines marchandises, provoquée par l'un de ces processus, peut être finalement compensée par la baisse causée par l'autre. Il peut arriver que certains prix, à la fin, retrouvent leur niveau antérieur. Mais ce résultat final n'est pas causé par une absence des mouvements que causent les modifications de la relation monétaire. C'est plutôt le résultat d'effets combinés et coïncidents de deux processus indépendants l'un de l'autre. »

Il s'agit d'une réfutation de l'idée de la création monétaire comme mécanisme de « relance[1] » de la croissance, réfutation qui est correcte. Pourtant, elle suppose à tort que la demande de monnaie et la création de monnaie sont des processus indépendants. Ils sont explicitement dépendants tels qu'ils sont exprimés dans la relation monétaire et la loi de l'offre et de la demande dont elle se fait l'écho. L'effet des interactions non liées est parfaitement inversé dans cet argument, car il ne peut que masquer la relation monétaire. La relance est un renversement de la cause et de l'effet, correctement réfutée, mais c'est une erreur d'à la fois accepter la relation monétaire et de la rejeter.

L'erreur sous-jacente sur l'inflation, comme celle du théorème de régression[2], peut résulter d'un désir compréhensible d'expliquer les effets négatifs[3] de la monnaie de monopole. Pourtant, dans le système purement rationnel de la catallactique[4], toute erreur de déduction produit une incohérence, ce qui est évident dans ce cas. La monnaie de marché est sujette à une inflation monétaire, mais ne produit aucune inflation des prix. La monnaie de monopole est également sujette à une inflation monétaire, mais

Références

[1] https://fr.wikipedia.org/wiki/Politique_de_relance

[2] Chapitre : Sophisme de la régression

[3] https://fr.wikipedia.org/wiki/Seigneuriage

[4] https://fr.wikipedia.org/wiki/Catallaxie

produit une inflation des prix - uniquement en raison du monopole sur la production. Mises généralise à l'excès le fait que *toute* inflation monétaire est une inflation des prix.

> « Les prix montent de même si [...] la demande de monnaie diminue en raison d'une tendance générale à désirer moins d'encaisse liquide. La monnaie dépensée ainsi en plus grande quantité du fait de cette "déthésaurisation" entraîne une tendance à la hausse des prix, de la même façon que si elle provenait des mines d'or [...]. Inversement, les prix baissent quand l'offre disponible de monnaie diminue [...] ou lorsque la demande de monnaie augmente (par exemple en vue de "thésauriser", c'est-à-dire de garder davantage d'encaisse liquide). »

Toute monnaie appartient toujours à quelqu'un. Dans l'hypothèse de l'absence de création de monnaie ci-dessus, une plus grande « encaisse liquide » pour une personne en implique une moindre pour une autre. L'accroissement de la thésaurisation de la monnaie implique seulement une diminution de la demande actuelle de biens par rapport à la demande future anticipée. La diminution de la thésaurisation n'implique qu'une demande actuelle de biens accrue. Ce n'est pas comme si de la monnaie avait été enfouie de nouveau dans la terre. Il n'y a aucun coût pour « déthésaurisation » (échanger de la monnaie), donc ce phénomène est différent de la monnaie « provenant des mines d'or ».

Un niveau de thésaurisation généralement plus élevé donne l'*impression* d'une plus grande richesse, mais c'est illusoire. Pour avoir de la valeur pour les gens, la monnaie doit être échangée contre des biens, auquel cas l'illusion s'évapore. Contrairement à l'exploitation minière, l'effet de la déthésaurisation est inégal. Le premier à le faire obtient la valeur d'échange la plus élevée et le dernier la plus basse. La stratégie spéculative[1] du « pump and dump[2] » repose sur l'exploitation de cette inégalité. La richesse est transférée, pas créée.

Références

[1] Chapitre : Consommation spéculative

[2] https://fr.wikipedia.org/wiki/Pump_and_dump

En outre, l'accroissement de la thésaurisation implique une préférence temporelle[1] plus élevée, qui est le rapport entre le capital thésaurisé et le capital prêté (ratio du capital[2]), reflété par le taux d'intérêt. Il s'agit d'un coût en temps accru et non d'une valeur en capital accrue. La même quantité de biens existe (richesse) au moment où la thésaurisation augmente. Pourtant, cette augmentation réduit proportionnellement la production, en raison de l'augmentation du coût du capital. Cela crée une réduction *permanente* et cumulative de la richesse, car le temps perdu dans la production n'est jamais récupéré, même en cas de déthésaurisation ultérieure. Si tout la monnaie était thésaurisée pendant une décennie (en supposant qu'il n'y ait pas de retour au troc), les gens pourraient se défaire de leur monnaie pour constater qu'elle aurait perdu une valeur significative en raison de la réduction spectaculaire de la quantité de biens.

Indépendamment de la croissance (ou de la contraction) économique, une variation de la demande d'une monnaie de marché implique une variation proportionnelle de la demande ou de l'offre de biens échangés pour cette monnaie, par opposition à une autre monnaie ou au troc. L'offre de biens est le niveau auquel la monnaie est acceptée dans le commerce en échange de ces biens. Une monnaie n'a de valeur monétaire que par le biais de sa capacité à être échangée contre des choses ayant une valeur d'usage[3], comme l'implique directement la relation monétaire elle-même. La valeur d'une monnaie découle de personnes disposées à l'accepter dans le commerce (c'est-à-dire l'économie). Compte tenu de la fongibilité[4] de la monnaie, vendre de la monnaie[5] à une autre personne n'implique aucun changement dans cette acceptation.

Dans la mesure où il s'applique à la monnaie-marchandise, ce principe repose sur l'hypothèse que la quantité de biens nécessaire pour produire la monnaie reste constante.

Références

[1] Chapitre : Sophisme de la préférence temporelle

[2] Chapitre : Relation d'épargne

[3] https://fr.wikipedia.org/wiki/Valeur_d'usage

[4] https://fr.wikipedia.org/wiki/Bien_fongible

[5] Chapitre : Sophisme de la vente à bas prix

Le prix des biens dans la monnaie est ainsi maintenu constant par la relation monétaire. Cependant, lorsque la valeur des biens nécessaires à la production d'une monnaie-marchandise augmente ou diminue, une diminution ou une augmentation des prix dans la monnaie est impliquée respectivement. Par conséquent, indépendamment de la demande, la relation monétaire est contrôlée par le taux de variation des facteurs de production nécessaires. Ces changements sont supposés être imprévisibles, car sinon ils seraient déjà intégrés dans le prix. De ce fait, cela constitue une erreur spéculative.

Travail et loisir

Le travail et le loisir sont des actions humaines[1] complémentaires qui se rapportent à production et la consommation[2] de biens économiques[3]. Le travail est le processus de consommation visant à produire un bien économique (production). Le loisir est le processus de consommation qui ne produit pas de bien économique. La consommation sans utilité est le processus de gaspillage[4]. Selon Murray Rothbard[5], dans son ouvrage *L'Homme, l'Économie et l'État*[6] :

> « le travail implique toujours le renoncement au loisir, un bien désirable. »
>
> *Murray Rothbard : L'Homme, l'Économie et l'État (traduit)*

Cette erreur subtile implique que le travail et le loisir sont tous deux des biens économiques. Or, seules les actions créent ou consomment des biens[7]. Le travail (production de biens économiques) et le loisir (production de biens non économiques) sont des actions humaines qui créent et consomment des biens au cours du temps. Au sens le plus élémentaire, la production implique la consommation du corps de l'acteur, tandis que la consommation implique sa production.

Références

[1] https://www.wikiberal.org/wiki/L'Action_humaine

[2] Chapitre : Production et consommation

[3] https://fr.wikipedia.org/wiki/Biens_et_services

[4] https://fr.wikipedia.org/wiki/Gaspillage

[5] https://fr.wikipedia.org/wiki/Murray_Rothbard

[6] https://mises.org/library/man-economy-and-state-power-and-market/html/p/926

[7] Chapitre : Principe d'expression

« À chaque heure, il consacrera son effort à produire le bien dont le produit marginal est le plus élevé sur son échelle de valeur. S'il doit renoncer à une heure de travail, il renoncera à une unité du bien dont l'utilité marginale est la plus faible sur son échelle de valeur. À chaque étape, il comparera l'utilité du produit sur son échelle de valeur et la désutilité d'un travail supplémentaire. Nous savons que l'utilité marginale des biens fournis par l'effort d'un homme diminuera à mesure que sa dépense d'effort augmentera. D'autre part, à chaque nouvelle dépense d'effort, la désutilité marginale de l'effort continue d'augmenter. Par conséquent, un homme dépensera son travail aussi longtemps que l'utilité marginale du rendement sera supérieure à la désutilité marginale de l'effort de travail. Un homme cessera de travailler lorsque la désutilité marginale du travail sera supérieure à l'utilité marginale de l'augmentation des biens fournis par l'effort.

Puis, au fur et à mesure que sa consommation de loisir augmentera, l'utilité marginale du loisir diminuera, tandis que l'utilité marginale des biens abandonnés s'accroîtra, jusqu'à ce que finalement l'utilité des produits marginaux abandonnés devienne supérieure à l'utilité marginale du loisir, et l'acteur reprendra alors le travail.

Cette analyse des lois de l'effort de travail est déduite des implications de l'axiome d'action et de l'hypothèse selon laquelle le loisir est un bien de consommation. »

Il n'est ni correct ni nécessaire de supposer que le loisir est un bien et, ce faisant, d'impliquer que le travail est un anti-bien. De même, il n'est pas nécessaire de construire l'artifice de l'utilité négative (« désutilité »). La valeur est simplement une préférence pour une utilité supérieure à une utilité inférieure. Le travail et le loisir produisent tous deux des biens d'utilité (positive).

C'est la préférence temporelle[1] qui implique que l'utilité du loisir est supérieure à celle du travail. En considérant correctement le corps d'une personne comme un bien, la « préférence pour le loisir » découle directement de la préférence temporelle. Comme l'indique la citation ci-dessus, c'est le résultat d'un échange de temps sans son corps (temps de travail) contre la quantité d'intérêt qui compense la valeur que l'on attribue au temps avec son corps (temps de loisir).

Le temps, l'espace et les biens sont les facteurs de toute production, tandis que le travail est le processus de production. **Le travail/le loisir et la production sont des noms**

Références

[1] Chapitre : Sophisme de la préférence temporelle

distincts pour la même action humaine. L'acte de produire est un travail ou un loisir ; l'acte de travailler ou d'apprécier un loisir est une production. La Banque Pure[1] fournit le modèle de toute production. Ce cycle est clairement évident dans le cas du travail indépendant, qui n'est que l'exemple de la production. Dans le cas du salariat, il y a deux producteurs : l'employé et l'employeur.

Un salarié pur obtient un capital emprunté et échange ainsi sa nourriture, son éducation et son équipement, comme l'exige son emploi. Une fraction de son capital est thésaurisée et le reste est prêté à l'employeur. L'employeur verse à l'employé un intérêt (salaire) pendant la durée de ce prêt. L'employé récupère son capital déprécié et son salaire à la fin du travail.

Le taux de salaire compense à la fois la préférence temporelle pour le montant prêté (taux d'intérêt nominal) et la dépréciation du capital pendant la durée du prêt. Le montant du capital et de l'intérêt, moins la dépréciation de la fraction réservée, est restitué au créancier de l'employé. Dans le cas où son investissement en capital est emprunté sur sa propre réserve, l'employé est son propre créancier. Le rendement est alors thésaurisé ou réinvesti dans le travail futur (ou autrement).

Un employeur et un employé réels obtiennent chacun un taux d'intérêt du marché. Le taux d'intérêt de l'employé est son taux de salaire moins ses dépenses de production. Le taux d'intérêt de l'employeur est le prix obtenu pour le produit du travail pendant la durée de sa production, moins ses dépenses de production. Les dépenses de production de l'employeur sont la consommation de son capital emprunté, réservé[2] pendant cette période, tout comme pour l'employé. Le montant par lequel l'intérêt dépasse la dépréciation est l'augmentation de la richesse[3] des deux parties.

Références

[1] Chapitre : Banque Pure

[2] Chapitre : Principe de réserve

[3] Chapitre : Principe de dépréciation

Le taux d'intérêt obtenu par les deux classes de production est le même. La différence de rendement est strictement fonction de la quantité de capital investi, soit dans la production individuelle (employé), soit dans la gestion de la production collective (employeur). La valorisation maximale qu'une personne donne au loisir peut être déduite du taux de salaire qu'elle accepte, en actualisant[1] le capital impliqué par rapport au taux d'intérêt du marché.

```
taux-salaire = taux-loisir × (1 + taux-intérêt + taux-dépréciation-
corporelle)
```

L'employé échange du temps de loisir contre du temps de travail dans la mesure où il valorise le montant de l'intérêt plus que la valeur qu'il attribue au temps de loisir. La préférence pour le loisir est une reformulation de la préférence temporelle, où le propre corps d'une personne est le bien économique prêté à la production en échange d'un intérêt.

La richesse monétaire est généralement plus faible à un jeune âge, ce qui implique une préférence temporelle pour l'argent plus élevée. Avec le temps, la richesse s'accumule et la préférence temporelle diminue. Mais l'inverse est vrai en ce qui concerne la préférence pour le loisir. L'argent et le corps d'une personne ne sont pas la même chose, et ne sont généralement pas échangeables. À un jeune âge, la préférence pour le loisir est la plus faible. Au fur et à mesure que le corps se déprécie avec l'âge, la quantité de celui-ci diminue malgré la richesse monétaire, ce qui augmente la préférence pour le loisir. Pour compenser cette préférence, il faudrait au bout du compte un taux d'intérêt supérieur à celui du marché, ce qui conduit à la retraite. La préférence temporelle pour l'argent et la préférence pour le loisir s'influencent mutuellement car elles ont tendance à évoluer dans des directions opposées. Dans la mesure où l'objectif du travail est d'accroître la

Références

[1] https://fr.wikipedia.org/wiki/Valeur_actuelle_nette

richesse, une quantité moindre de richesse diminue la préférence temporelle pour le loisir et une quantité plus élevée l'augmente. Cela peut également conduire à la retraite.

Production et consommation

La production et la consommation sont les actions humaines[1] complémentaires de production et de consommation de biens économiques[2]. Les rôles humains de producteur et de consommateur ne doivent pas être confondus[3] avec les actes de production et de consommation. Un rôle fait référence à une intention et non à une action. Tous les producteurs consomment et tous les consommateurs produisent. La consommation qui produit un bien économique est une production, sinon il s'agit d'un processus de loisir[4] ou de gaspillage[5].

La Banque Pure[6] fournit le modèle de toute production. Un producteur pur a emprunté du capital, qu'il consomme dans la création d'un produit. La fraction consommée à tout moment a été prêtée à la production. La fraction non consommée à tout moment a été réservée[7] pour la liquidité. Le nouveau produit est vendu, recueillant un intérêt sur la fraction consommée, intérêt qui est restitué sous forme de dividende[8]. La quantité en réserve est la même dépense productive nécessaire que la réserve de liquidité de la Banque Pure. **La réserve n'est réapprovisionnée que par davantage de capital emprunté, y compris par le réinvestissement des dividendes et des bénéfices.**

Un producteur réel convertit le temps et le capital en intérêt, au prix du marché du produit fabriqué, tout comme une banque réelle obtient des intérêts au prix du marché. La banque ne fait que recueillir l'intérêt d'un autre producteur en étant son investisseur.

Références

[1] https://www.wikiberal.org/wiki/L'Action_humaine

[2] https://fr.wikipedia.org/wiki/Biens_et_services

[3] Chapitre : Principe de dépréciation

[4] Chapitre : Travail et loisir

[5] https://fr.wikipedia.org/wiki/Gaspillage

[6] Chapitre : Banque Pure

[7] Chapitre : Définition de la réserve

[8] https://fr.wikipedia.org/wiki/Dividende

Cela montre l'équivalence fondamentale du prêt en tant que dette et du prêt en tant que part de capital, indépendamment des distinctions *statutaires* (impôt).

Un consommateur pur thésaurise du capital sans aucun prêt à la production. Tout le capital est emprunté et réservé. À 100 % de réserve, il n'y a pas d'intérêt, pas de rendement, et le capital finit par se déprécier totalement. Dans ce cas, le capital emprunté est considéré comme un don (charité[1]). Un consommateur réel est en outre soumis à des impôts et à des subventions, qui augmentent et diminuent respectivement le taux de dépréciation du bien thésaurisé.

Références

[1] https://fr.wikipedia.org/wiki/Charité

Banque Pure

Le concept de Banque Pure peut être utile pour décrire le fonctionnement du prêt en général.

Une Banque Pure ne fournit que les services suivants :

- Elle emprunte de l'argent (dette des créanciers)
- Elle prête de l'argent (crédit des débiteurs)
- Elle stocke de l'argent (réserve)

Les différences essentielles par rapport à une banque réelle sont :

- Aucune intervention de l'État (banque libre)
- Aucun coût de fonctionnement (parfaitement efficace)

La banque appartient à ses créanciers au prorata de leur crédit, comme pour toute société. Il existe de grandes banques qui appartiennent à leurs détenteurs de comptes, comme l'USAA[1] et Vanguard[2], ce n'est donc pas un critère distinctif d'une banque réelle. Ni une Banque Pure ni une banque réelle n'a de « capital propre » à prêter, car tout le capital est emprunté aux investisseurs sous une forme ou une autre. L'objectif des créanciers est de maximiser leur taux de rendement. L'objectif des débiteurs est de minimiser leurs frais d'intérêt.

Les comptes des créanciers sont des substituts monétaires[3]. Cet aspect distingue une banque d'un fonds d'investissement. Le substitut monétaire peut être soit un dépôt à

Références

[1] https://www.usaa.com

[2] https://investor.vanguard.com

[3] https://www.wikiberal.org/wiki/Support_monétaire#Substitut_monétaire

vue[1], soit un fonds monétaire[2]. La distinction réside dans l'allocation de la réserve insuffisante (taux de rendement négatif), qui se base dans le premier cas sur le principe du « premier arrivé, premier servi[3] » et dans le second sur la « fracture de parité[4] » (breaking the buck).

L'absence d'intervention étatique est le concept courant de banque libre[5], où il n'y a pas de contrôle statutaire[6], d'assurance publique[7], de taux d'escompte[8] ou de seigneuriage[9]. Sauf indication contraire, la banque utilise une monnaie-marchandise[10], ce qui simplifie les calculs en éliminant[11] la nécessité de tenir compte de l'inflation[12] ou de la déflation des prix[13].

L'efficacité parfaite ne diffère d'une banque réelle que par le taux de rendement, puisque rien n'est consommé dans la gestion. Tous les gains sont une conséquence de la préférence temporelle[14]. L'intérêt uniforme est supposé, car l'arbitrage[15] entre les taux

Références

[1] https://fr.wikipedia.org/wiki/Compte_courant

[2] https://en.wikipedia.org/wiki/Money_market_fund

[3] https://fr.wikipedia.org/wiki/Panique_bancaire

[4] https://en.wikipedia.org/wiki/Money_market_fund#Breaking_the_buck

[5] https://fr.wikipedia.org/wiki/Banque_libre

[6] https://fr.wikipedia.org/wiki/Réserve_fédérale_des_États-Unis

[7] https://www.fdic.gov

[8] https://en.wikipedia.org/wiki/Discount_window

[9] https://fr.wikipedia.org/wiki/Seigneuriage

[10] Chapitre : Taxonomie des monnaies

[11] Chapitre : Principe d'inflation

[12] https://fr.wikipedia.org/wiki/Inflation

[13] https://fr.wikipedia.org/wiki/Déflation

[14] Chapitre : Sophisme de la préférence temporelle

[15] https://fr.wikipedia.org/wiki/Arbitrage_(finance)

est une dépense. Le demeurage[1] est une dépense de stockage de la monnaie. Le ratio de dépenses (y compris le demeurage) est de 1 pour la Banque Pure.

Le capital réservé[2] est la monnaie avec laquelle les crédits et les dettes sont réglés[3] (échéance[4] zéro). La dépréciation[5] est le coût d'opportunité[6] du fait de ne pas prêter cet argent, également connu sous le nom de « cash drag » ou délai de trésorerie. Les relations d'intérêt supposent une seule période de composition[7] avec le taux d'intérêt pour cette période. Cette simplification de la présentation n'a aucune conséquence sur les relations impliquées.

Compte tenu de la définition précédente d'une Banque Pure, les relations suivantes sont absolues.

```
réservé = emprunté - prêté
demeurage = taux-demeurage × réservé
dépréciation = taux-intérêt × réservé
intérêt = taux-intérêt × prêté
rendement = ratio-dépense × intérêt
```

Pour la Banque Pure, le ratio de réserve[8] détermine entièrement le ratio de capital[9], le ratio d'endettement[10], et le ratio d'épargne.

Références

[1] https://fr.wikipedia.org/wiki/Demeurage_(finance)

[2] Chapitre : Définition de la réserve

[3] https://fr.wikipedia.org/wiki/Échange,_compensation_et_règlement

[4] https://fr.wikipedia.org/wiki/Échéance_(finance)

[5] Chapitre : Principe de dépréciation

[6] https://fr.wikipedia.org/wiki/Coût_d'opportunité

[7] https://fr.wikipedia.org/wiki/Intérêts_composés

[8] https://fr.wikipedia.org/wiki/Réserves_obligatoires

[9] https://en.wikipedia.org/wiki/Capital_requirement

[10] https://en.wikipedia.org/wiki/Debt_ratio

Ratio de réserve

```
ratio-réserve = réservé / emprunté
ratio-réserve = (emprunté - prêté) / emprunté
```

Ratio de capital

```
ratio-capital = réservé / prêté
ratio-capital = (emprunté - prêté) / prêté
```

Ratio d'endettement

```
ratio-endettement = emprunté / réservé
ratio-endettement = emprunté / (emprunté - prêté)
```

Ratio d'épargne

```
ratio-épargne = prêté / réservé
ratio-épargne = prêté / (emprunté - prêté)
```

Bilan

La Banque Pure n'a pas de passif, seulement le capital propre des actionnaires.

actifs bancaires	capitaux propres
prêté + réservé	emprunté

Taux de rendement

Le taux de rendement du créancier est en outre fonction du taux d'intérêt. Le taux de rendement du créancier est inférieur au taux d'intérêt du débiteur en raison du délai de trésorerie, la dépense nécessaire en demande de retrait. Pour réduire ces dépenses, des contraintes temporelles sont généralement incluses dans les contrats de banques réelles[1]. Par exemple, en vertu de la loi s'appliquant aux États-Unis, tout retrait d'un compte bancaire portant intérêt peut être retardé de sept jours. Le créancier ne peut éliminer le délai de trésorerie[2] qu'en l'investissant directement (c'est-à-dire sans garantie de règlement).

```
taux-rendement = taux-intérêt × prêté / emprunté
```

Comme le montre la Relation d'épargne[3], les ratios de capital individuels déterminent entièrement le taux d'intérêt du marché. Lorsque nous considérons chaque personne opérant comme une banque pure, il devient clair que le ratio de capital détermine le taux d'intérêt. Un ratio de capital de 0 % pour toutes les personnes implique que le capital est gratuit et n'a pas de rendement. À des ratios de capital croissants, le taux d'intérêt augmente en conséquence. À un niveau de thésaurisation totale, le coût du capital est « infini » - aucune quantité de capital ne peut être obtenue pour la production.

Références

1 https://www.chase.com/content/dam/chasecom/en/checking/documents/deposit_account_agreement.pdf

2 https://www.investopedia.com/terms/p/performance_drag.asp

3 Chapitre : Relation d'épargne

La supposition de la relation monétaire[1] est que le prix est proportionnel au rapport de l'offre à la demande. Mais comme le montre la Relation d'épargne, l'offre et la demande de capital existent dans une relation à somme nulle. Une augmentation de la thésaurisation implique une diminution correspondante des prêts et l'inverse implique une augmentation. De ce fait, ni le ratio de capital ni le taux d'intérêt ne sont linéaires par rapport à l'évolution du montant thésaurisé (ou prêté). Cela a conduit certains à rechercher une « règle d'or[2] », un ratio idéal. Pourtant, étant donnée la subjectivité de la valeur, il s'agit en fin de compte d'un exercice futile.

Pourtant, les ratios de capital déterminent pleinement le taux d'intérêt. Comme chaque personne tente individuellement d'obtenir un ratio idéal basé sur ses propres préférences, un taux d'intérêt du marché en résulte. La substitution du ratio de capital au taux d'intérêt démontre l'effet de la réserve sur la Banque Pure, sous l'hypothèse supplémentaire que tout le monde fonctionne comme une Banque Pure et avec le même ratio de capital. Le ratio de capital comprend la dépréciation des biens présents, ce qui, pour la monnaie, est le demeurage. Le ratio de demeurage de la Banque Pure est de 1, donc on peut l'éliminer.

```
taux-rendement = (réservé × ratio-demeurage / prêté) × (prêté / emprunté)
taux-rendement = (réservé / emprunté) × ratio de demeurage
taux-rendement = réservé / emprunté
```

Le taux de rendement de l'investissement de la Banque Pure devient le ratio de réserve. Cela n'implique pas qu'une Banque Pure individuelle puisse définir son propre rendement en fixant son ratio de capital. Cela reflète simplement que le ratio de capital du marché détermine le rendement du capital. Si *tous les prêteurs* doublaient leur ratio de capital actuel, leurs rendements doubleraient nécessairement, car le coût du capital, et donc son rendement, doublerait.

Références

[1] Chapitre : Principe d'inflation

[2] https://fr.wikipedia.org/wiki/Règle_d'or_de_l'accumulation

Banques réelles

Les ratios de capital indépendants de toutes les personnes, basés sur la préférence temporelle individuelle, déterminent le taux d'intérêt du marché. La substitution ci-dessus du ratio de capital propre de la banque en tant que taux d'intérêt implique que la banque fixe le taux d'intérêt. Cependant, cela est propre au concept de préférence temporelle. Une banque peut définir le niveau d'intérêt qu'elle préfère. Il n'y a aucune hypothèse pour les banques réelles que le marché suivra, de sorte que l'intérêt du marché et, par conséquent, les rendements du marché sont présumés.

```
taux-rendement-marché = taux-intérêt-marché × (prêté / emprunté)
taux-rendement-marché = ratio-capital-marché × (prêté / emprunté)
```

La Banque Libre diffère également de la Banque Pure par les dépenses de fonctionnement, ce qui réduit directement le taux de rendement.

```
taux-rendement-banque-libre = taux-rendement-marché × ratio-dépense
```

La Banque Réelle ne diffère de la banque libre que par l'impôt (y compris les dépenses réglementaires), ce qui réduit directement le taux de rendement.

```
taux-rendement-banque-réelle = taux-rendement-banque-libre × ratio-dépense-
fiscale
```

La Banque Centrale (l'État) ne diffère de la banque réelle que par la subvention par les contribuables (y compris les emprunts aux taux directeurs), ce qui augmente directement le taux de rendement.

```
taux-rendement-banque-centrale = taux-rendement-banque-réelle × ratio-
revenu-subvention
```

Lorsque l'impôt comprend le seigneuriage de la monnaie bancaire, l'équation de Fisher[1] doit être appliquée ci-dessus pour convertir le taux d'intérêt d'un taux nominal à un taux réel. Aucun autre changement n'est impliqué en dehors de l'impôt, qui est comptabilisé par la Banque Réelle ci-dessus. Cet impôt est généralement la source de subvention, qui est comptabilisée par la Banque Centrale ci-dessus.

Chaque personne, ou société de personnes, est une Banque Réelle, et l'État est une Banque Centrale. Une Banque Réelle produit le service de l'investissement liquide, un bien économique[2]. Le coût de production est la dépréciation de sa réserve. Cela est le modèle de toute production.

Références

[1] https://fr.wikipedia.org/wiki/Équation_de_Fisher

[2] https://fr.wikipedia.org/wiki/Bien_(économie)

Relation d'épargne

La préférence temporelle[1] est l'hypothèse catallactique[2] de la préférence humaine pour les biens présents par rapport aux biens futurs. Il est bien établi que la préférence temporelle se traduit par le taux d'intérêt. Selon Murray Rothbard[3], dans son ouvrage *L'Homme, l'Économie et l'État*[4] :

> « Le niveau du taux d'intérêt pur est déterminé par le marché de l'échange des biens présents contre des biens futurs, marché dont nous verrons qu'il imprègne de nombreuses parties du système économique. [...] Ainsi, si, sur le marché du temps, 100 onces d'or s'échangent contre la perspective d'obtenir 105 onces d'or dans un an, alors le taux d'intérêt est d'environ 5 pour cent par an. C'est le taux d'escompte temporel de la monnaie future par rapport à la monnaie présente. [...] Le taux d'intérêt pur sera alors le taux d'escompte temporel actuel, le ratio du prix des biens présents à celui des biens futurs. »
>
> *Murray Rothbard : L'Homme, l'Économie et l'État (traduit)*

Cependant, c'est le ratio de capital[5] individuel qui *détermine* le taux d'intérêt. Le ratio d'intérêt est celui du prix du bien futur à celui du bien présent. Il s'agit de la prime de prix de marché nécessaire pour indemniser un propriétaire pour le temps passé sans son bien - ou le prix du temps. Comme pour tous les prix, il est entièrement déterminé par les préférences individuelles, dans ce cas la préférence temporelle, exprimée[6] sous forme d'échanges individuels.

La préférence temporelle d'un individu peut être représentée comme le rapport entre le prix de sa réserve thésaurisée et celui de son prêt. L'ensemble de ces montants constitue son épargne. En échangeant une fraction de sa réserve contre sa valeur future, il exprime

Références

[1] Chapitre : Sophisme de la préférence temporelle

[2] https://fr.wikipedia.org/wiki/Catallaxie

[3] https://fr.wikipedia.org/wiki/Murray_Rothbard

[4] https://mises.org/library/man-economy-and-state-power-and-market/html/p/989

[5] https://en.wikipedia.org/wiki/Capital_requirement

[6] Chapitre : Principe d'expression

que son montant futur a plus de valeur pour lui que son montant actuel. À l'inverse, en ne le faisant pas, il exprime l'évaluation inverse.

Une réserve représente l'opportunité d'investir (prêter) et un investissement l'opportunité de consommer. L'une est échangée contre l'autre jusqu'à ce qu'il n'y ait plus d'augmentation de valeur. En investissant, on valorise le montant futur plus que le montant présent non investi. En n'investissant pas, on valorise le montant actuel non investi plus que le montant futur. Si ce n'était pas le cas, le niveau d'investissement serait respectivement inférieur ou supérieur. Cette évaluation, qui se manifeste par un échange, est l'expression de la préférence temporelle de chacun.

> « Il y a peut-être eu plus d'erreurs dans les discussions sur le taux d'intérêt que dans le traitement de tout autre aspect de l'économie. Il a fallu beaucoup de temps pour que l'importance cruciale de la préférence temporelle dans la détermination du taux d'intérêt pur soit prise en compte en économie ; il a fallu encore plus de temps pour que les économistes se rendent compte que la préférence temporelle est le seul facteur déterminant. La réticence à accepter une interprétation monocausale a été un fléau pour l'économie jusqu'à ce jour. »

L'*individu* ne contrôle pas le taux d'intérêt du marché. L'individu contrôle son ratio de capital compte tenu du taux d'intérêt du marché. Le ratio de capital est la façon dont la préférence temporelle individuelle est *exprimée*. Le taux d'intérêt est la façon dont ces préférences sont *estimées* par le marché.

Le diagramme à barres verticales suivant donne un exemple de l'épargne d'un individu.

```
            Ratio de capital individuel (préférence temporelle)
V                |
A                |
L 21 [           |
E 20 [ R         |
U 19 [ RR        |
R ---[---+--------------------- Intérêt du marché (prix du temps)
  18 [ RRR|TTTTTTTTTTTTTTTTT
O 17 [ RRR|ATTTTTTTTTTTTTTTT
R 16 [ RRR|AATTTTTTTTTTTTTTT
D 15 [ RRR|AAATTTTTTTTTTTTTT
I 14 [ RRR|AAAATTTTTTTTTTTTT
N 13 [ RRR|AAAAATTTTTTTTTTTT
A 12 [ RRR|AAAAAATTTTTTTTTTT
L 11 [ RRR|AAAAAAATTTTTTTTTT
E 10 [ RRR|AAAAAAAATTTTTTTTT
   9 [ RRR|AAAAAAAAATTTTTTTT
U  8 [ RRR|AAAAAAAAAATTTTTTT
N  7 [ RRR|AAAAAAAAAAATTTTTT
I  6 [ RRR|AAAAAAAAAAAATTTTT
T  5 [ RRR|AAAAAAAAAAAAATTTT
A  4 [ RRR|AAAAAAAAAAAAAATTT
I  3 [ RRR|AAAAAAAAAAAAAAATT
R  2 [ RRR|AAAAAAAAAAAAAAAAT
E  1 [ RRR|AAAAAAAAAAAAAAAAA
     =======================
       abc|defghijklmnopqrst
UNITÉ PAR VALEUR MARGINALE DESCENDANTE
```

Chaque incrément ordinal représente une augmentation de la valeur marginale. Les symboles R, A et T représentent respectivement les incréments de valeur de la Réserve, de la valeur Actuelle et de la valeur Temporelle. La valeur thésaurisée de la réserve est la valeur actuelle d'une unité non prêtée. La valeur actuelle est celle d'une unité prêtée si elle n'avait pas été prêtée. La valeur temporelle est la valeur nette attendue (principal et intérêts) de l'unité prêtée sur une période donnée au taux d'intérêt du marché pour cette période.

Chaque barre verticale sur l'axe horizontal représente une unité monétaire, mais chaque unité a une valeur marginale différente pour son propriétaire, en raison de l'utilité marginale[1]. Cette valeur est exprimée sur l'axe vertical par la hauteur des barres. Il ne faut

Références

[1] https://fr.wikipedia.org/wiki/Utilité_marginale

pas confondre la valeur et le prix. La valeur de chaque unité possédée augmente au fur et à mesure que la réserve diminue, et par conséquent la valeur nette du même taux d'intérêt (prix de la monnaie[1]), diminue au fur et à mesure que la réserve diminue, jusqu'à devenir négatif (où plus rien n'est prêté).

La préférence temporelle de l'individu est démontrée par son évaluation entre les unités marginales « c » (la prochaine unité à être potentiellement prêtée) et « d » (la dernière unité prêtée). La valeur actuelle[2] de la première est supérieure à ce que peut compenser sa valeur temporelle[3] potentielle, elle n'est donc pas prêtée. La valeur actuelle de la seconde ne l'est pas, elle est donc prêtée. Si le taux d'intérêt du marché augmente de telle sorte que l'augmentation du rendement du prêt de « c » dépasse l'augmentation de la valeur cardinale de « b » (c'est-à-dire la cellule graphique « b19 »), alors « c » sera prêtée. Si le taux d'intérêt du marché baisse de telle sorte que la diminution du rendement de « d » dépasse « c18 », alors le prêt de « d » sera liquidé.

L'épargne totale est de 20 unités (unités « a » à « t »). La thésaurisation totale est de 3 unités (« a » à « c »). Le prêt total est de 17 unités (« d » à « t »). Le ratio de capital de l'individu est donc de 3/17 (environ 17,65 %), représenté sur le graphique par une ligne verticale entre les unités « c » et « d ». Le coût d'opportunité[4] de la thésaurisation est de 3 unités fois le taux d'intérêt du marché. Le rendement du prêt est de 17 unités fois le taux d'intérêt du marché.

Il est important de noter que, la valeur étant subjective[5], seule l'évaluation du montant de l'intérêt par l'individu est significative dans ce contexte. Le taux d'intérêt du marché porte son évaluation ordinale des unités prêtées entre « 18 » et « 19 ». Le graphique

Références

[1] Chapitre : Taxonomie des monnaies

[2] https://fr.wikipedia.org/wiki/Valeur_actuelle_nette

[3] https://en.wikipedia.org/wiki/Time_value_of_money

[4] https://fr.wikipedia.org/wiki/Coût_d'opportunité

[5] https://fr.wikipedia.org/wiki/Conception_subjective_de_la_valeur

représente donc l'intérêt du marché sous la forme d'une ligne horizontale entre ces incréments.

Seul le choix de prêter ou de ne pas prêter exprime une préférence temporelle. La dépréciation se produit dans ce qui est thésaurisé, pas dans ce qui est prêté. Comme le montre le Principe de dépréciation[1], la thésaurisation est une consommation. L'idée courante selon laquelle un échange du « producteur » au « consommateur » constitue une consommation est une erreur manifeste. On peut diminuer son taux de dépréciation et ainsi faire durer sa thésaurisation plus longtemps, **mais pour que cela se reflète dans la préférence temporelle, il faut modifier son taux de prêt.**

Références

[1] Chapitre : Principe de dépréciation

Remarquez que, par rapport au graphique précédent, une diminution du taux d'intérêt de la valeur du 18ème échelon ordinal implique qu'une unité de moins est prêtée.

```
           Ratio de capital individuel (préférence temporelle)
V          |
A          |
L 21 [     |
E 20 [ R   |
U 19 [ RR  |
R 18 [ RRR |
  ---[-----+-------------------- Intérêt du marché (prix du temps)
O 17 [ RRRR|TTTTTTTTTTTTTTTT
R 16 [ RRRR|ATTTTTTTTTTTTTTT
D 15 [ RRRR|AATTTTTTTTTTTTTT
I 14 [ RRRR|AAATTTTTTTTTTTTT
N 13 [ RRRR|AAAATTTTTTTTTTTT
A 12 [ RRRR|AAAAATTTTTTTTTTT
L 11 [ RRRR|AAAAAATTTTTTTTTT
E 10 [ RRRR|AAAAAAATTTTTTTTT
   9 [ RRRR|AAAAAAAATTTTTTTT
U  8 [ RRRR|AAAAAAAAATTTTTTT
N  7 [ RRRR|AAAAAAAAAATTTTTT
I  6 [ RRRR|AAAAAAAAAAATTTTT
T  5 [ RRRR|AAAAAAAAAAAATTTT
A  4 [ RRRR|AAAAAAAAAAAAATTT
I  3 [ RRRR|AAAAAAAAAAAAAATT
R  2 [ RRRR|AAAAAAAAAAAAAAAT
E  1 [ RRRR|AAAAAAAAAAAAAAAA
     ======================
       abcd|efghijklmnopqrst
UNITÉ PAR VALEUR MARGINALE DESCENDANTE
```

Cela est valable à chaque incrément jusqu'au niveau d'intérêt pour lequel l'individu ne prête pas.

```
                           Ratio de capital individuel (préférence temp.)
V                          |
A                          |
L 21 [                     |
E 20 [ R                   |
U 19 [ RR                  |
R 18 [ RRR                 |
  17 [ RRRR                |
O 16 [ RRRRR               |
R 15 [ RRRRRR              |
D 14 [ RRRRRRR             |
I 13 [ RRRRRRRR            |
N 12 [ RRRRRRRRR           |
A 11 [ RRRRRRRRRR          |
L 10 [ RRRRRRRRRRR         |
E  9 [ RRRRRRRRRRRR        |
   8 [ RRRRRRRRRRRRR       |
U  7 [ RRRRRRRRRRRRRR      |
N  6 [ RRRRRRRRRRRRRRR     |
I  5 [ RRRRRRRRRRRRRRRR    |
T  4 [ RRRRRRRRRRRRRRRRR   |
A  3 [ RRRRRRRRRRRRRRRRRR  |
I  2 [ RRRRRRRRRRRRRRRRRRR |
R  1 [ RRRRRRRRRRRRRRRRRRRR|
E ---[---------------------+---- Intérêt du marché (prix du temps)
     =======================
       abcdefghijklmnopqrst|
UNITÉ PAR VALEUR MARGINALE DESCENDANTE
```

De même, cette relation est valable jusqu'au moment où l'individu prête la totalité de son capital.

```
        Ratio de capital individuel (préférence temporelle)
V         |
A         |
L ---[-+------------------------ Intérêt du marché (prix du temps)
E 21  [  |TTTTTTTTTTTTTTTTTTTT
U 20  [  |ATTTTTTTTTTTTTTTTTTT
R 19  [  |AATTTTTTTTTTTTTTTTTT
  18  [  |AAATTTTTTTTTTTTTTTTT
O 17  [  |AAAATTTTTTTTTTTTTTTT
R 16  [  |AAAAATTTTTTTTTTTTTTT
D 15  [  |AAAAAATTTTTTTTTTTTTT
I 14  [  |AAAAAAATTTTTTTTTTTTT
N 13  [  |AAAAAAAATTTTTTTTTTTT
A 12  [  |AAAAAAAAATTTTTTTTTTT
L 11  [  |AAAAAAAAAATTTTTTTTTT
E 10  [  |AAAAAAAAAAATTTTTTTTT
   9  [  |AAAAAAAAAAAATTTTTTTT
U  8  [  |AAAAAAAAAAAAATTTTTTT
N  7  [  |AAAAAAAAAAAAAATTTTTT
I  6  [  |AAAAAAAAAAAAAAATTTTT
T  5  [  |AAAAAAAAAAAAAAAATTTT
A  4  [  |AAAAAAAAAAAAAAAAATTT
I  3  [  |AAAAAAAAAAAAAAAAAATT
R  2  [  |AAAAAAAAAAAAAAAAAAAT
E  1  [  |AAAAAAAAAAAAAAAAAAAA
      ======================
         |abcdefghijklmnopqrst
UNITÉ PAR VALEUR MARGINALE DESCENDANTE
```

Consommation spéculative

La catallactique[1] définit deux catégories d'utilisation du capital : la consommation et la production. Les produits sont produits et consommés. La production, ou la création de produits, nécessite du temps et donc du capital épargné (investissement). La consommation requiert également du temps, et donc du capital épargné (thésaurisation).

L'énergie humaine peut être dépensée en loisir ou en travail[2], auquel cas la dépréciation de l'énergie humaine stockée est un facteur (coût) de production. Dans les deux cas, la conversion de cette énergie potentielle[3] en travail[4] est une consommation de capital stocké. Le travail peut produire de la nourriture et la personne peut la manger immédiatement. Il s'agit d'une économie de subsistance[5] absolue, où la seule épargne est l'énergie potentielle stockée dans le corps. Le produit du travail, du temps et des facteurs naturels[6] est continuellement consommé, soit en production (la cueillette de baies par exemple), soit en loisir (le sommeil par exemple). C'est ce que l'on appelle parfois vivre « au jour le jour ». Le bien épargné dans ce processus est le propre corps de la personne. Un enfant commence sa vie avec une énergie potentielle donnée par sa mère.

L'épargne est par conséquent la seule source de production et de loisir. La question se pose alors de savoir à quoi s'applique l'épargne. Même dans le cas de la nourriture digérée, la question reste posée. Le capital appliqué à la production est échangé contre la propriété de ce qui finit par être produit. Cette propriété d'un bien futur est appelée « épargne-investissement » (ou simplement « investissement »). Le capital qui n'est pas appliqué à

Références

[1] https://fr.wikipedia.org/wiki/Catallaxie

[2] https://mises.org/library/man-economy-and-state-power-and-market/html/p/926

[3] https://fr.wikipedia.org/wiki/Énergie_potentielle

[4] https://fr.wikipedia.org/wiki/Travail_d'une_force

[5] https://fr.wikipedia.org/wiki/Économie_de_subsistance

[6] https://mises.org/library/man-economy-and-state-power-and-market/html/p/939

la production est appelé « épargne-réserve » (ou simplement « réserve »). L'épargne est la somme du capital thésaurisé *et* investi d'une personne. Le processus d'application du capital thésaurisé à l'investissement ou au loisir est appelé « déthésaurisation[1] ».

> « Après avoir vendu ses services, il acquiert son revenu monétaire de la production, augmentant ainsi son stock de monnaie. Il répartit ensuite ce revenu entre la consommation et l'épargne-investissement, et nous supposons qu'il n'y a pas de thésaurisation ou de déthésaurisation. »
>
> *Murray Rothbard : L'Homme, l'Économie et l'État (traduit)*

La catallactique traite de l'*action* humaine, et rejette explicitement l'analyse des *pensées* humaines. Les pensées sont subjectives, elles ne s'expriment objectivement que dans l'action d'un échange. Ce principe s'incarne dans la conception subjective de la valeur[2]. En tant que facteur nécessaire à la fois à la production et au loisir, le temps est *supposé* avoir une valeur objective. Il n'est pas possible de savoir si l'épargne d'une personne doit être utilisée pour la production ou le loisir avant qu'elle ne soit dépensée. On peut préférer l'épargne pour la production, mais ensuite dormir trop longtemps, consommant l'épargne dans le loisir. De même, on peut préférer les pommes, mais échanger une pomme contre une orange. La seule expression objective d'une préférence est un échange, y compris l'échange de l'épargne contre la consommation par la production ou le loisir. Lorsqu'il n'est pas appliqué à la production, le capital thésaurisé est qualifié d'« improductif », tout comme une personne non engagée dans la production.

La thésaurisation est une conséquence nécessaire de l'incertitude. Lorsque l'incertitude augmente, les gens ont tendance à augmenter leur niveau de thésaurisation, en limitant soit le loisir, soit la production. Cela leur permet d'utiliser leur capital thésaurisé dans l'un ou l'autre domaine à l'avenir. Pourtant, le capital improductif entraîne des coûts en temps. Le temps a une valeur objective. L'opportunité d'utiliser le capital dans la

Références

[1] https://mises.org/library/man-economy-and-state-power-and-market/html/p/992

[2] https://fr.wikipedia.org/wiki/Conception_subjective_de_la_valeur

production a été échangée contre une certitude accrue. C'est le coût d'opportunité[1] de la certitude : une dépense. Les utilisations productives et improductives du capital échangent l'opportunité contre la certitude. La réserve thésaurisée est appelée « liquidité » et n'est nécessaire qu'en raison de l'incertitude[2].

Comme le montre la Relation d'épargne[3], le rapport entre l'épargne thésaurisée et l'épargne investie est une expression de la préférence temporelle[4] humaine. Comme pour toutes les valorisations, celle de la certitude par rapport au coût d'opportunité est subjective. Bien que le temps ait une utilité objective (c'est-à-dire que plus de temps vaut plus que moins), sa valeur reste relative et subjective. Pourtant, comme pour toutes les valorisations, il en résulte un prix objectif du capital dans le temps, exprimé par l'échange et appelé le taux d'intérêt. L'intérêt est à la fois le rendement du capital et le coût du capital. Le coût d'opportunité est la perte de gain productif qui découle de la thésaurisation du capital, mesurée par le taux d'intérêt.

Une réserve thésaurisée représente l'évaluation subjective selon laquelle elle vaut plus à long terme que le coût d'opportunité qu'elle représente à ce moment-là. C'est ce qu'on appelle la « spéculation ». C'est l'expression d'une préférence pour la possession d'un bien par rapport au fait de s'en séparer, dont le coût est mesuré par les intérêts perdus. L'opportunité d'investir la réserve pendant la période de thésaurisation est perdue à jamais. En d'autres termes, le fait de ne pas investir le capital est une consommation de capital. Avec tout le capital thésaurisé, il n'y a pas de production de nouveau capital et tout le capital finit par être consommé.

La façon dont la spéculation est « justifiée » n'est pas pertinente pour cette distinction, car la valeur est subjective. Cependant, un certain niveau de thésaurisation est nécessaire

Références

[1] https://fr.wikipedia.org/wiki/Coût_d'opportunité

[2] http://pratclif.com/economy/money_files/rothbard.money1.htm#9

[3] Chapitre : Relation d'épargne

[4] Chapitre : Sophisme de la préférence temporelle

en raison de l'incertitude (c'est-à-dire en raison de l'avenir). Une préférence pour le capital dans le présent, par opposition à davantage de capital dans le futur, s'exprime toujours par la thésaurisation. On peut certainement thésauriser à un niveau dépassant les liquidités destinées à compenser l'incertitude. Par exemple, on peut thésauriser pour la valeur du divertissement des jeux de hasard[1]. Dans ce cas, le coût d'opportunité est une dépense de divertissement. On peut thésauriser en vue d'une vente[2]. Dans ce cas, le coût d'opportunité est appelé « cash drag » ou délai de trésorerie. Peu importe que la personne anticipe un gain net ou en réalise un, la thésaurisation représente nécessairement une dépense - car le temps a une valeur.

Cependant, la préférence temporelle est parfois interprétée à tort comme une relation entre la consommation et l'épargne. Elle est souvent décrite de manière approximative comme une « consommation différée » ou une « gratification reportée ». Pourtant, comme nous l'avons montré, la thésaurisation est une consommation. La consommation n'a pas été différée ; la gratification n'a pas été reportée. La compensation de l'incertitude est une gratification (tranquillité d'esprit), le divertissement est une gratification (activité de loisir), le gain potentiel d'une bonne lecture du marché est une gratification (anticipation d'un meilleur prix). Tous ces éléments consomment du capital. La distinction faite par le concept de préférence temporelle réside dans l'échange de capital dans le temps en échange d'intérêts. Une spéculation ne représente pas un tel échange.

Tous les biens d'une personne (épargne) sont soit thésaurisés, soit investis. La thésaurisation érode ces biens au fil du temps. Les voitures s'usent, la nourriture se transforme en énergie, les meubles s'usent, le capital se dégrade. La monnaie n'est pas différente, et se dégrade dans une réserve en raison de son coût de détention[3] et de son coût d'opportunité. La valeur actuelle[4] de la monnaie est toujours décotée par rapport à

Références

[1] https://fr.wikipedia.org/wiki/Jeu_de_hasard

[2] https://en.wikipedia.org/wiki/Market_timing

[3] https://en.wikipedia.org/wiki/Cost_of_carry

[4] https://fr.wikipedia.org/wiki/Finance_d'entreprise#Valeur_présente

sa valeur future. C'est ce qu'on appelle la « valeur temporelle de la monnaie ». En dépensant la valeur future, la thésaurisation de la monnaie se déprécie en fait du montant de la décote pendant la période de thésaurisation.

Comme le montre le Principe de dépréciation[1], l'acte d'achat de biens n'est pas une consommation. Il n'y a pas de consommation réelle, sauf dans la mesure où les biens se déprécient. De ce fait, il n'y a pas de distinction entre le report de l'achat de biens et leur achat. Il s'agit simplement de l'échange d'un type de bien contre un autre, tous deux soumis à la dépréciation. La préférence temporelle n'est pas une distinction entre consommation et épargne, c'est une distinction entre thésaurisation et investissement.

L'esprit entrepreneurial implique nécessairement la spéculation et l'investissement. Le capital est nécessaire à la production, et l'entrepreneur spécule sur le prix de ce qui sera produit. Cette spéculation sur un bien futur est l'effet secondaire inévitable de la production de produits sans prix établi. L'entrepreneuriat est donc une « production spéculative », tandis que la dépréciation d'un bien présent est une « consommation spéculative ». Étant donné que toute estimation de prix futur est sujette à erreur, tout investissement est entrepreneurial dans une certaine mesure. L'investissement est une production spéculative et la thésaurisation est une consommation spéculative. Cela est évident du fait qu'une thésaurisation de tout le capital implique une absence de production.

La discussion ci-dessus établit une distinction entre l'utilisation productive et l'utilisation consommatrice du capital, dans le contexte d'une seule personne. Par souci de simplicité, nous n'avons abordé que la consommation de loisir (c'est-à-dire de la réserve d'un consommateur), en évitant la consommation productive (c'est-à-dire de la réserve d'un producteur). Si une même personne peut être à la fois consommateur et producteur, un producteur doit également consommer dans le cadre de sa production.

Références

[1] Chapitre : Principe de dépréciation

Les termes étant ainsi surchargés, il est plus facile de considérer que l'investissement d'une personne se fait dans l'entreprise de production d'une autre personne.

L'*objectif* d'une personne est le loisir tandis que celui d'une entreprise est la production. Les deux objectifs sont de nature consommatrice, mais dans le contexte d'une entreprise, la consommation est destinée à la production et non au loisir. Tout comme n'importe quelle personne, une entreprise doit déterminer le rapport entre ses réserves thésaurisées et ses investissements en fonction de sa préférence temporelle. Les investissements d'une entreprise ne peuvent pas être consacrés à sa propre production, tout comme ceux d'une personne ne peuvent pas être consacrés à ses propres loisirs, car l'un ou l'autre serait circulaire. Une entreprise acquiert des actifs et les déprécie au fil du temps. Bien que ces actifs soient souvent désignés familièrement comme des investissements, une entreprise ne se verse pas d'intérêts. Ces actifs sont des capitaux thésaurisés dans le processus de consommation, dans le but de produire. Le capital restant est investi dans d'autres entreprises, comme des fonds de placement ou des comptes bancaires rémunérés. Comme chaque personne et chaque entreprise thésaurise une fraction[1] de son capital et investit le reste, le crédit augmente[2] par rapport à la monnaie[3] en fonction de la préférence temporelle.

L'idée qu'une personne soit à la fois consommateur et producteur soulève la question catégorique du travail. Si tous les individus doivent consommer, la plupart sont aussi des producteurs. Une personne engagée dans un travail salarié est un producteur. Un salarié[4] investit du capital dans sa personne (par exemple, dans son éducation, sa réputation, sa nourriture) et investit du temps sans son capital humain lorsque sa personne est éloignée de son objectif de loisir. Le salaire et les avantages associés constituent son retour sur

Références

[1] Chapitre : Sophisme de la réserve intégrale

[2] Chapitre : Sophisme de l'expansion du crédit

[3] Chapitre : Taxonomie des monnaies

[4] https://fr.wikipedia.org/wiki/Salariat

investissement. En raison de la concurrence du travail, ce rendement cherche à atteindre le niveau d'intérêt sur sa valeur marchande pendant le temps de travail.

La spéculation est une conséquence nécessaire de l'erreur inhérente à la consommation et à l'investissement. La thésaurisation est consommatrice et l'investissement est productif. Le concept économique de préférence temporelle concerne spécifiquement la distinction entre la thésaurisation et l'investissement. Cela est évident dans la relation d'identité qui existe entre la préférence temporelle et l'intérêt économique. **Une proportion plus élevée de thésaurisation par rapport à l'investissement reflète une préférence temporelle plus élevée et implique une production moindre.**

Principe d'inflation subjective

L'inflation des prix[1] sur le marché libre est entièrement la conséquence de préférences personnelles, et ne peut par conséquent être dérivée de rien d'autre.

- Les prix des biens sont déterminés subjectivement. (Théorie subjective de la valeur[2])
- La préférence temporelle détermine l'expansion[3] du crédit par rapport à la monnaie. (Axiome de préférence temporelle[4])
- La création de monnaie[5] n'est pas inflationniste au niveau des prix. (Principe d'inflation[6])

Tout ceci pourrait être obtenu plus simplement à partir de la définition du marché libre comme étant entièrement la conséquence de préférences personnelles.

Références

[1] https://fr.wikipedia.org/wiki/Inflation

[2] https://fr.wikipedia.org/wiki/Conception_subjective_de_la_valeur

[3] Chapitre : Sophisme de l'expansion du crédit

[4] Chapitre : Sophisme de la préférence temporelle

[5] Chapitre : Taxonomie des monnaies

[6] Chapitre : Principe d'inflation

Sophisme de la préférence temporelle

Il existe une théorie selon laquelle une préférence temporelle[1] plus basse est meilleure qu'une préférence temporelle plus élevée, car elle entraîne une plus grande production et par conséquent une plus grande richesse. Il s'agit d'une inversion de la cause et de l'effet.

La préférence temporelle est l'axiome[2] économique selon lequel les gens préfèrent un « bien présent » au même « bien futur ». Par son incompatibilité avec la valeur subjective[3], cette idée ne peut être prouvée. Le temps est unique en ce sens qu'il est supposé avoir une valeur intrinsèque. Cette hypothèse repose sur l'observation que les gens disposent d'un temps limité et que ce dernier est un facteur nécessaire de toute production.

La valeur découle de la perception humaine de l'utilité. Une personne qui échange une voiture contre un cheval valorise objectivement l'utilité de posséder le cheval plus que la voiture. Cela n'implique rien sur la raison pour laquelle un bien est plus précieux pour la personne qu'un autre, même compte tenu de l'échange. La valeur accordée à un bien par rapport à un autre est une préférence[4]. Il ne peut être démontré qu'une personne exprimera une préférence pour n'importe quel bien, même sa propre vie. La raison d'une préférence n'est pas prouvable dans la théorie économique rationnelle[5], à une exception près : l'effet de la richesse sur la préférence temporelle.

Une utilité marginale[6] décroissante implique que chaque unité supplémentaire d'un bien accumulée par une personne a une utilité moindre pour la personne. Cela implique que, pour un taux d'intérêt donné, l'augmentation de la richesse implique une volonté

Références

[1] https://www.wikiberal.org/wiki/Préférence_temporelle

[2] https://fr.wikipedia.org/wiki/Axiome

[3] https://fr.wikipedia.org/wiki/Conception_subjective_de_la_valeur

[4] https://fr.wikipedia.org/wiki/Préférence#Domaine_économique_et_social

[5] https://fr.wikipedia.org/wiki/Catallaxie

[6] https://fr.wikipedia.org/wiki/Utilité_marginale

croissante de prêter. C'est l'expression d'une préférence temporelle décroissante, qui par la suite se traduit par une baisse des taux d'intérêt en raison de l'offre accrue de capitaux en concurrence pour les prêts.

Le taux d'intérêt économique n'est que le reflet de la préférence temporelle. Bien que tout puisse affecter la préférence temporelle d'une personne, seule une modification de la richesse implique un changement nécessaire. Un taux d'intérêt plus élevé implique une plus grande volonté de prêter pour une personne ayant une préférence temporelle donnée. Ce serait toutefois une erreur de supposer que des taux d'intérêt plus élevés augmentent la préférence temporelle. C'est une erreur similaire de supposer qu'une personne sera plus riche si elle abaisse sa préférence temporelle. Il s'agit dans les deux cas d'une inversion de la cause et de l'effet. De ce fait, la théorie est invalide.

Une préférence temporelle infinie implique une absence de prêt et par conséquent une absence de production. Une préférence temporelle nulle implique l'absence de consommation de ce qui est produit. Étant donné que la production n'existe que pour satisfaire une éventuelle consommation, une préférence temporelle nulle implique également une absence de production, car il n'y a pas de valeur attribuable à la consommation de produits. Par conséquent, la préférence temporelle la plus basse n'est pas intrinsèquement plus productive. De ce fait, la théorie est invalide. La préférence temporelle est un équilibre entre la consommation et la production.

La richesse d'une personne n'augmente que dans la mesure où elle est plus à même de satisfaire ses préférences, y compris celles de la consommation actuelle et différée. Les États recourent à des mesures de relance budgétaire et monétaire[1] pour tenter d'augmenter respectivement la consommation et la production. Mais cela se fait au détriment de l'impôt. Le résultat est le déplacement des décisions d'allocation des capitaux du marché vers l'État, ce qui entraîne un gaspillage de capitaux pour des

Références

[1] https://fr.wikipedia.org/wiki/Politique_de_relance

produits non consommés (surabondance) ou indisponibles (pénurie). Cela implique que les gens sont moins à même de satisfaire leurs préférences. Cependant, cela n'implique aucun changement dans les préférences qu'ils possèdent, sauf si l'impôt diminue leur richesse ou si les subventions l'augmentent.

L'économie ne porte pas de jugement de valeur, elle déduit de ces jugements les conséquences nécessaires. La théorie présuppose une morale, qui peut être supposée mais qui doit être objective. L'agression différencie le marché libre de l'intervention sur le marché, telle que celle pratiquée de l'État. Cependant, même si l'on accepte la non-agression[1] comme ligne de démarcation morale, il n'existe aucune distinction morale entre la préférence temporelle élevée et la préférence temporelle basse. Il n'y a pas de rapport entre la consommation et la production qui implique l'agression ; celui-ci reste subjectif bien qu'affecté par la richesse. De ce fait, la théorie est invalide.

Il peut être instructif de considérer la subjectivité de la valeur dans le cadre de la préférence sexuelle.

```
{ X, Y }
{ X->X, Y->Y }
{ X->X|Y, Y->X|Y }
{ X->Y, Y->X }
```

On pourrait considérer cette liste ordonnée du point de vue de l'augmentation de la production (c'est-à-dire le fait de produire plus d'humains). De nombreux États tentent de réduire l'expression de la préférence sexuelle à l'ensemble { X -> Y, Y -> X }. Ils peuvent avoir recours à la fois à la criminalisation[2] pure et simple de l'expression et à des incitations financières[3] explicites à cette fin. Ces mesures ont un impact perceptible sur

Références

[1] https://fr.wikipedia.org/wiki/Principe_de_non-agression

[2] https://fr.wikipedia.org/wiki/Droits_LGBT

[3] https://en.m.wikipedia.org/wiki/Marriage_promotion

l'expression de la préférence sexuelle, mais on ne peut pas dire qu'elles aient un impact sur la préférence elle-même.

De même, il devrait être clair qu'une augmentation de la production n'est pas objectivement bonne. Le fait que les gens font ce qu'ils préfèrent est le bien moral, en supposant à nouveau le principe moral de non-agression. Même si nous supposons que tout le monde préfère la continuation de l'espèce[1], cela n'implique aucun effet sur les préférences sexuelles individuelles.

Une théorie apparentée stipule que les gens peuvent démontrer une préférence temporelle plus basse en thésaurisant plus de bitcoin. Un niveau accru de thésaurisation au détriment du prêt implique une préférence temporelle *plus élevée*. Un niveau accru de thésaurisation au détriment de la consommation semble impliquer une préférence temporelle plus basse, car la consommation semble différée. Pourtant, une réserve thésaurisée ne représente que la liquidité nécessaire à la consommation.

En tant que jeu de hasard[2], toute spéculation est la consommation du coût de « jouer », soutenu par la liquidité requise. Ce coût est, au minimum, le coût d'opportunité[3] de ne pas prêter la somme (c'est-à-dire l'intérêt). Malgré le fait que le jeu, comme toute consommation, demande du temps, la préférence exprimée est de jouer au jeu, non de capturer la valeur du temps. De ce fait, cette théorie est également invalide.

Il existe une théorie apparentée selon laquelle la préférence temporelle est exprimée par la consommation différée - lorsqu'une personne accumule de l'épargne plutôt que de consommer cette épargne. Comme montré dans le chapitre Consommation spéculative[4],

Références

[1] https://futurism.com/in-order-to-ensure-human-survival-we-must-become-a-multi-planetary-species

[2] https://fr.wikipedia.org/wiki/Jeu_de_hasard

[3] https://fr.wikipedia.org/wiki/Coût_d'opportunité

[4] Chapitre : Consommation spéculative

cette théorie présente à tort toute épargne comme un investissement implicite. L'épargne est un terme général qui englobe à la fois les réserves et les investissements d'une personne.

L'épargne est la *source* de tout investissement, mais seul l'investissement réel exprime une préférence temporelle. Une réserve peut certainement changer de valeur marchande. **Mais considérer qu'une plus grande réserve constitue une expression d'une préférence temporelle plus basse est une mauvaise interprétation familière de la signification économique du terme.** Cela inverse sa signification, conduisant à des conclusions telles que le fait qu'une thésaurisation totale exprime une préférence temporelle nulle. Pourtant, avec une thésaurisation totale, les taux d'intérêt sont infinis, et un intérêt infini reflète une préférence temporelle infinie. Cette contradiction directe expose le fait que le sens du terme « préférence temporelle » a été inversé, ce qui invalide la théorie.

MONNAIE

Tautologie du collectionnable

En essayant d'appliquer le théorème de régression[1] au bitcoin, on peut postuler que le bitcoin a commencé comme un « collectionnable », découlant de l'intérêt des théoriciens monétaires. Le collectionnable a obtenu une valeur d'usage[2] d'origine en raison de leurs préférences personnelles. Il a ensuite été troqué[3] en conséquence de cette valeur, passant à un moyen d'échange[4] basé sur la mémoire de la valeur dans le troc.

Cela semble cohérent avec le théorème[5], qui soutient que toute monnaie[6] *doit* provenir d'une marchandise[7] qui obtient une valeur dans le troc, puis une valeur d'échange monétaire. Pourtant, si la valeur de la marchandise peut provenir d'un potentiel en tant que monnaie, le théorème est tautologique[8], n'impliquant rien d'autre qu'une monnaie est une monnaie.

> « Or, le théorème de régression vise à interpréter l'apparition d'une demande monétaire pour un bien qui avait antérieurement été demandé exclusivement à des fins industrielles, comme influencée par la valeur d'échange qui lui était assignée à ce moment-là en raison de ses seuls usages non monétaires. »
>
> *Ludwig von Mises : L'action humaine (traduit)*

Le postulat tire parti de l'ambiguïté familière du mot « marchandise », malgré la référence explicite à la valeur d'usage « industrielle » dans le théorème lui-même. **Si tout peut être**

Références

[1] Chapitre : Sophisme de la régression

[2] https://fr.wikipedia.org/wiki/Valeur_d'usage

[3] https://fr.wikipedia.org/wiki/Troc

[4] https://fr.wikipedia.org/wiki/Moyen_de_paiement

[5] https://mises.org/library/human-action-0/html/pp/778

[6] Chapitre : Taxonomie des monnaies

[7] https://fr.wikipedia.org/wiki/Marchandise

[8] https://fr.wikipedia.org/wiki/Tautologie

une marchandise, alors le théorème de régression impliquerait, contrairement à son affirmation, que tout peut être une monnaie.

> « En économie, une marchandise est un bien ou un service économique qui a une fongibilité totale ou substantielle, c'est-à-dire que le marché traite les exemplaires du bien comme équivalents ou presque sans se soucier de qui les a produits. [...]
>
> La plupart des marchandises sont des matières premières, des ressources de base, des produits agricoles ou miniers, tels que le minerai de fer, le sucre ou des céréales comme le riz et le blé. Les marchandises peuvent également être des produits non spécialisés fabriqués en série tels que les produits chimiques et la mémoire informatique. »
>
> *Wikipédia : Commodity (traduit)*

Le théorème de régression utilise la « marchandise » pour distinguer la monnaie de quelque chose sans valeur d'usage d'origine. S'il vise à dire que *toute chose* est une marchandise, c'est une tautologie ; sinon le postulat est une fausse représentation du théorème.

Sophisme de la boucle de dettes

Il existe une théorie selon laquelle il n'y a pas de monnaie[1] réelle dans les systèmes de devises[2] étatiques modernes. Au lieu de cela, ce que l'on appelle communément la monnaie « fiduciaire » est en fait un substitut monétaire[3] (par exemple une créance juridiquement exécutoire sur de la monnaie). Un substitut monétaire est une obligation de racheter le substitut pour la monnaie empruntée qu'il représente, donc, même si l'on se place sur le plan de la définition, cela pose un problème, ce qui est à la base du terme de « boucle ». La théorie repose sur l'observation que l'État émet la monnaie et l'accepte, ce qui implique une obligation de l'utiliser, comme dans le cas de l'annulation de la dette envers l'État (par exemple, les impôts). De ce fait, à l'émission, la créance est un crédit pour un futur règlement d'impôt, etc. (c'est-à-dire de la monnaie réelle).

Pourtant, les substituts monétaires sont des créances sur une quantité définie de monnaie[4], faute de quoi ils ne seraient pas fongibles. La quantité de l'obligation fiscale représentée par un billet de 100 dollars, en paiement de 100 dollars d'impôt, est défini en fonction de lui-même (ce qui constitue une erreur logique de raisonnement circulaire[5]). La quantité qu'il compense est celle que l'État est prêt à échanger contre lui. Ce serait le cas pour toute monnaie, y compris 100 onces d'or ou 100 unités de monnaie fiduciaire. **La monnaie ne représente pas la quantité d'un autre bien, elle représente ce pour quoi elle peut être échangée.**

L'État n'encourt aucune dette en déclarant qu'il acceptera une monnaie, qu'il s'agisse d'or ou de monnaie fiduciaire. De même, une entreprise qui déclare qu'elle acceptera une monnaie particulière n'encourt aucune dette en le faisant. La dette d'une monnaie

Références

[1] Chapitre : Taxonomie des monnaies

[2] https://en.wikipedia.org/wiki/Currency

[3] https://www.wikiberal.org/wiki/Support_monétaire#Substitut_monétaire

[4] https://wiki.mises.org/wiki/Money_substitutes#Nature

[5] https://fr.wikipedia.org/wiki/Raisonnement_circulaire

représentative[1] (une forme de substitut monétaire) telle qu'un certificat or[2], est exprimée par l'échange de l'or contre la créance du détenteur du certificat. L'émission de la monnaie ne change rien à ce fait. L'État ou l'entreprise peut certainement remettre de l'or en échange sans que l'or soit considéré comme une dette. La monnaie fiduciaire étatique jouit de la protection monopolistique[3] de son émission, ce qui garantit à l'État un bénéfice[4] sur cette opération. Mais cela n'a rien à voir avec la question de savoir si la monnaie fiduciaire est une monnaie ou une dette.

Aucune monnaie n'a de valeur intrinsèque. La monnaie fiduciaire se distingue de la monnaie-marchandise, comme l'or, uniquement par la présomption qu'elle n'a pas de valeur d'usage[5]. Mais étant donné que la valeur est subjective[6], il ne s'agit pas d'une distinction matérielle. Ce n'est pas non plus une distinction réelle, car le papier-monnaie peut être brûlé pour se chauffer. Si l'État extrayait, frappait et acceptait de l'or ou du bitcoin, la théorie devrait considérer les unités de dette en or et en bitcoin selon les mêmes critères qu'elle applique à la monnaie fiduciaire.

La théorie représente une incompréhension de la nature des substituts monétaires. Une créance ne peut pas être une créance pour elle-même. Dans un tel scénario, la créance se réglerait[7] d'elle-même. En d'autres termes, si 100 dollars représentaient une créance pour 100 dollars de n'importe quoi, le fait de détenir la créance serait une satisfaction de la créance. Ce ne serait pas du tout une créance, ce serait de la monnaie. De ce fait, la théorie est invalide.

Références

[1] https://en.wikipedia.org/wiki/Representative_money

[2] https://fr.wikipedia.org/wiki/Gold_certificate

[3] https://fr.wikipedia.org/wiki/Faux-monnayage

[4] https://fr.wikipedia.org/wiki/Seigneuriage

[5] https://fr.wikipedia.org/wiki/Valeur_d'usage

[6] https://fr.wikipedia.org/wiki/Conception_subjective_de_la_valeur

[7] https://fr.wikipedia.org/wiki/Échange,_compensation_et_règlement

La transition de créance à monnaie fiduciaire se produit lorsque la monnaie représentative est abrogée par son émetteur. Le dollar étasunien a été monétisé en 1934[1] lorsque sa convertibilité a été annulée. Les gens ont été contraints d'échanger des dollars convertibles contre des dollars inconvertibles. Dans la mesure où des dollars anciennement convertibles sont restés en circulation, comme c'est encore le cas, ils sont convertis lorsqu'ils atterrissent dans les mains de la Réserve fédérale[2]. Le maintien de l'expression « Federal Reserve Note » sur le dollar non convertible est anachronique.

Toute monnaie implique des substituts monétaires, comme conséquence du prêt[3]. Nous pouvons classer quatre scénarios hypothétiques de substituts monétaires en ce qui concerne la régression de la dette, où chaque étape de régression est un billet à ordre[4].

- Pas de régression (monnaie)
- Une régression unique (monnaie représentative)
- Une régression finie (substitut monétaire)
- Une régression infinie (monnaie impossible)

Un billet peut être une créance pour un autre type de créance, mais pas une créance pour lui-même (c'est-à-dire ce pour quoi il peut être échangé). Sinon, il n'y a pas de régression réelle et la créance supposée est une monnaie. Cela vaut dans le cas où la créance est directement ou indirectement entièrement circulaire, comme l'implique le terme « boucle », puisque le billet se règle lui-même. Ainsi, le terme « boucle de dettes » est simplement une autre description de la « monnaie ». Les exemples incluent l'or, le bitcoin et le dollar étasunien (moderne) inconvertible.

Références

[1] https://fr.wikipedia.org/wiki/Gold_Reserve_Act

[2] https://fr.wikipedia.org/wiki/Réserve_fédérale_des_États-Unis

[3] Chapitre : Sophisme de l'expansion du crédit

[4] https://fr.wikipedia.org/wiki/Effet_de_commerce#Billet_à_ordre

Une créance directe (régression unique) de monnaie est une monnaie représentative, bien que ce terme soit généralement réservé à un billet tangible qui représente une monnaie-marchandise[1]. Le billet représente directement la monnaie. Le dollar étasunien convertible était une monnaie représentative.

Une créance indirecte représente toute progression finie de créances sur d'autres personnes. Lorsque toutes les créances sont réglées, la monnaie est détenue par son propriétaire légitime, toutes les créances étant liquidées et les créances circulaires entièrement compensées[2]. Notez que si les créances sont entièrement circulaires, il n'y a rien à régler (c'est-à-dire que la créance constitue de la monnaie).

Une régression infinie des créances ne peut pas exister[3]. Prenons l'exemple d'un billet hypothétique émis par le Trésor public et convertible en ce qui concerne la compensation de la dette fiscale de l'État.

- 1 $ règle l'impôt à payer sur un revenu de 10 $.
- 10 $ règlent l'impôt à payer sur un revenu de 100 $.
- 100 $ règlent l'impôt à payer sur un revenu de 1000 $.
- Et ainsi de suite...

Bien que le billet ne se représente pas lui-même, sa régression est infinie. Une créance ne peut être faite que contre un nombre fini d'autres créances. Dans ce cas, un tel instrument n'est pas réellement un billet et ne peut être échangé que comme de la monnaie.

Références

[1] https://www.wikiberal.org/wiki/Monnaie-marchandise

[2] https://en.wikipedia.org/wiki/Set-off_(law)#Close_out_netting

[3] https://fr.wikipedia.org/wiki/Des_tortues_jusqu'en_bas

Sophisme de la monnaie idéale

Il a été avancé[1] que l'existence d'un « indice de valeur » international apolitique (c'est-à-dire objectif) conduirait les gens à contraindre les États à « axer la valeur » de leurs monnaies sur l'indice, éliminant ainsi l'inflation des prix[2]. Il a également été suggéré que le bitcoin constitue un tel indice et qu'il précipitera la réalisation de ce scénario.

La conséquence espérée est la possibilité de se séparer de certaines monnaies étatiques pour d'autres monnaies. Le mouvement va des monnaies ayant une inflation plus élevée à celle ayant une inflation plus basse, sur la base d'une comparaison avec l'indice. La conséquence est que les États doivent de plus en plus faire tendre leurs taux individuels d'inflation des prix vers l'indice. Ce résultat est que les monnaies étatiques s'approchent « asymptotiquement » de la condition de la monnaie idéale[3] représentée par l'indice.

La monnaie idéale est une monnaie étatique avec un taux d'inflation nul :

> « ... il n'y a pas de taux d'inflation idéal qui devrait être sélectionné et choisi comme cible, mais le concept idéal serait plutôt et nécessairement celui d'un taux zéro de ce qu'on appelle l'inflation. »
>
> *John F. Nash Jr. : Ideal Money and Asymptotically Ideal Money (traduit)*

L'expression de la théorie est à la fois variée et limitée (la démonstration est laissée au lecteur). Cependant, le résumé ci-dessus exprime tous les éléments essentiels. Compte tenu de ces limites, il peut être utile de commencer par des hypothèses généreuses. Supposons qu'une monnaie peut représenter une valeur objective (voir la théorie subjective de la valeur[4]), que le bitcoin est une telle monnaie, et que les gens ont

Références

[1] http://sites.stat.psu.edu/~gjb6/nash/money.pdf

[2] https://fr.wikipedia.org/wiki/Inflation

[3] https://en.wikipedia.org/wiki/Ideal_money

[4] https://fr.wikipedia.org/wiki/Conception_subjective_de_la_valeur

généralement la capacité de comparer la valeur du bitcoin à d'autres grandes monnaies étatiques. Supposons également que, malgré l'apparente contradiction, les gens utilisent généralement le bitcoin dans le commerce (source de l'indice) *et* préféreront utiliser les monnaies étatiques (prémisse nécessaire).

Si nous supposons également que les gens ne sont pas soumis aux lois imposant le cours légal[1] et que leur utilisation de devises concurrentes parvient à obliger les États à « axer la valeur » sur le bitcoin, alors le seigneuriage[2] sera éliminé. Cependant, comme indiqué dans la Propriété de stabilité[3], le but de la monnaie étatique (fiat[4]) est de percevoir le seigneuriage, qui est un impôt. En d'autres termes, le modèle de monnaie idéale est un système de perception d'impôt qui ne perçoit pas d'impôt. En admettant les hypothèses ci-dessus, le modèle de monnaie idéale est l'obsolescence de la monnaie étatique. **La proposition ne prend pas en compte la raison pour laquelle la monnaie fiat existe en premier lieu.**

Reconsidérons maintenant les hypothèses. La monnaie fiat exige l'existence de lois imposant le cours légal et, de ce fait, la loi de Gresham[5] (formulée pour la première fois par Nicole Oresme[6] dans *De origine, natura, jure et mutationibus monetarum* vers 1360) régit toujours la monnaie fiat :

Références

[1] https://fr.wikipedia.org/wiki/Cours_légal

[2] https://fr.wikipedia.org/wiki/Seigneuriage

[3] Chapitre : Propriété de stabilité

[4] https://www.wikiberal.org/wiki/Monnaie-fiat

[5] https://en.wikipedia.org/wiki/Gresham's_law

[6] https://fr.wikipedia.org/wiki/Nicole_Oresme

> « Ces exemples montrent que, en l'absence de lois efficaces ayant cours légal, la loi de Gresham fonctionne dans le sens inverse. Si on leur donne le choix de la monnaie à accepter, les gens feront des transactions avec de la monnaie qu'ils croient être de la plus grande valeur à long terme. Cependant, s'ils n'ont pas le choix et sont tenus d'accepter toutes les monnaies, bonnes et mauvaises, ils auront tendance à garder la monnaie de plus grande valeur perçue en leur possession, et à transmettre la mauvaise monnaie à quelqu'un d'autre. En bref, en l'absence de lois imposant le cours légal, le vendeur n'acceptera rien d'autre que la monnaie d'une valeur certaine (bonne monnaie), tandis que l'existence de lois imposant le cours légal amènera l'acheteur à n'offrir que de la monnaie avec la valeur la plus basse (mauvaise monnaie) car le créancier doit accepter cette monnaie à sa valeur nominale. »
>
> *Wikipédia : Gresham's Law (traduit)*

La proposition suppose à tort que la loi de Thiers[1] prévaut. Si tel était le cas, les gens n'utiliseraient pas la monnaie fiat. Elle ignore également l'existence du contrôle des changes[2], qui existe spécifiquement pour empêcher la fuite des capitaux[3]. Ce contrôle se renforce à mesure que la fuite des capitaux s'accélère, afin de préserver les recettes fiscales. Enfin, un tel contrôle limite sensiblement la découverte des prix de l'indice, le rendant moins utile que la référence envisagée.

La proposition n'offre aucune explication rationnelle sur la façon dont les gens pourraient arbitrer entre les monnaies étatiques face à un tel contrôle. Elle suppose que les gens reconnaîtront mieux l'impôt, en raison de l'existence de l'indice et de leur capacité à le comparer, et contiendront par conséquent plus efficacement l'appétit de l'État pour l'impôt. Compte tenu de l'utilisation quasi universelle de l'or en tant qu'indice objectif comparable avant l'évolution mondiale vers la monnaie fiat, on se demande comment la monnaie fiat a pris racine si nous pouvons supposer que les gens réagissent de cette manière.

Il existe un argument selon lequel le bitcoin est un indice objectif alors que l'or ne l'est pas. Ceci est basé sur l'offre inflationniste de l'or contrairement à l'offre fixe du bitcoin.

Références

[1] https://en.wikipedia.org/wiki/Gresham's_law#Reverse_of_Gresham's_law_(Thiers'_law)

[2] https://fr.wikipedia.org/wiki/Contrôle_des_changes

[3] https://fr.wikipedia.org/wiki/Fuite_des_capitaux

Cela suppose que l'inflation monétaire implique une monnaie instable alors que l'offre fixe implique une monnaie stable. Comme le montre la Propriété de stabilité, les deux monnaies sont stables. L'argument ne prend pas en compte que la valeur, comme l'indique l'indice, est à la fois une conséquence de l'offre et une conséquence de la demande. La demande d'or est stabilisée par l'inflation et la demande de bitcoin est stabilisée par les frais.

La théorie est par conséquent invalide. Soit la monnaie fiat cesse d'exister, soit elle perçoit l'impôt. Les États ne renoncent à cet impôt que sous une contrainte extrême, et dans ce cas, seulement brièvement. Si on peut affirmer quoi que ce soit, c'est que le bitcoin sera cette « monnaie idéale » mais qu'il ne s'échangera pas librement avec les monnaies étatiques (dans la mesure où elles subsistent).

Sophisme de l'inflation

Les règles de consensus de Bitcoin créent une période d'inflation monétaire[1]. Il existe une théorie selon laquelle cela entraîne une perte de pouvoir d'achat[2] de la monnaie. Comme montré dans le Principe d'inflation[3], **aucun changement de pouvoir d'achat n'est impliqué par l'augmentation de l'offre d'une monnaie de marché**. La théorie est par conséquent invalide.

Le fait que le bitcoin ne soit pas inflationniste en ce qui concerne les prix implique que les propriétaires ne « subventionnent » pas le minage. Le capital consommé par les mineurs est le leur (investissement), la monnaie créée est leur propre produit, et le retour sur investissement (intérêt) est la conséquence de l'augmentation de la demande pour un service qu'ils sont les seuls à fournir - compensant le coût d'opportunité[4] du déploiement de leur propre capital au cours du temps.

Références

[1] https://fr.wikipedia.org/wiki/Création_monétaire

[2] https://fr.wikipedia.org/wiki/Pouvoir_d'achat

[3] Chapitre : Principe d'inflation

[4] https://fr.wikipedia.org/wiki/Coût_d'opportunité

Taxonomie des monnaies

La monnaie fiduciaire n'a pas de valeur d'usage[1]. Elle n'a d'utilité en tant que monnaie que dans la mesure où des personnes sont disposées à commercer avec. Ces personnes peuvent inclure et incluent souvent un État émetteur, bien que ce ne soit pas une caractéristique distinctive. Son nom dérive du fait qu'elle repose sur la confiance (*fiducia* en latin) pour exister en tant que monnaie, confiance qui provient souvent du décret d'une autorité. Cependant, un tel décret n'est pas non plus une caractéristique distinctive. **La monnaie fiduciaire est simplement une monnaie sans valeur d'usage.** La monnaie ayant une valeur d'usage est appelée monnaie-marchandise[2].

Même si la valeur est subjective[3], ce qui rend impossible la détermination de la valeur d'usage dans la pratique, la classification elle-même est claire. Le papier-monnaie peut être brûlé pour produire de la chaleur, mais cela n'est généralement pas considéré comme une valeur d'usage essentielle. Le bitcoin peut être utilisé pour effectuer de l'horodatage[4], mais cela n'est généralement pas non plus considéré comme une valeur d'usage essentielle. L'or, l'argent, le cuivre et les autres pièces de monnaie sont généralement considérés comme ayant une valeur d'usage essentielle. Lorsque la valeur nominale d'une monnaie-marchandise devient inférieure à sa valeur en tant que marchandise, elle redevient une marchandise[5] et est fondue ou thésaurisée[6].

Références

[1] https://fr.wikipedia.org/wiki/Valeur_d'usage

[2] https://www.wikiberal.org/wiki/Monnaie-marchandise

[3] https://fr.wikipedia.org/wiki/Conception_subjective_de_la_valeur

[4] https://fr.wikipedia.org/wiki/Horodatage

[5] https://en.wikipedia.org/wiki/Venezuelan_bolívar#Bolívar_fuerte_2

[6] https://fr.wikipedia.org/wiki/Loi_de_Gresham

Un substitut monétaire[1] est une créance contractuelle[2] pour un montant de monnaie déterminé, convertible sur demande. De ce fait, un substitut monétaire représente un « bien futur » tandis que la monnaie est un « bien présent ». La monnaie fiduciaire n'est pas un substitut monétaire[3] car elle n'est pas convertible en une somme de monnaie déterminée : il s'agit de la monnaie elle-même. La dette est souvent titrisée[4] et garantie par le prêteur en tant que substitut monétaire, appelé billet à ordre[5]. Étant donné que la valeur est subjective, il n'est pas non plus possible de distinguer si une personne valorise l'encaissement ou la créance elle-même, mais on suppose généralement que c'est l'encaissement qui est valorisé, et non le document sur lequel il est écrit. Lorsqu'un substitut monétaire est abrogé mais qu'il est toujours commercialisé, il devient une monnaie fiduciaire[6].

La monnaie représentative[7] est souvent considérée à tort comme un bien présent, mais, puisqu'il s'agit d'une créance (sur ce qu'elle représente), il s'agit d'un substitut monétaire. Le dollar étasunien adossé à l'or était un substitut monétaire et le dollar étasunien moderne est une monnaie fiduciaire. Les dollars étasuniens basés sur des comptes sont des substituts monétaires électroniques[8], tout comme le sont tous les comptes de garde de bitcoins et le commerce réalisé en transactions non confirmées. Il s'agit de promesses d'encaissement respectivement en dollars ou en bitcoins.

Les dollars que l'on peut tenir dans sa main sont de la monnaie fiduciaire, tout comme le bitcoin que l'on peut dépenser avec ses clés privées. De ce fait, le terme « fiduciaire » ne

Références

[1] https://www.wikiberal.org/wiki/Support_monétaire#Substitut_monétaire

[2] https://financial-dictionary.thefreedictionary.com/Contractual+Claim

[3] Chapitre : Sophisme de la boucle de dettes

[4] https://fr.wikipedia.org/wiki/Titrisation

[5] https://fr.wikipedia.org/wiki/Effet_de_commerce#Billet_à_ordre

[6] https://fr.wikipedia.org/wiki/Gold_certificate

[7] https://en.wikipedia.org/wiki/Representative_money

[8] https://fr.wikipedia.org/wiki/Monnaie_électronique

fait pas à lui seul la distinction entre le dollar et le bitcoin. *Cependant, cette distinction n'a jamais été requise avant l'existence de Bitcoin.* Les monnaies de marché sans valeur d'usage étaient supposées impossibles[1]. Cependant, il existe une distinction cruciale entre ces deux types de monnaie, dont aucune n'a de valeur d'usage. Cela nécessite un nouveau terme différenciant.

Le dollar (comme toutes les monnaies fiduciaires étatiques) diffère du bitcoin en ce qu'il dépend d'une protection monopolistique[2] sur la production. C'est cette interdiction de la concurrence sur le marché qui permet à l'État de limiter l'offre et par conséquent d'extraire le profit du seigneuriage[3].

> « Le monopole est l'octroi d'un privilège par l'État, qui réserve un certain domaine de la production à un individu ou un groupe particulier. »
>
> *Murray Rothbard : L'Homme, l'Économie et l'État (traduit)*

Le monopole sur la production de monnaie fiduciaire étatique est créé par une loi contre le faux-monnayage[4]. Une unité de la monnaie est considérée comme invalide à moins qu'elle ne soit produite par un agent autorisé[5] par l'État. Ceci se distingue du bitcoin, car ce dernier est produit par la concurrence du marché et sa contrefaçon est empêchée par un accord atteint sur un registre public. La monnaie qui est garantie contre la contrefaçon par la loi peut alors raisonnablement être appelée une « monnaie de monopole » (à ne pas confondre avec la monnaie de Monopoly[6]) et le bitcoin comme une

Références

[1] Chapitre : Sophisme de la régression

[2] https://www.catallaxia.org/wiki/Murray_Rothbard :L'Homme,_l'économie_et_l'Etat_-_chapitre_10#A._Définitions_du_monopole

[3] https://fr.wikipedia.org/wiki/Seigneuriage

[4] https://fr.wikipedia.org/wiki/Faux-monnayage

[5] https://www.moneyfactory.gov

[6] https://monopoly.fandom.com/wiki/Monopoly_Money

« monnaie de marché ». Lorsque la valeur nominale de la monnaie fiduciaire est réduite à son coût de production, elle devient une monnaie de marché[1].

La monnaie-marchandise est également une monnaie du marché, car elle ne s'appuie pas sur un privilège de monopole pour restreindre son offre. Si l'offre de monnaie-marchandise est trop importante, elle cesse d'être une monnaie utile en raison du manque de portabilité. La distinction entre la monnaie-marchandise et le bitcoin est obtenue à partir des principes cryptodynamiques[2]. L'offre de monnaie-marchandise est contrôlée par la concurrence du marché pour l'approvisionner, en conséquence de sa demande sur le marché. Ce n'est pas une monnaie fiduciaire étant donnée la présomption de valeur d'usage.

La monnaie et le substitut monétaire constituent tous les deux des devises[3] (au sens de currency). La monnaie est parfois appelée monnaie de base. Toutes les monnaies sont sujettes à des prêts et donc nécessairement à une expansion du crédit[4] (c'est-à-dire à la création de substituts monétaires) et à la réserve fractionnaire[5] correspondante.

Références

[1] https://fr.wikipedia.org/wiki/Dollar_du_Zimbabwe

[2] Chapitre : Principes cryptodynamiques

[3] https://en.wikipedia.org/wiki/Currency

[4] Chapitre : Sophisme de l'expansion du crédit

[5] Chapitre : Définition de la réserve

Le tableau suivant présente des exemples de chacune des classifications susmentionnées.

- devise (currency)
    - monnaie [*présent*]
        - marchandise [*valeur d'usage*]
            - monopole
                - **Dollar étasunien (pièce de monnaie)**
            - marché
                - **Lingot**
        - fiduciaire [*pas de valeur d'usage*]
            - monopole
                - **Dollar étasunien (billet)**
            - marché
                - **Bitcoin**
    - substitut monétaire [*futur*]
        - électronique [*intangible*]
            - compte
                - **Visa**
        - représentatif [*tangible*]
            - billet à ordre
                - **Certificat argent étasunien**

Sophisme de la régression

Le théorème de régression[1] repose sur l'hypothèse que les premières personnes à valoriser quelque chose comme une monnaie[2] doivent le faire en se fondant sur le souvenir de sa valeur d'usage[3] antérieure, cette chose finissant par obtenir utilité dans le troc[4] et enfin une valeur monétaire[5].

> « Nul bien ne peut être employé comme instrument d'échange si, au moment où l'on a commencé à s'en servir comme tel, il n'avait pas une valeur d'échange en raison d'autres emplois. »
>
> *Ludwig von Mises : L'action humaine (traduit)*

Notez que la théorie ne tente pas simplement d'expliquer l'origine du concept de monnaie, mais de *tout ce qui peut être une monnaie*. En d'autres termes, si un bien ne suit pas cette progression, ce n'est pas de la monnaie.

Le théorème contredit la théorie subjective de la valeur[6] sur laquelle il s'appuie. La valeur est subjective, ce qui implique qu'elle peut être basée sur n'importe quoi, même si objectivement cette base paraît irrationnelle.

Le théorème ne met pas fin à sa régression en n'expliquant pas comment une personne en vient à évaluer quelque chose pour son utilité originelle. On doit supposer (et non se souvenir) que quelque chose sera utile si personne n'a jamais tenté de l'utiliser. Cette hypothèse d'utilité est la première valorisation, qui reste subjective. La première

Références

[1] https://wiki.mises.org/wiki/Regression_theorem

[2] Chapitre : Taxonomie des monnaies

[3] https://fr.wikipedia.org/wiki/Valeur_d'usage

[4] https://fr.wikipedia.org/wiki/Troc

[5] https://mises.org/library/human-action-0/html/pp/778

[6] https://fr.wikipedia.org/wiki/Conception_subjective_de_la_valeur

valorisation d'une chose, comme toutes celles venant après, peut se faire pour n'importe quelle raison, y compris son utilisation comme monnaie[1].

Étant donné un concept préexistant de la monnaie, il a été suggéré[2] que l'anticipation du rôle de monnaie est suffisante pour satisfaire le théorème. En d'autres termes, la monnaie n'a pas besoin de suivre la progression en pratique. Dans ce cas, étant donné un concept préexistant de la monnaie, tout peut commencer comme une monnaie. Cette interprétation rend le théorème tautologique - tout ce que les gens considèrent comme de la monnaie peut être une monnaie. En d'autres termes, il se réduit à une première valorisation subjective.

Le théorème est en fait basé sur l'observation *empirique* de l'évolution monétaire. Pourtant, la théorie économique rationnelle[3] sur laquelle il est basé, et le théorème lui-même, rejettent explicitement l'empirisme.

> « Toutes ces affirmations impliquées dans le théorème de régression sont énoncées apodictiquement conformément à la nature aprioriste de la praxéologie. Cela doit se produire ainsi. Personne ne peut ni ne pourra parvenir à construire un cas hypothétique dans lequel les choses se produiraient différemment. »

L'un des nombreux problèmes de l'économie empirique est que de nouvelles observations peuvent invalider les conclusions précédentes. Bitcoin l'a fait pour ce théorème qui se prétendait non empirique. On peut clairement observer que Satoshi avait l'intention de créer une monnaie[4], pour sa première utilisation comme monnaie.

L'idée est une *théorie* empirique raisonnable sur l'évolution du concept de monnaie, mais est invalide en tant que *théorème* rationnel pour distinguer la monnaie de la non-

Références

[1] Chapitre : Tautologie du collectionnable

[2] https://mises.org/library/cryptocurrencies-and-wider-regression-theorem

[3] https://fr.wikipedia.org/wiki/Catallaxie

[4] https://bitcoin.org/bitcoin.pdf

monnaie. La monnaie se distingue par certains comportements exprimés par des gens. Conclure que quelque chose est une monnaie consiste à observer ces comportements, une méthode strictement empirique.

Définition de la réserve

Une réserve est le capital qu'une personne possède. Il s'agit d'un capital présent, par opposition à un capital investi. Le capital présent se déprécie[1] et représente de ce fait un coût permanent pour son propriétaire. Le rapport entre le capital réservé et le capital investi reflète[2] la préférence temporelle[3] du propriétaire.

Le capital de réserve destiné au règlement[4] des dettes est le moyen de règlement. Par exemple, là où l'or est le moyen de règlement, l'or est le capital de réserve. Une promesse d'or, comme un certificat or[5], est un prêt et n'est par conséquent pas une réserve pour la dette. Si la dette peut être réglée avec des certificats or, la possession des certificats constitue une réserve.

Si le fait de détenir un certificat comme réserve pour une dette en certificats peut sembler contredire la définition de la réserve comme capital présent, ce n'est pas le cas. En tant que moyen de règlement, le certificat lui-même n'est rien de plus qu'un morceau de papier pour la personne qui le conserve en réserve. Les conditions qu'il comporte doivent être transmises à l'émetteur du certificat. La personne qui conserve le certificat en réserve ne subit aucun coût ou gain lié à au règlement du certificat. Son coût de règlement n'est qu'une conséquence du transfert du papier à son créancier.

La réserve est souvent confondue avec la symétrie des échéances[6]. La gestion des échéances[7] des prêts disparates et des taux d'intérêt est une stratégie de gestion des

Références

[1] Chapitre : Principe de dépréciation

[2] Chapitre : Relation d'épargne

[3] Chapitre : Sophisme de la préférence temporelle

[4] https://fr.wikipedia.org/wiki/Échange,_compensation_et_règlement

[5] https://fr.wikipedia.org/wiki/Gold_certificate

[6] https://en.wikipedia.org/wiki/Asset–liability_mismatch

[7] https://fr.wikipedia.org/wiki/Échéance_(finance)

risques. Si la réserve de capital est également une stratégie de gestion des risques, **la distinction d'une réserve est que le capital réservé est « présent », avec une échéance de zéro.**

Sophisme du rendement sans risque

Le concept hypothétique de taux de rendement sans risque[1] est le taux d'intérêt économique qu'il est possible d'obtenir avec un rendement garanti du principal du prêt. Il existe une théorie selon laquelle Bitcoin permet à ce concept d'exister dans la pratique en imposant le remboursement du principal. Un corollaire de cette théorie est que cette capacité peut limiter l'expansion du crédit[2] de manière générale.

La théorie exige un engagement[3] prouvable à durée déterminée sur les unités de monnaie prêtées par le prêteur. L'engagement garantit que le prêteur ne peut pas dépenser les unités jusqu'à l'échéance[4] du prêt et que la propriété des unités revient au prêteur à ce moment-là. Le prêteur échange ces unités entravées avec un emprunteur en échange d'un intérêt. Le coût d'opportunité[5] du prêteur imposé par la clause est compensé par cet intérêt.

Cependant, les unités n'ont aucune valeur monétaire pour l'emprunteur. Le contrôle total des unités revient manifestement au prêteur, laissant toute personne qui les a acceptées sans rien à ce moment-là. **Cette valeur nulle est nécessairement imputée à chaque échange avant l'échéance et donc au prêt lui-même, ce qui invalide la théorie.**

Il existe une théorie apparentée selon laquelle le coût d'opportunité du prêteur peut être utilisé pour représenter une dépense prouvable, tout comme dans le cadre de la preuve de travail. Cela peut être utilisé de manière similaire à hashcash[6] comme un moyen

Références

[1] https://en.wikipedia.org/wiki/Risk-free_interest_rate

[2] Chapitre : Sophisme de l'expansion du crédit

[3] https://fr.wikipedia.org/wiki/Engagement

[4] https://fr.wikipedia.org/wiki/Échéance_(finance)

[5] https://fr.wikipedia.org/wiki/Coût_d'opportunité

[6] https://fr.wikipedia.org/wiki/Hashcash

d'atténuer le déni de service[1]. C'est vrai, mais il s'agit d'une dépense, et cela peut être réalisé en dépensant (y compris en détruisant) des unités. Comme dans le cas de la preuve de travail, il s'agit d'un échange d'un coût en capital prouvable contre des unités. De ce fait, ceci ne constitue pas un prêt (c'est-à-dire qu'il ne rapporte aucun intérêt), ce qui invalide la théorie.

Il existe une théorie apparentée selon laquelle les unités peuvent être utilisées par l'emprunteur pour suivre un actif de valeur perpétuelle. Étant donné que le suivi expire à l'échéance, cette théorie est invalide pour la même raison. Il existe une théorie apparentée selon laquelle les unités prêtées peuvent être utilisées pour suivre un actif à durée déterminée qui expire à l'échéance du prêt (par exemple, une place de théâtre). C'est vrai, mais le coût du suivi, quelle que soit la durée, est limité à une unité sur BTC par la règle du consensus de la poussière. Ainsi, le coût d'opportunité est limité à une unité additionnée au moins aux frais de transaction pour établir le prêt.

L'utilité pour l'emprunteur est la réduction du coût de suivi sur la durée du prêt. Avec un taux d'intérêt de 10 % et une échéance d'environ 7,2 années[2], il devient moins cher de dépenser une unité que de l'emprunter. En ne dépensant qu'une seule unité, l'actif peut être suivi à perpétuité.

Bien que le scénario final soit économiquement rationnel, il ne peut être décrit avec précision comme un prêt puisque l'unité ne peut être ni échangée ni détruite par le soi-disant emprunteur. Il serait plus approprié de parler de « location » de l'unité, ne serait-ce que pour la distinguer du véritable prêt.

Néanmoins, un rendement peut théoriquement être obtenu sur la location d'une unité, jusqu'à la limite économique imposée par le taux d'intérêt (par exemple environ 7,2 ans à

Références

[1] https://fr.wikipedia.org/wiki/Attaque_par_déni_de_service

[2] https://fr.wikipedia.org/wiki/Règle_des_72

10 %). Pourtant, les frais requis pour que cela soit économiquement rationnel doivent être de zéro unité, car la transaction d'établissement de la location est nécessaire, alors qu'elle ne l'est pas lorsqu'on utilise sa propre unité pour le suivi. Ainsi, dans le cas où la demande de transaction dépasse l'offre fixe de confirmation, ce scénario n'est pas économiquement rationnel. Cette relation se vérifie pour tout niveau de poussière de bitcoin imposé supérieur à zéro, dans la mesure où la poussière est une quantité insuffisante pour financer la confirmation.

Sophisme de la création ex nihilo

Il existe une théorie selon laquelle le système de réserves fractionnaires[1] donne intrinsèquement aux banques la capacité de créer de la monnaie sans coût matériel. Cette théorie ne dépend pas du privilège étatique du seigneuriage[2]. Elle est considérée comme une conséquence des pratiques comptables du modèle de la banque libre[3]. On parle parfois de création de monnaie *ex nihilo* ou « à partir de rien[4] ».

> « Les banques ne prennent pas, comme le suggèrent encore trop de manuels, les dépôts de monnaie existante des épargnants pour les prêter aux emprunteurs : elles créent du crédit et de la monnaie ex nihilo - en accordant un prêt à l'emprunteur et en créditant simultanément le compte monétaire de l'emprunteur. »
>
> *Lord Turner, président de l'Autorité des services financiers du Royaume-Uni jusqu'à son abolition en mars 2013*
> *Conférence de la Stockholm School of Economics sur le thème « Vers un système financier durable » 12 septembre 2013 (traduit)*

Les partisans de la théorie décrivent deux visions concurrentes de la création monétaire : une compréhension traditionnelle qui est naïve par rapport à leur vision plus pratique, comme le laisse entendre Lord Turner. Selon cette dernière, la banque crée par nature non seulement le crédit, mais aussi la monnaie.

Vision naïve

La monnaie est créée par les mineurs à un coût matériel, puis potentiellement vendue aux gens, et finit par être prêtée aux gens. Selon cette théorie, le prêteur ne prête que de la monnaie qu'il possède. De ce fait, le prêteur fonctionne en réserve intégrale[5] et ne peut

Références

[1] https://fr.wikipedia.org/wiki/Système_de_réserves_fractionnaires

[2] https://fr.wikipedia.org/wiki/Seigneuriage

[3] https://fr.wikipedia.org/wiki/Banque_libre

[4] https://cdn.evbuc.com/eventlogos/67785745/turner.pdf

[5] Chapitre : Sophisme de la réserve intégrale

pas s'engager dans la pratique de la réserve fractionnaire, qui est considérée comme frauduleuse. En tant que prêteur honnête, il ne peut émettre que des créances (monnaie représentative[1]) contre la monnaie qu'il possède, ce qui empêche l'expansion du crédit[2] et donc une inflation des prix[3] persistante.

Vision pratique

Les substituts monétaires sont créés par les banques, sans coût matériel, en conséquence des prêts à réserves fractionnaires. L'offre de ces substituts augmente avec chaque prêt et ne se contracte qu'au moment du règlement[4] des prêts. Étant donnée l'absence implicite de contrainte sur l'expansion du crédit, la dette globale augmente sans limite, créant une inflation persistante des prix.

Dans un marché libre, les gens peuvent effectuer les mêmes opérations que les banques, sans nécessairement se considérer comme des banques. Par conséquent, la distinction entre ces deux possibilités doit être basée sur l'obscurcissement de la fraude supposée. Selon la théorie, cet obscurcissement est réalisé à l'aide d'une astuce comptable qui n'est pas largement comprise. Examinons donc cette différence. N'importe quelle monnaie suffira dans cette enquête sur les substituts monétaires[5] créés dans tous les cas, y compris l'or, le bitcoin ou la monnaie de monopole[6].

Dans la vision naïve, le prêteur potentiel a épargné à la fois les liquidités nécessaires à sa consommation personnelle (thésaurisation) et le montant destiné à produire un intérêt (investissement). Tous les prêts dans ce scénario proviennent de l'épargne, comme l'or

Références

[1] https://en.wikipedia.org/wiki/Representative_money

[2] Chapitre : Sophisme de l'expansion du crédit

[3] https://fr.wikipedia.org/wiki/Inflation

[4] https://fr.wikipedia.org/wiki/Échange,_compensation_et_règlement

[5] https://www.wikiberal.org/wiki/Support_monétaire#Substitut_monétaire

[6] Chapitre : Taxonomie des monnaies

accumulé par orpaillage[1]. L'épargne comprend la somme de la réserve (monnaie) et de l'excédent du crédit sur la dette : épargne = monnaie + (crédit - dette). La monnaie est l'or et les crédits sont des substituts monétaires :

	Épargne	Monnaie	Crédit	Dette
Personne	100 oz	100 oz		

Dans cette vision du prêt personnel, la Personne remet 81 onces d'or à l'Emprunteur. L'Emprunteur accepte l'obligation de rembourser la Personne avec les intérêts à l'échéance du prêt[2]. Pour simplifier la comptabilité, nous supposerons que l'intérêt est nul et que le risque de remboursement n'est pas pris en compte (c'est-à-dire qu'il n'est pas actualisé) :

	Épargne	Monnaie	Crédit	Dette
Personne	100 oz	19 oz	81 oz	
Emprunteur		81 oz		81 oz

La Personne a en fait prêté à sa propre entreprise (par exemple, une société de crédit) une fraction de son épargne, qui est comptabilisée ci-dessous. Supposons que la Personne thésaurise 10 % de son épargne pour les liquidités nécessaires à la consommation à court terme et que son Entreprise thésaurise 10 % pour la même raison :

Références

[1] https://fr.wikipedia.org/wiki/Orpaillage

[2] https://fr.wikipedia.org/wiki/Échéance_(finance)

	Épargne	Monnaie	Crédit	Dette
Personne	100 oz	10 oz	90 oz	
Entreprise		9 oz	81 oz	90 oz
Emprunteur		81 oz		81 oz

L'entreprise de la Personne fonctionne avec une réserve de 10%, car 90 % de la monnaie qu'elle a déposée risque de faire défaut. Pour projeter cela dans la vision naïve de la banque, il suffit de renommer le « Prêteur » en « Déposant » et l'« Entreprise » en « Banque ». Il n'est pas nécessaire de supposer qu'il s'agit d'individus distincts :

	Épargne	Monnaie	Crédit	Dette
Déposant	100 oz	10 oz	90 oz	
Banque		9 oz	81 oz	90 oz
Emprunteur		81 oz		81 oz

En tenant correctement compte de la Personne ayant de la monnaie à risque (c'est-à-dire du déposant), nous pouvons voir que tous les prêts sont réservés de manière fractionnée. Dans ce scénario, il y a deux prêts réservés à 10 %, ce qui donne des substituts monétaires (crédit) de 171 % de la monnaie. Étant donnée l'hypothèse d'une préférence temporelle uniforme, l'Emprunteur prêtera 90 % de son épargne, comme le feront tous les emprunteurs suivants. En supposant un prêt pratique minimum d'une once, après 43 prêts, l'expansion du crédit s'arrête à 8,903 fois la quantité de monnaie.

Là où *r* est le niveau uniforme de réserve individuelle et *m* est la quantité de monnaie, le montant total du crédit *c* pour tout nombre de prêts *n* est donné par la somme partielle[1] suivante :

```
c = ∑(n=1..n)[m × (1 - r)^n]
  = (m × (r - 1) ((1 - r)^n - 1)) / r
  = (100 oz × (10 % - 1) ((1 - 10 %)^43 - 1)) / 10 % = 890,3 oz
```

Le taux de réserve[2] *rr* est donné par le rapport entre la monnaie et le crédit :

```
rr = m / c = 100 oz / 890,3 oz = ~11,23 %
```

Le multiplicateur monétaire[3] est donné par l'inverse du taux de réserve :

```
1 / rr = 1 / (100 oz / 890,3 oz) = 8,903
```

Ce n'est que parce qu'un seul dollar est considéré comme la plus petite unité prêtable que la série est limitée à 43 itérations. Une fonction continue produit un multiplicateur monétaire de 9 pour une thésaurisation de 10 %.

L'itération donne le tableau suivant :

Références

[1] https://www.wolframalpha.com/input/?i=sum+of+m+*+(1-r)%5En+as+n+goes+from+1+to+infinity

[2] https://fr.wikipedia.org/wiki/Réserves_obligatoires

[3] https://fr.wikipedia.org/wiki/Effet_multiplicateur_du_crédit

Prêt	Thésaurisé	Prêté	Crédit
1	10,00	90,00	90,00
2	19,00	81,00	171,00
3	27,10	72,90	243,90
4	34,39	65,61	309,51
5	40,95	59,05	368,56
6	46,86	53,14	421,70
7	52,17	47,83	469,53
8	56,95	43,05	512,58
9	61,26	38,74	551,32
10	65,13	34,87	586,19
11	68,62	31,38	617,57
12	71,76	28,24	645,81
13	74,58	25,42	671,23
14	77,12	22,88	694,11
15	79,41	20,59	714,70
16	81,47	18,53	733,23
17	83,32	16,68	749,91
18	84,99	15,01	764,91
19	86,49	13,51	778,42
20	87,84	12,16	790,58

21	89,06	10,94	801,52
22	90,15	9,85	811,37
23	91,14	8,86	820,23
24	92,02	7,98	828,21
25	92,82	7,18	835,39
26	93,54	6,46	841,85
27	94,19	5,81	847,67
28	94,77	5,23	852,90
29	95,29	4,71	857,61
30	95,76	4,24	861,85
31	96,18	3,82	865,66
32	96,57	3,43	869,10
33	96,91	3,09	872,19
34	97,22	2,78	874,97
35	97,50	2,50	877,47
36	97,75	2,25	879,72
37	97,97	2,03	881,75
38	98,18	1,82	883,58
39	98,36	1,64	885,22
40	98,52	1,48	886,70
41	98,67	1,33	888,03

42	98,80	1,20	889,22
43	98,92	1,08	890,30

Remarquez qu'en pleine expansion, pour qu'une personne puisse dépenser sa réserve tout en conservant sa préférence temporelle, un prêt doit être réglé pour compenser les dépenses. Le processus de règlement transfère la monnaie de l'ancien emprunteur au prêteur, et annule le billet. La personne qui reçoit la monnaie dépensée doit la prêter afin de satisfaire sa préférence temporelle, et ainsi de suite.

Aucune expansion supplémentaire n'est possible sans une augmentation de la quantité de monnaie ou une réduction globale de la préférence temporelle. Une augmentation de la quantité de monnaie accroît le montant absolu du crédit et une réduction de la préférence temporelle accroît la proportion du crédit par rapport à la monnaie. Étant donné que la monnaie et le crédit évoluent ensemble, il n'y a jamais d'augmentation réelle des substituts monétaires en dehors de ces changements.

Dans la pratique typique de la comptabilité bancaire, la Banque ne remet pas la monnaie. Au lieu de cela, elle crée des entrées de compte dans un processus appelé « création de crédit ». Elle crée des écritures de compensation dans le livre de compte[1] pour le produit du Déposant et le prêt (« crédit » et « dette »), et des écritures de compensation dans le bilan[2] pour elle-même (« actif » et « passif »). Au moment de l'émission du prêt, les comptes sont les suivants :

Références

[1] https://fr.wikipedia.org/wiki/Grand_livre

[2] https://fr.wikipedia.org/wiki/État_de_la_situation_financière

	Épargne	Monnaie	Crédit	Dette	Actif	Passif
Déposant	100 oz	10 oz	90 oz		100 oz	
Banque		90 oz	81 oz	171 oz	171 oz	171 oz
Emprunteur			81 oz	81 oz	81 oz	81 oz

C'est ici que les explications de la théorie[1] ont tendance à s'arrêter. Les comptes de compensation de la Banque et de l'Emprunteur sont équilibrés, mais l'Emprunteur a 81 onces d'or à dépenser, et la Banque n'a pas eu à remettre d'or à l'Emprunteur. Il n'y a toujours que 100 onces de monnaie, mais l'Emprunteur a 81 onces de substitut monétaire et la Banque a 81 onces de plus en actifs. La théorie proclame que la Banque a ainsi créé non seulement du crédit, mais aussi de la *monnaie*. Remarquez que tout s'équilibre et que tous les comptes peuvent être réglés, ce qui semble valider la théorie de Lord Turner, selon laquelle « elles créent du crédit et de la monnaie *ex nihilo* - en accordant un prêt à l'emprunteur et en créditant simultanément le compte monétaire de l'emprunteur ».

Cela ne démontre toutefois aucune dépense réelle du crédit ou de l'actif bancaire. Allons un peu plus loin en supposant que l'Emprunteur vide son compte, c'est-à-dire les écritures d'actif et de passif bancaire correspondantes.

Références

[1] https://www.sciencedirect.com/science/article/pii/S1057521915001477

	Épargne	Monnaie	Crédit	Dette	Actif	Passif
Déposant	100 oz	10 oz	90 oz		100 oz	
Banque		9 oz	81 oz	90 oz	90 oz	90 oz
Emprunteur		81 oz		81 oz	81 oz	81 oz

Remarquez que le résultat est identique à celui de la vision naïve. **Il n'y a pas de distinction entre ces visions supposées contradictoires sur la création monétaire**, ce qui invalide la théorie. Ceci résout le débat vieux de plusieurs siècles[1], apparemment commencé par Platon[2] et Aristote[3], concernant la question de savoir si la monnaie est basée sur l'extraction minière ou le crédit. Les théories sont identiques, car la monnaie et le crédit forment une dualité[4].

> « Selon Joseph Schumpeter, le premier défenseur connu d'une théorie du crédit de la monnaie était Platon. Schumpeter décrit le métallisme comme l'autre des "deux théories fondamentales de la monnaie", précisant que le premier défenseur connu du métallisme était Aristote. »

Les partisans de ces deux théories ne font que participer à un dialogue de sourds[5]. Le bitcoin, en tant que monnaie fiduciaire (c'est-à-dire sans valeur d'usage[6]) dépourvue du soutien de l'État[7], a finalement mis en évidence les erreurs logiques du métallisme[8], qui a

Références

[1] https://en.wikipedia.org/wiki/Credit_theory_of_money#Scholarship

[2] https://fr.wikipedia.org/wiki/Platon

[3] https://fr.wikipedia.org/wiki/Aristote

[4] https://fr.wiktionary.org/wiki/dualité

[5] https://fr.wikipedia.org/wiki/Dialogue_de_sourds

[6] https://fr.wikipedia.org/wiki/Valeur_d'usage

[7] Chapitre : Proposition de valeur

[8] https://en.m.wikipedia.org/wiki/Metallism

tenté de démontrer[1] la nécessité de la valeur d'usage pour la monnaie, et du chartalisme[2], qui a tenté de démontrer[3] la nécessité du soutien de l'État pour la monnaie fiduciaire.

Rappelons que chaque prêt est réservé à 10 %, donc la Banque peut prêter 8,903 fois la quantité de monnaie en réserve, ou 890,3 onces de monnaie de substitution contre 100 onces de monnaie réservée. Si la Banque réserve chaque prêt à 0 %, l'expansion du crédit serait infinie. Cependant, cela implique une préférence temporelle nulle, ou l'idée que le temps n'a pas de valeur, ce qui implique que toute la monnaie serait prêtée indéfiniment. Dans le cas de la Banque, une réserve de 0 % implique l'absence de liquidité pour satisfaire tout retrait (c'est-à-dire une défaillance immédiate). Pourtant, étant donnée une préférence temporelle nulle, il ne pourrait jamais y avoir de retrait, ce qui rend le scénario non pertinent. L'expansion du crédit est nécessairement finie.

Reprenons donc le scénario où la Banque crée du crédit à réserve négative (c'est-à-dire à partir de rien), en considérant cette fois les dépenses. Par exemple, sur des dépôts de 0 once, la Banque a l'intention d'émettre un prêt de 1000 onces. Au lieu de compter sur la monnaie réservée pour régler éventuellement le prêt, la Banque « crée de la monnaie » dans son bilan. La Banque augmente alors les comptes de crédit et de dette de l'Emprunteur, représentant respectivement la monnaie empruntée et l'obligation de rembourser :

Références

[1] Chapitre : Sophisme de la régression

[2] https://fr.wikipedia.org/wiki/Chartalisme

[3] Chapitre : Sophisme de la boucle de dettes

	Épargne	Monnaie	Crédit	Dette	Actif	Passif
Banque			1000 oz	1000 oz	1000 oz	1000 oz
Emprunteur			1000 oz	1000 oz	1000 oz	1000 oz

Lorsque l'Emprunteur échange une once (de son compte de crédit) contre une voiture, son compte de crédit est diminué d'une once et celui du Commerçant est augmenté d'une once. Notez que l'Emprunteur doit maintenant une once à la Banque, comme prévu par le contrat de prêt.

	Épargne	Monnaie	Crédit	Dette	Actif	Passif
Banque			1000 oz	1000 oz	1000 oz	1000 oz
Emprunteur	-1 oz		999 oz	1000 oz	999 oz	1000 oz
Commerçant	1 oz		1 oz		1 oz	

Tout semble aller pour le mieux jusqu'à ce que le Commerçant tente de retirer de la monnaie de son compte. À ce moment-là, la banque est en défaut de paiement et le Commerçant n'est pas payé. Si le compte du Commerçant est dans une autre banque, le paiement échoue dès que les deux banques tentent de régler les comptes. Avec une réserve négative hypothétique, les comptes se soldent comme suit, indiquant la disparition de la Banque[1] (monnaie négative) :

Références

[1] https://en.wikipedia.org/wiki/Bank_failure

	Épargne	Monnaie	Crédit	Dette	Actif	Passif
Banque	-1 oz	-1 oz	1000 oz	999 oz	999 oz	999 oz
Emprunteur			999 oz	1000 oz	999 oz	1000 oz
Commerçant	1 oz	1 oz			1 oz	

La monnaie doit effectivement passer[1] du contrôle de la Banque au Commerçant ou à la banque du Commerçant, ce qui n'est pas possible. Un exemple plus simple est l'échec de toute tentative de l'Emprunteur de retirer[2] de la monnaie de son compte. La Banque peut créer autant de substituts monétaires qu'elle le souhaite, mais la réserve négative n'est qu'une promesse en l'air[3]. Dans cet exemple, la Banque a créé 1000 onces de promesses qu'elle ne peut pas tenir.

L'incapacité à reconnaître ces principes résulte probablement de l'absence de prise en compte du processus de règlement[4]. Cela découle probablement de l'incapacité à reconnaître la *dualité inhérente de la monnaie et du crédit*, la première devant toujours exister pour régler les créances impliquées par la seconde. Cela découle probablement de l'habitude de se référer à la monnaie (par exemple l'or) dans les mêmes termes que les substituts monétaires (par exemple les crédits pour l'or).

Les écritures de compensation de l'actif et du passif ont servi uniquement à comptabiliser les prêts émis et en cours, qui constituent la base du bilan de la Banque. De même, la Banque n'a pas créé les écritures de compensation des crédits et des dettes pour masquer une création monétaire frauduleuse. La Banque a créé ces comptes pour deux raisons :

- Empêcher le transfert physique juste pour redéposer la monnaie à la Banque.

Références

[1] https://fr.wikipedia.org/wiki/Brink's

[2] https://fr.wikipedia.org/wiki/Guichet_automatique_bancaire

[3] https://cnrtl.fr/definition/promesse

[4] https://www.youtube.com/watch?v=IzE038REw2k

- Encourager le redépôt à la Banque plutôt que vers une banque concurrente (ou vers la réserve de l'Emprunteur)

Lorsque la Banque n'a pas assez de réserves pour satisfaire les retraits, que ce soit en raison de prêts en défaut ou d'une panique bancaire[1] (« course aux guichets »), elle n'a que deux options : faire défaut ou emprunter. Dans le but d'éviter le premier cas, le modèle de banque centrale[2] existe pour assurer le second cas. C'est la signification de l'expression « prêteur en dernier ressort[3] ». Le Principe de la banque d'État[4] fournit une explication détaillée de cette source réelle d'inflation monétaire[5].

En résumé, il a été démontré que :

- Les banques n'ont pas la capacité de créer de la monnaie.
- La réserve fractionnaire est inhérente aux prêts.
- La fraction de la réserve est une expression de la préférence temporelle.
- La réserve nulle élimine toute chance de pouvoir régler les comptes.
- Il n'existe aucune distinction entre la théorie naïve et la théorie pratique de la création monétaire.

Références

[1] https://fr.wikipedia.org/wiki/Panique_bancaire

[2] https://fr.wikipedia.org/wiki/Banque_centrale

[3] https://fr.wikipedia.org/wiki/Prêteur_en_dernier_ressort

[4] Chapitre : Principe de la banque d'État

[5] https://fr.wikipedia.org/wiki/Création_monétaire

Sophisme de la monnaie imprêtable

L'équation de Fisher[1] doit être utilisée pour intégrer un taux de croissance dans une monnaie qui est elle-même soumise à l'inflation[2], car la dépréciation se produit dans la monnaie future. Le taux d'intérêt nominal est ainsi ajusté pour obtenir le taux d'intérêt réel. La présentation est simplifiée par l'utilisation de ratios à la place de taux. Comme le montre le Principe de dépréciation[3], le taux de croissance de la monnaie-marchandise est de 0 %, soit un ratio de croissance de 100 %.

La monnaie de monopole[4] présente une dépréciation due au seigneuriage[5].

```
ratio-croissance-monnaie-monopole = ratio-croissance-monnaie-marchandise /
ratio-seigneuriage
100 % / 103 % = ~97 %
```

La monnaie à offre fixe peut s'apprécier en raison de la déflation des prix[6].

```
ratio-croissance-monnaie-offre-fixe = ratio-croissance-monnaie-marchandise
/ ratio-inflation
100 % / 97 % = ~103 %
```

Une monnaie à offre fixe est souvent supposée changer de pouvoir d'achat[7] en proportion des produits qu'elle représente. En d'autres termes, avec deux fois la quantité de produits,

Références

[1] https://fr.wikipedia.org/wiki/Équation_de_Fisher

[2] https://fr.wikipedia.org/wiki/Création_monétaire

[3] Chapitre : Principe de dépréciation

[4] Chapitre : Taxonomie des monnaies

[5] https://fr.wikipedia.org/wiki/Seigneuriage

[6] https://fr.wikipedia.org/wiki/Déflation

[7] Chapitre : Principe d'inflation

chaque unité de monnaie s'échangera contre deux fois la quantité de produits qu'elle représentait auparavant.

```
pouvoir-achat-cette-année = pouvoir-achat-année-dernière × ratio-
croissance-annuelle
100 × 103 % = 103
```

La présomption de déflation des prix liée à une monnaie à offre fixe repose sur l'hypothèse d'une croissance économique positive. En cas de contraction économique, la monnaie présente une inflation des prix[1]. Le cas de la croissance économique (augmentation de la richesse) implique que l'intérêt dépasse la dépréciation. L'intérêt et la dépréciation doivent toujours être positifs comme l'implique la préférence temporelle[2].

```
ratio-intérêt > ratio-dépréciation > 100 %
ratio-intérêt / ratio-croissance = ratio-dépréciation
ratio-intérêt / ratio-croissance > 100 %
ratio-intérêt > ratio-croissance
```

La contraction économique (diminution de la richesse) implique un taux d'intérêt croissant, comme l'implique la théorie de l'utilité marginale[3], jusqu'à ce qu'une croissance positive soit rétablie. De ce fait, la contraction est une situation qui se corrige d'elle-même.

```
ratio-dépréciation > ratio-intérêt > 100 %
ratio-intérêt / ratio-croissance = ratio-dépréciation
ratio-intérêt / ratio-croissance > 100 %
ratio-intérêt > ratio-croissance
```

Références

[1] https://fr.wikipedia.org/wiki/Inflation

[2] Chapitre : Sophisme de la préférence temporelle

[3] https://fr.wikipedia.org/wiki/Utilité_marginale

Remarquez que dans les deux cas (croissance et contraction économiques), l'intérêt doit dépasser la croissance, car le prêt est la seule source de croissance. Étant donné que la croissance est la seule base de la déflation dans une monnaie déflationniste, la thésaurisation de la monnaie représente une dépréciation monétaire (consommation).

Il existe une théorie selon laquelle il est économiquement irrationnel de prêter une monnaie déflationniste. **Comme on l'a montré, il est rationnel de prêter n'importe quelle monnaie, y compris la monnaie déflationniste, ce qui invalide la théorie.** Tout comportement contraire implique une situation purement spéculative[1], qui n'est pas soutenue par le fait d'une offre fixe.

Références

[1] Chapitre : Consommation spéculative

PRIX

Sophisme lunaire

Il existe une théorie selon laquelle la thésaurisation de bitcoin garantit un profit perpétuel. La théorie se fonde sur les théories économiques suivantes.

- Une monnaie en vaut mieux que deux (loi de Metcalfe[1])
- La meilleure monnaie remplace les autres monnaies (loi de Thiers[2])
- À offre fixe, le prix augmente avec la demande (loi de l'offre et la demande[3])
- L'augmentation potentielle de la demande est illimitée (le commerce est un jeu à somme positive)

La thésaurisation est purement spéculative, et tous ses rendements constituent un profit ou une perte. La monnaie n'est pas prêtée à une autre personne contre un intérêt et est donc toujours disponible pour l'échange, un avantage qui compense l'intérêt abandonné.

Un corollaire de cette théorie est qu'aucun investissement dans la production n'est nécessaire pour en tirer profit. Le capital est nécessaire pour toute production. Les prêteurs (investisseurs) perçoivent des intérêts en échange de temps sans leur capital. **La production est la source du commerce et, par conséquent, toute activité économique résulte de l'investissement.** Une réserve thésaurisée se définit par son absence d'implication dans la production. Si tout le monde thésaurisait son capital, il n'y aurait rien à échanger et par conséquent aucune demande pour la monnaie.

Références

[1] https://fr.wikipedia.org/wiki/Loi_de_Metcalfe

[2] https://en.wikipedia.org/wiki/Gresham's_law#Reverse_of_Gresham's_law_(Thiers'_law)

[3] https://fr.wikipedia.org/wiki/Offre_et_demande

Il semble que la théorie est irrationnelle, soutenant l'idée que le bitcoin est effectivement une « monnaie magique d'internet[1] ». Lorsqu'une théorie aboutit à une contradiction, c'est qu'elle est erronée. Une monnaie de marché à offre fixe[2] ne peut voir son pouvoir d'achat augmenter qu'en raison de :

1. la croissance économique - la création de plus de demande pour l'utilisation de la monnaie dans l'échange
2. la monétisation - les personnes qui transfèrent la demande provenant d'une autre monnaie

Pourtant, la croissance économique résulte strictement de l'investissement. La croissance est nécessairement[3] inférieure au retour sur investissement (l'intérêt), et la thésaurisation totale n'est pas un investissement du tout. Et bien sûr, la monétisation possède une limite. Enfin, la théorie ne reconnaît pas la propriété de stabilité[4] de Bitcoin. Pour ces raisons, la théorie est invalide.

Le bénéfice dans la production nécessite un investissement précédent.

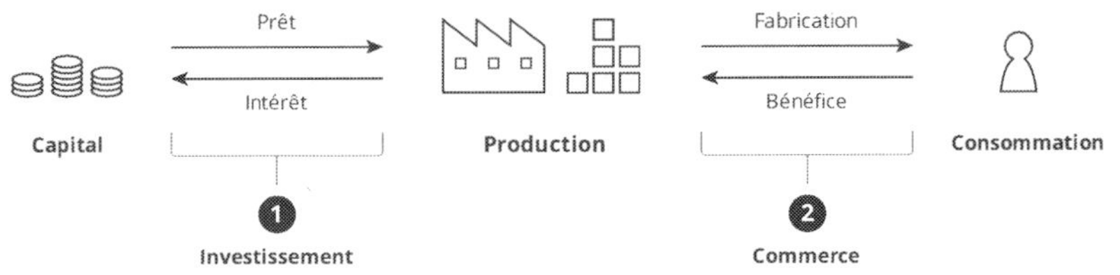

Références

[1] https://medium.com/@paulbars/magic-internet-money-how-a-reddit-ad-made-bitcoin-hit-1000-and-inspired-south-parks-art-b414ec7a5598

[2] Chapitre : Taxonomie des monnaies

[3] Chapitre : Principe de dépréciation

[4] Chapitre : Propriété de stabilité

Estimation du prix

On peut estimer la capitalisation potentielle, et par conséquent le prix unitaire potentiel, du bitcoin de diverses manières. Une approche courante consiste à imaginer que le bitcoin remplace toutes les monnaies étatiques[1] ou même le produit mondial brut[2]. D'autres approches qui utilisent des modèles de prix passés[3] pour prédire le prix futur sont économiquement irrationnelles[4] et ne sont donc pas considérées ici. La présomption selon laquelle le bitcoin pourrait devenir une monnaie de réserve[5] mondiale est rejetée pour les raisons exposées dans le Sophisme de la monnaie de réserve[6]. Les effets de la thésaurisation spéculative sur le prix ne sont pas pris en compte, en raison de la réfutation[7] catallactique[8] de la spéculation comme déterminant du prix.

Étant donné que le bitcoin est une monnaie[9] et non un crédit, l'approche « monétaire » est une hypothèse de départ plus rationnelle. Pourtant, sans compréhension claire de la distinction essentielle entre la monnaie et le crédit, cette approche est souvent erronée dans la pratique. Comme le montre le Sophisme de l'expansion du crédit[10], Bitcoin ne peut pas limiter l'expansion du crédit. S'il éliminait l'expansion du crédit (hypothétiquement), il n'y aurait aucune production et il ne vaudrait rien. L'hypothèse de départ la plus rationnelle concernant l'expansion du crédit est de considérer que le bitcoin est mis en réserve au même taux que les autres monnaies. Le taux d'expansion du crédit est

Références

[1] https://www.fool.com/investing/2017/05/25/could-the-price-of-bitcoin-go-to-1-million.aspx

[2] https://fr.wikipedia.org/wiki/Produit_mondial_brut

[3] https://medium.com/@100trillionUSD/modeling-bitcoins-value-with-scarcity-91fa0fc03e25

[4] Chapitre : Sophisme du ratio stock-flux

[5] Chapitre : Principe de réserve

[6] Chapitre : Sophisme de la monnaie de réserve

[7] https://mises.org/library/man-economy-and-state-power-and-market/html/p/949

[8] https://fr.wikipedia.org/wiki/Catallaxie

[9] Chapitre : Taxonomie des monnaies

[10] Chapitre : Sophisme de l'expansion du crédit

déterminé par la seule préférence temporelle[1] humaine, donc il s'agit d'une hypothèse selon laquelle la production est par conséquent conforme aux normes historiques.

Considérons cinq choix possibles pour le remplacement de la « monnaie » par le bitcoin :

- La monnaie tangible.
- La monnaie de base (M0).
- Le crédit bancaire (M3 - M0).
- Tout le crédit (crédit bancaire, dette, actions).
- Le produit brut.

L'utilisation de la seule monnaie tangible (« numéraire ») est une approche irrationnelle. La monnaie qui est comptabilisée comme un équivalent monétaire doit également être inclus si l'on veut considérer la monnaie tangible, puisqu'ils appartiennent à la même offre. Les banques centrales[2] impriment et frappent de la monnaie tangible lorsque cela est nécessaire, contre une base d'« obligations » de le faire, et tout le crédit dans cette monnaie est étendu par rapport à cette base. Ce concept est discuté dans le Principe de la banque d'État[3]. L'utilisation du crédit est également une approche irrationnelle, puisque le bitcoin ne constitue pas un crédit. En tant que monnaie, il est utilisé pour régler[4] des obligations de crédit. Ce concept est abordé dans le Sophisme de la boucle de dettes[5]. Donc, bien sûr, l'utilisation de toute combinaison de monnaie et de crédit (comme M1, M2 ou M3[6], car ceux-ci incluent M0) est irrationnelle selon le même raisonnement. De même, le produit brut est injustifiable pour la substitution, car il ne s'agit ni de monnaie ni de crédit.

Références

[1] Chapitre : Sophisme de la préférence temporelle

[2] https://fr.wikipedia.org/wiki/Banque_centrale

[3] Chapitre : Principe de la banque d'État

[4] https://fr.wikipedia.org/wiki/Échange,_compensation_et_règlement

[5] Chapitre : Sophisme de la boucle de dettes

[6] https://fr.wikipedia.org/wiki/Masse_monétaire#Composants_de_la_masse_monétaire

Toutefois, à des fins de comparaison, estimons chacune des cinq options énumérées ci-dessus. Les valeurs de base du tableau suivant sont des montants en dollars étasuniens empruntés au Sophisme de l'expansion du crédit. Elles sont élargies par une estimation de la taille relative[1] de l'économie mondiale en fonction de la capitalisation du marché des actions. Le marché étasunien représente environ 40 % des marchés mondiaux. Par conséquent, ces valeurs dépassent les chiffres des États-Unis d'un facteur de 1/(40 %). Cela favorise la simplicité plutôt que la précision, car le seul objectif est de démontrer une méthode d'estimation rationnelle. La quantité de bitcoins supposée est de 18.952.500, compte tenu de 95 % de bitcoins extraits (dans 10 ans environ) et de 5 % perdus (par ex. les clés privées perdues de Satoshi).

Les évaluations sont basées sur les chiffres de 2019 bien que l'inflation du bitcoin soit basée sur 2029. Cela implique que les valeurs devraient être plus élevées en se basant sur l'hypothèse de la croissance économique et de l'inflation monétaire[2] du dollar étasunien. Cette dernière peut être éliminée en considérant cette projection en dollars constants de 2019. En supposant une croissance économique réelle annuelle de 2 % composée sur 10 ans, les valeurs de 2029 ont été augmentées d'environ 22 %.

Références

[1] https://seekingalpha.com/article/4202768-u-s-percent-world-stock-market-cap-tops-40-percen t

[2] https://fr.wikipedia.org/wiki/Création_monétaire

Substitut	Taille (2019)	BTC / USD (2029)
Monnaie tangible	4.347.460.000.000 $	279.852 $
Monnaie de base	8.187.102.500.000 $	527.016 $
Crédit bancaire	36.018.735.000.000 $	2.318.578 $
Tout le crédit	236.812.492.891.206 $	15.243.965 $
Produit brut	80.270.000.000.000 $	5.167.097 $

L'estimation globale du remplacement de la monnaie de base est de 527.016 $. La détermination de la valeur actuelle nette[1] nécessite une estimation du coût du capital. L'utilisation d'une valeur prudente de 7,2 % d'intérêt implique[2] un coût d'opportunité[3] de spéculation de 100 % sur une période d'environ 10 ans, soit un prix actuel de 263.508 $.

Examinons maintenant l'hypothèse principale, à savoir le remplacement de toute la monnaie. Le bitcoin n'offre aucune sécurité[4] contre l'interdiction par les États de son utilisation dans le commerce. Dans l'hypothèse où les États ont l'intention de conserver leur seigneuriage[5] et leur pouvoir de censure, nous pourrions multiplier le nombre obtenu par la fraction du marché noir mondial, qui est estimée[6] à environ 28 % du marché mondial. L'estimation de la monnaie de base inclut *toute* l'activité du marché dans la monnaie (les estimations du crédit ne le font pas). À 100 % de remplacement du commerce estimé sur le marché noir, le prix est de 73.782 $.

Références

[1] https://fr.wikipedia.org/wiki/Valeur_actuelle_nette

[2] https://fr.wikipedia.org/wiki/Règle_des_72

[3] https://fr.wikipedia.org/wiki/Coût_d'opportunité

[4] Chapitre : Principe d'absence de permission

[5] https://fr.wikipedia.org/wiki/Seigneuriage

[6] https://voxeu.org/index.php?q=node/7964

Cependant, étant donnée l'hypothèse selon laquelle les monnaies étatiques sont utilisées exclusivement sur le marché blanc, nous ne pouvons pas supposer que 100 % de l'activité du marché noir se fera en bitcoins. Il n'y a pas de base évidente pour estimer cette proportion, mais **le prix de 2019 d'environ 10.000 $ implique une adoption du marché noir prévue pour 2029 d'environ 7,4 %.**

Cette estimation ne tient pas compte de la propriété de stabilité[1] de Bitcoin. Il est possible que le commerce soit contraint de recourir à des monnaies de substitution[2] avant que l'adoption future actuellement implicite puisse être atteinte.

Références

[1] Chapitre : Propriété de stabilité

[2] Chapitre : Principe de substitution

Sophisme de la rareté

En tant que concept *absolu*, la rareté[1] économique d'une ressource implique seulement qu'elle n'est pas disponible en quantité illimitée. En outre, si aucune personne ne demande une ressource, même rare, celle-ci n'a aucune valeur. Une ressource rare qui est demandée est un bien. Aucun degré de difficulté à produire la ressource n'est impliqué.

La rareté peut également faire référence à la disponibilité *relative* de certains biens. Pour une offre donnée, l'augmentation de la demande implique une diminution de la disponibilité (augmentation de la rareté). Toutefois, l'augmentation de la demande tend à accroître la production, et donc la disponibilité. De même, pour une demande donnée, l'augmentation de l'offre implique une augmentation de la disponibilité (diminution de la rareté). Cependant, l'augmentation de l'offre tend à diminuer la production, et donc la disponibilité. Ces rétroactions négatives stabilisent la disponibilité et, de manière similaire, le prix.

Une monnaie unique possède une offre fixe[2]. Il existe une théorie selon laquelle l'offre fixe du bitcoin est la source de sa valeur. Comme pour le bitcoin, il existe une offre fixe de La Joconde[3] : une seule existe. La théorie implique qu'il s'agit la source de la valeur de la célèbre œuvre d'art. Cependant, il existe d'innombrables œuvres d'art uniques sans demande, et donc sans valeur. **La valeur du bitcoin ne peut pas augmenter uniquement en raison de sa rareté absolue.** Au contraire, il devient nécessairement plus rare à mesure qu'il prend de la valeur. La prévalence n'est pas une propriété monétaire importante, sauf en ce qui concerne la portabilité et la divisibilité.

Références

[1] https://fr.wikipedia.org/wiki/Rareté

[2] Chapitre : Principe d'inflation

[3] https://fr.wikipedia.org/wiki/La_Joconde

Un aspect de la théorie est que l'offre fixe du bitcoin est la source de son utilité car elle garantit une disponibilité décroissante. Cependant, cela nécessite une demande croissante. Le bitcoin est unique dans le royaume des biens dans la mesure où son coût de transfert augmente intrinsèquement avec la demande. Cela crée effectivement la même rétroaction négative de la demande[1] que celle observée pour les biens sans offre fixe.

Contrairement à la Joconde, il est aussi soumis à une substitution effective[2]. Étant donné que la demande croissante n'est pas assurée, la théorie est invalide. Comme c'est souvent le cas avec les sophismes économiques, l'erreur provient en partie de la prise en compte d'un seul côté de la relation entre l'offre et la demande.

Une autre cause de l'erreur est une mauvaise interprétation du comportement des monnaies-marchandises. En raison de sa faible prévalence à la surface de la Terre, l'or est resté plus facilement transportable[3] dans les cas de figure courants, que des matériaux plus répandus tels que le fer et le sel. Cependant, la portabilité de la monnaie électronique[4] est indépendante du nombre d'unités existantes. En dehors d'une divisibilité suffisante, le nombre total d'unités de bitcoin est entièrement arbitraire et donc sans rapport avec son utilité.

Une autre cause de l'erreur est une mauvaise interprétation du comportement des monnaies étatiques. Grâce à des lois contre le faux-monnayage[5], l'État contrôle l'offre de sa monnaie en limitant la concurrence. Il peut par conséquent percevoir un impôt d'inflation[6] en augmentant l'offre sans consommer la même quantité de capital dans la

Références

[1] Chapitre : Propriété de stabilité

[2] Chapitre : Principe de substitution

[3] https://en.wikipedia.org/wiki/Money#Properties

[4] Chapitre : Taxonomie des monnaies

[5] https://fr.wikipedia.org/wiki/Faux-monnayage

[6] https://fr.wikipedia.org/wiki/Seigneuriage

production, ce qui accroît le rapport entre la monnaie et le capital. Si la concurrence n'était pas restreinte, l'offre augmenterait sous l'effet des forces du marché, en réponse à la demande, ce qui éliminerait l'impôt. En d'autres termes, la monnaie se comporterait comme une marchandise répandue, avec une faible portabilité (du moins jusqu'à ce qu'elle soit rémunérée par l'État). La faible portabilité est souvent une conséquence réelle de l'hyperinflation.

La rareté est une fonction de l'offre et de la demande et ne peut donc pas être inhérente à une monnaie, même à une monnaie possédant une offre fixe. La monnaie-marchandise et le bitcoin éliminent tous les deux l'impôt d'inflation, bien que la monnaie-marchandise soit soumise à la rétroaction négative de l'inflation monétaire et que le bitcoin soit soumis à la rétroaction négative de la pression des frais.

Propriété de stabilité

La valeur est subjective[1] et par conséquent la constance des prix est une fiction économique. Le prix de change d'une monnaie est déterminé par l'offre et la demande[2] de cette monnaie qui sont à leur tour affectées par les habitudes de demande de chaque personne pour chaque produit. La stabilité d'une monnaie n'est pas la tendance à un prix constant dans toutes les autres choses, c'est la relation d'amortissement[3] entre la demande de monnaie et son offre.

Nous pouvons ranger les monnaies en trois catégories d'offre :

- L'offre de marché (marchandise[4] et bitcoin du début)
- L'offre de monopole (monopole[5])
- L'offre fixe (bitcoin[6] final)

Au sein de toute monnaie, la destruction d'unités diminue l'offre et augmente par conséquent la valeur des unités qui restent. Étant donné qu'il n'y a pas d'incitation financière à la perte, cela n'a pas d'incidence sur la stabilité.

L'offre de monnaie de marché augmente en raison de l'incitation financière à en produire plus[7] lorsque le prix est censé être supérieur ou égal au coût de production (coût du capital inclus). Comme le montre le Principe d'inflation[8], la relation entre l'offre et la

Références

[1] https://fr.wikipedia.org/wiki/Conception_subjective_de_la_valeur

[2] https://fr.wikipedia.org/wiki/Offre_et_demande

[3] https://fr.wikipedia.org/wiki/Taux_d'amortissement_(physique)

[4] https://www.wikiberal.org/wiki/Monnaie-marchandise

[5] Chapitre : Taxonomie des monnaies

[6] https://fr.wikipedia.org/wiki/Bitcoin

[7] https://fr.wikipedia.org/wiki/Mine_d'or

[8] Chapitre : Principe d'inflation

demande (le prix) est stable même si l'offre n'est pas fixe. La concurrence garantit que la production de monnaie de marché est contrôlée par la demande. La rétroaction de la diminution de la demande résultant de l'augmentation de l'offre, réduit l'incitation à la production, ce qui garantit la stabilité.

En tant que monnaie de marché, l'augmentation de l'offre de bitcoin n'a aucun effet sur le prix. Pourtant, comme son taux d'émission est fixe, sa stabilité est plutôt basée sur les changements de demande. Contrairement à la monnaie-marchandise, le coût de production du bitcoin augmente et diminue en fonction de la demande. Étant donné que le prix est la relation entre l'offre et la demande, cela a le même effet. Le but de l'inflation monétaire de bitcoin est de distribuer rationnellement les unités, et elle finit donc par disparaître.

L'offre de la monnaie de monopole est augmentée arbitrairement (ou taxée par demeurage[1]) par le souverain[2] en raison de la récompense financière du seigneuriage[3].

Lorsque cette inflation monétaire est prévisible, elle peut être capitalisée, ce qui réduit le rendement du seigneuriage. De ce fait, les modifications de l'offre ne sont souvent pas publiées[4]. En raison de la protection monopolistique[5] de l'État (c'est-à-dire l'assimilation de la production à un crime de contrefaçon), la concurrence ne peut pas effectivement limiter les rendements. Le profit souverain (impôt) qui en résulte est la récompense du seigneuriage et la raison d'être de la monnaie de monopole[6]. La protection monopolistique est la seule distinction économique entre la monnaie-marchandise et la

Références

[1] https://fr.wikipedia.org/wiki/Demeurage_(finance)

[2] https://fr.wikipedia.org/wiki/Souveraineté

[3] https://fr.wikipedia.org/wiki/Seigneuriage

[4] https://www.reuters.com/article/us-venezuela-economy/crisis-hit-venezuela-halts-publication-of-another-major-indicator-idUSKBN16S1YF

[5] https://fr.wikipedia.org/wiki/Monopole_public

[6] Chapitre : Principe de réserve

monnaie de monopole. L'augmentation de l'offre causée par le seigneuriage n'est atténuée que par les troubles politiques, car les gens s'opposent à la baisse de valeur qui en résulte. Ces troubles se manifestent initialement par la fuite des capitaux[1], qui est contrée par le contrôle des changes[2].

En tant que monnaie à offre fixe, le bitcoin final reste stable. Comme les frais augmentent nécessairement avec la demande, le seuil d'utilité[3] élimine la demande pour les transactions de valeur inférieure au seuil. Plus généralement, le niveau des frais augmente jusqu'au point où les monnaies de substitution[4] deviennent plus rentables pour une transaction de valeur donnée. **La stabilité résulte par conséquent de la limitation directe de la demande, au lieu de s'appuyer sur une augmentation de l'offre pour ce faire.** La stabilité implique que le prix est limité, mais il peut augmenter avec l'accroissement de la capacité de transport[5] effective de la monnaie, et avec une utilité accrue par rapport aux substituts.

Références

[1] https://fr.wikipedia.org/wiki/Fuite_des_capitaux

[2] https://fr.wikipedia.org/wiki/Contrôle_des_changes

[3] Chapitre : Propriété du seuil d'utilité

[4] Chapitre : Principe de substitution

[5] Chapitre : Principe de scalabilité

Sophisme du ratio stock-flux

Le ratio stock-flux[1] décrit historiquement la relation entre le capital et le revenu, permettant d'estimer un niveau de capital futur à partir d'un niveau de revenu attendu. Ce concept élémentaire a été ultérieurement appliqué à la masse monétaire en général.

Le ratio entre le stock et le flux est une mesure du temps. Si le ratio est plus élevé, le stock augmentera plus lentement. Il existe une théorie selon laquelle une monnaie dont le ratio stock-flux est plus élevé subira moins d'inflation monétaire[2] proportionnelle qu'une monnaie dont le ratio est plus faible. Selon cette théorie, un ratio plus élevé implique une monnaie « plus dure », définie comme intrinsèquement plus résistante aux effets de l'inflation monétaire.

La théorie ne tient pas compte de la source du flux. Elle suppose nécessairement que le taux de production est simplement une propriété de la matière. Mais la production de toute chose a lieu lorsque le prix anticipé rend la production rentable. Un plus grand potentiel de profit entraîne une plus grande concurrence, ce qui accélère l'augmentation de l'offre. Un plus grand nombre de personnes creusant pour trouver de l'or augmente son flux.

En d'autres termes, le flux est une fonction de la demande. Une perte anticipée entraîne une absence totale de production. Cette absence de flux n'est *pas inhérente à la matière* mais est une conséquence de *l'absence de demande*. Étant donné que l'offre et la demande déterminent toutes deux le flux, la théorie est invalide. Cette erreur, comprise depuis longtemps[3], n'est pas un aspect du concept élémentaire du ratio stock-flux, mais une mauvaise application de celui-ci.

Références

[1] https://en.m.wikipedia.org/wiki/Stock_and_flow

[2] https://fr.wikipedia.org/wiki/Création_monétaire

[3] https://mises.org/library/theory-money-and-credit/html/ppp/1234

Avec les lois sur le faux-monnayage, la concurrence pour produire de la monnaie étatique est limitée, ce qui permet à l'État de contrôler l'offre, indépendamment des forces du marché. Comme pour les autres monnaies, l'offre et la demande sont généralement imprévisibles. Un État peut « arrimer » son émission de billets de réserve[1] à une autre monnaie, comme l'or. Cette relation peut même se maintenir pendant plusieurs décennies. Dans ce cas, le ratio stock-flux indiquerait à tort une « dureté » comparable à celle de l'or.

Étant donné que le ratio stock-flux de la monnaie est le taux d'inflation monétaire inversé, sa relation avec l'inflation monétaire est tautologique. Il n'implique rien sur l'inflation monétaire future. Il peut être utilisé pour analyser les relations historiques, et pour calculer le stock futur sur la base d'un flux futur *supposé*, mais il ne peut pas être utilisé pour *prédire* l'inflation monétaire future. Toute affirmation selon laquelle une spéculation sera plus rentable qu'une autre sur la base des ratios stock-flux historiques est une erreur.

Références

[1] Chapitre : Principe de réserve

SCALABILITÉ

Sophisme de l'auditabilité

La solvabilité d'un dépositaire de bitcoins ne peut être auditée. Un dépositaire est une personne ayant un pouvoir discrétionnaire à la fois sur la délivrance d'un actif et sur l'émission de titres en contrepartie de cet actif. Si la délivrance de l'actif et l'émission de titres en contrepartie sont contrôlées par des règles de consensus, alors la relation n'est pas à proprement parler une relation de garde. C'est la distinction entre une réserve[1] et une surcouche. Une surcouche est imposée par un protocole (pas de relation de garde) et ne requiert donc aucun audit.

Un audit de solvabilité exige une preuve simultanée (atomique) du montant total de l'actif détenu par un dépositaire et des titres émis en contrepartie. Dans le cas d'une réserve nationale de bitcoins, cela nécessiterait une preuve complète de toute la monnaie fiduciaire (par ex. le titre) émise en contrepartie de la réserve, ainsi que des bitcoins détenus en réserve. Même dans le cas où le titre est émis sur une chaîne publique distincte, l'exigence d'atomicité n'est pas satisfaite.

Dans certains cas, il peut être considéré comme suffisant de renoncer à l'exigence d'atomicité, en acceptant l'inexactitude dans l'hypothèse où un écart substantiel finirait par être découvert. Cependant, dans le cas de la banque d'État[2], détecter l'écart ne suffit pas. Historiquement, il n'a pas été difficile de détecter de tels écarts. La difficulté consiste à les faire cesser.

Références

[1] Chapitre : Principe de réserve

[2] Chapitre : Sophisme de la monnaie de réserve

Principe de scalabilité

La scalabilité[1] est l'augmentation proportionnelle de certains aspects de performance lorsque davantage de matériel informatique est utilisé. Le débit transactionnel de Bitcoin est parfaitement non scalable car aucune quantité de matériel ne l'augmente.

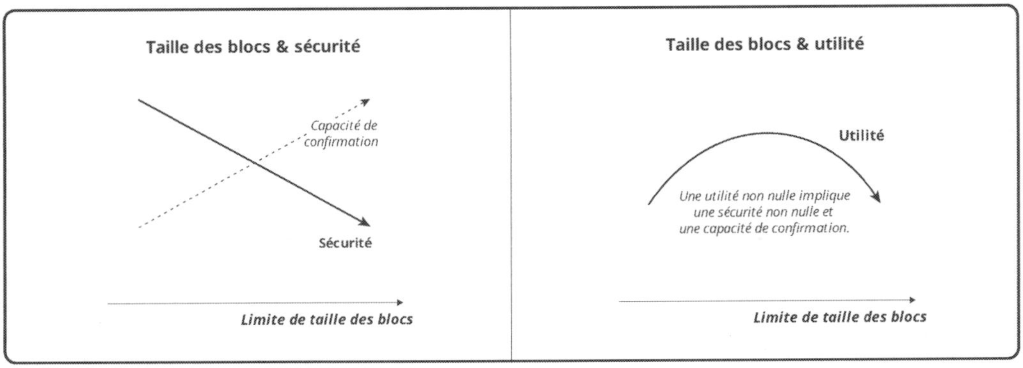

La règle de consensus de la limite de taille des blocs établit le compromis arbitraire entre l'utilité et la sécurité du système. L'augmentation de la taille des blocs augmente légèrement le débit transactionnel et par conséquent le coût des ressources nécessaires à la validation des transactions (c'est-à-dire le traitement, le stockage et la bande passante). À mesure que le coût de la validation augmente, la sécurité économique est affectée défavorablement par un risque de centralisation[2] accru. Comme le compromis est arbitraire, il n'y a pas de taille idéale.

Références

[1] https://fr.wikipedia.org/wiki/Extensibilité

[2] Chapitre : Risque de centralisation

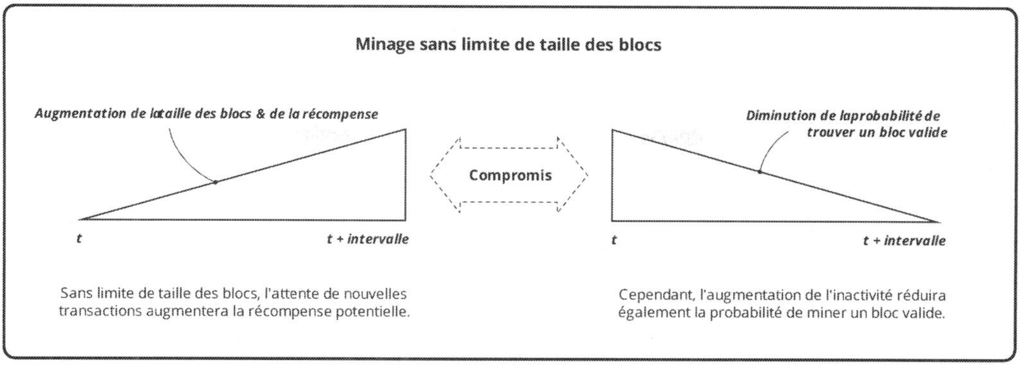

Quelle que soit la taille des blocs, le système reste non scalable en raison de la nécessité de la finalité des confirmations. Un ensemble fini de transactions doit être sélectionné, ce qui implique que d'autres peuvent être exclues. Cette exclusion est motivée financièrement par le coût d'opportunité[1] de la non-utilisation du capital minier déployé, et constitue une manifestation de la non-scalabilité. Cette limite intrinsèque nécessite un marché concurrentiel pour la confirmation et elle le finance au prorata de la demande pour la monnaie[2].

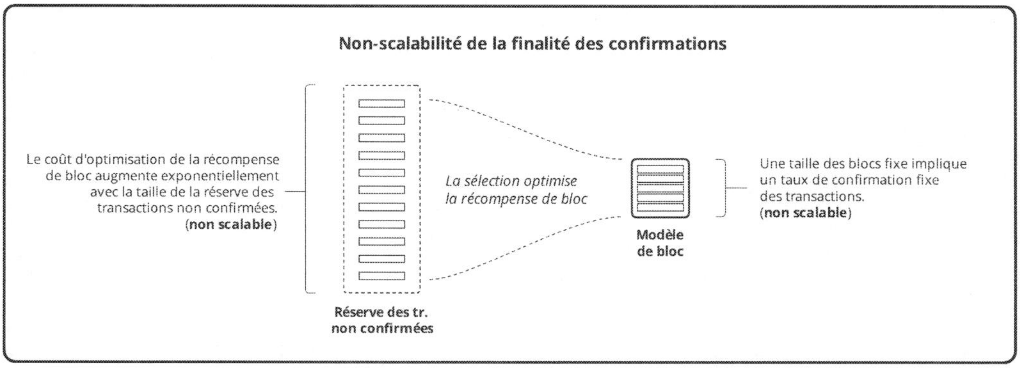

La capacité de transport effective des transactions, et donc l'utilité, peut être augmentée par le traitement en surcouche. Cela représente un compromis de sécurité *local* et *limité*

Références

[1] https://fr.wikipedia.org/wiki/Coût_d'opportunité

[2] Chapitre : Taxonomie des monnaies

dans le temps, contrairement au compromis de sécurité *systémique* et *permanent* de l'augmentation de la taille des blocs.

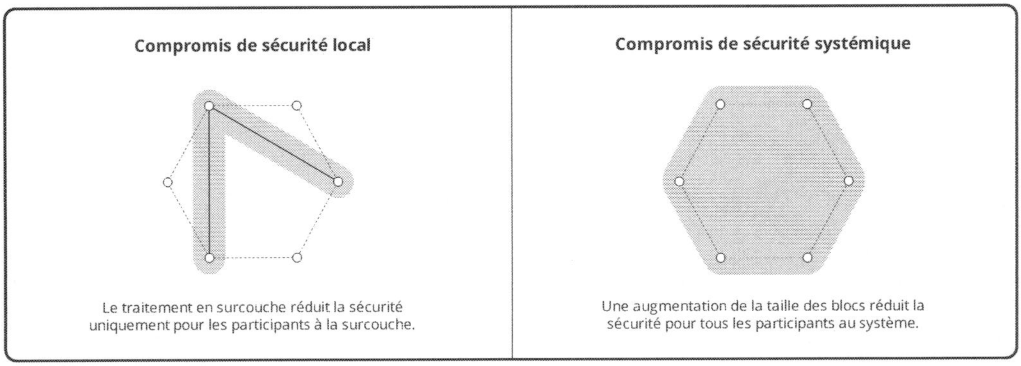

Les deux compromis abaissent le seuil d'utilité[1] mais ne l'éliminent pas, ce qui implique que la propriété de stabilité[2] est préservée.

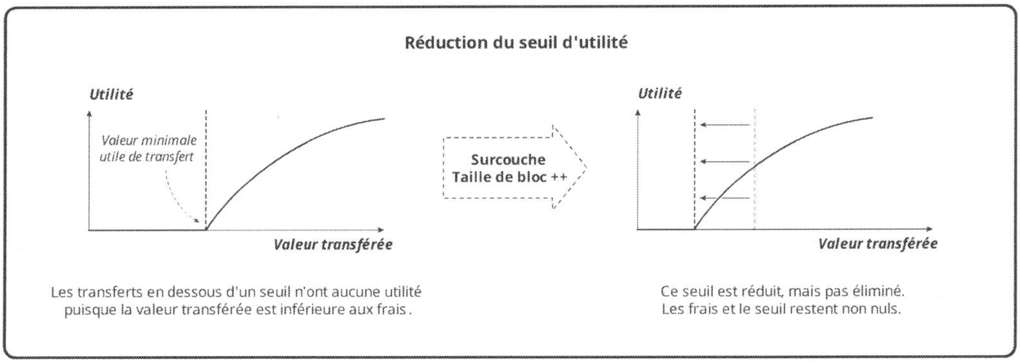

Par conséquent, la stabilité et la non-scalabilité existent pour n'importe quelle taille des blocs et pour n'importe quel niveau de traitement en surcouche.

Références

[1] Chapitre : Propriété du seuil d'utilité

[2] Chapitre : Propriété de stabilité

Principe de substitution

Un produit de substitution[1] est un produit qui peut être utilisé à la place d'un autre. Lorsque que le prix d'un produit augmente jusqu'à un certain niveau, les gens choisissent de se tourner vers des substituts ou bien cessent complètement de l'utiliser.

Alors qu'un substitut serait moins désirable au même prix que le produit original, son prix inférieur compense cette préférence. De cette manière, la présence de substituts réduit la demande du produit original. Le substitut est en concurrence avec le produit original, tout comme l'est une offre accrue de ce dernier.

Étant donné qu'une monnaie possède une offre fixe, il est communément admis qu'aucune augmentation de l'offre ne peut réduire la pression à la hausse sur le prix. Comme le montre la Propriété de stabilité[2], Bitcoin intègre des frais de transfert qui augmentent nécessairement avec son utilisation. Cette caractéristique unique crée une pression à la baisse sur le prix en réduisant la demande. **Mais cette augmentation du coût rend également les substituts viables, ce qui crée une pression à la baisse sur le prix en augmentant effectivement l'offre.**

Rien n'empêche l'évolution de plusieurs monnaies similaires. Il est possible que celles-ci présentent des propriétés monétaires presque indiscernables, ce qui minimise le compromis de substitution. Comme le montre le Principe de consolidation[3], il y a toujours une pression vers une monnaie unique, car cela élimine le coût de change. Cependant, cette pression est opposée à l'augmentation du coût et, à un certain niveau d'utilisation, elle doit céder sa place à la substitution (ou à la baisse de l'usage).

Références

[1] https://fr.wikipedia.org/wiki/Effet_de_substitution

[2] Chapitre : Propriété de stabilité

[3] Chapitre : Principe de consolidation

Il existe une théorie selon laquelle le principe de substitution implique que le bitcoin doit perdre toute valeur en raison d'une offre gratuite illimitée, puisque la création de nouvelles monnaies ne coûte rien. Cette théorie ne tient pas compte du fait que Bitcoin requiert que les gens paient pour l'utiliser. Cela est aussi vrai pour la deuxième monnaie que pour la première.

Et l'augmentation de l'offre soulage la demande. À un moment donné, la demande n'est pas suffisante pour produire/sécuriser davantage d'offre, et de ce fait, la théorie est invalide. Il s'agit de la même relation qui s'applique aux monnaies-marchandises, et, en fait, à tous les produits.

Propriété du seuil d'utilité

L'utilité est exprimée par la préférence pour la monnaie par rapport à ses substituts, pour effectuer des transferts de valeur comparable. Une utilité croissante implique une augmentation du niveau des frais, étant donnée la présomption d'augmentation du volume des transactions. La concurrence pour les confirmations fait grimper les frais. Compte tenu des différences dans les prix des frais de marché au fil du temps, une personne peut offrir des frais non concurrentiels dans l'attente d'un délai de confirmation plus long. D'autres n'effectueront pas de transactions sur la chaîne, se reposant plutôt sur des substituts.

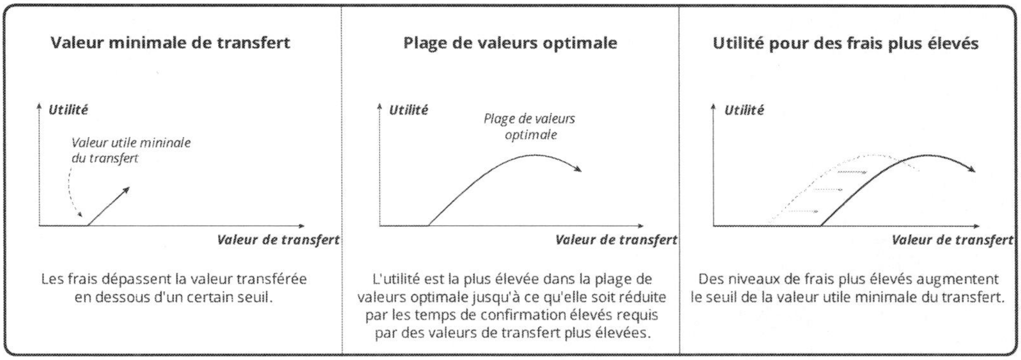

Une utilité accrue implique donc une augmentation de la valeur moyenne des transferts, car la hausse des frais entraînerait sinon un coût de transfert supérieur à la valeur transférée. Une plus grande profondeur implique une plus grande sécurité de confirmation. Par conséquent, le temps peut être échangé contre une *plus grande* sécurité contre la double dépense. Cependant, le temps ne peut pas être réduit en dessous d'une période de bloc pour obtenir une *plus petite* sécurité. Les niveaux de sécurité les plus bas sont l'absence de sécurité (non confirmé) et la sécurité minimale (une confirmation). Il n'y a pas de compromis à faire entre ces niveaux.

Des frais plus élevés impliquent un coût plus élevé du taux de hachage, ce qui atténue le besoin d'augmenter la profondeur de confirmation pour les transferts de valeur plus élevée. **Mais étant donné qu'il n'y a aucun moyen de réduire la sécurité pour les transferts de valeur inférieure, la valeur minimale utile du transfert augmente avec l'utilité.** Le fait de ne pas prendre en charge les transferts dans une certaine plage de valeurs implique que les substituts sont moins chers dans cette plage. Cela implique la possibilité que des monnaies coexistantes desservent des plages de valeurs distinctes. Cependant, tous les Bitcoins[1] présentent intrinsèquement cette propriété.

Les différences de règles en matière de période ou de taille des blocs ne modifient pas cette relation. L'effet de ces variations entre les monnaies est strictement proportionnel. Même des blocs de taille illimitée doivent produire des niveaux de frais qui excluent les transferts de faible valeur.

Références

[1] Chapitre : Étiquettes de Bitcoin

APPENDICE

Lexique des termes

Activation

Début de l'Application d'une nouvelle Règle.

Agrégation

Tendance à une participation réduite dans le Minage ou la Validation. Implique un Regroupement ou une Centralisation.

Ajustement

Changement de la Difficulté.

Annonce

Première Communication d'un Bloc à une autre Personne.

Application

Acte de rejeter une donnée Invalide.

Approbation

Script qui satisfait un Contrat. Parfois désignée par l'expression anachronique « script de signature ».

Attaque

Utilisation de la Puissance de hachage pour permettre la Double dépense.

Base de pièce

Transaction qui Transfère une Récompense.

Bitcoin

Ensemble des principes qui sécurisent une Monnaie contre l'État. Le terme et les principes sont définis par Satoshi dans « Bitcoin : A Peer-to-Peer Electronic Cash System ».

Bloc

Ensemble Valide de Transactions avec un Horodatage et une Preuve.

Branche

Séquence Valide de Blocs.

Candidat

Bloc potentiel avec une Proof indéterminée.

Capitalisation

Produit du Price et de l'Offre.

Censure

Confirmation subjective.

Centralisation

Tendance vers moins de Commerçants. Les commerçants contrôlent directement la Validation. Peut aussi concerner le Regroupement.

Chaîne

La Branche ayant le plus de Preuve cumulée.

Client-serveur

Un Protocole asymétrique.

Cloison

Incapacité de certains Nœuds à Communiquer.

Cloisonnement

Tendance vers des Partitions permanentes.

Coercition

Utilisation de l'agression pour contraindre l'Activation.

Commerçant

Personne qui accepte des Unités dans le Commerce. Un autre nom courant est « utilisateur ».

Commerce

Troc volontaire de biens entre deux Personnes.

Communication

Transfert de données entre des Machines.

Confirmation

Inclusion d'une Transaction dans un Bloc.

Consensus

Accord entre les Personnes. Aussi, l'ensemble des gens qui participent à un accord.

Contrat

Script qui exprime des conditions de Transfert. Parfois désigné par l'expression anachronique « script de clé publique ».

Cooptation

Utilisation de l'agression pour contrôler la Hash Power.

Coordination

Annonce ajoutant un Bloc à la Chaîne.

Corrélation

Capacité à Salir en utilisant l'analyse statistique de Chaîne.

Créancier

Personne qui détient une créance sur un bien contrôlé par un Dépositaire. On parle aussi de titulaire de privilège, d'actionnaire, de prêteur ou de déposant.

Décentralisation

Tendance s'opposant à la Centralisation.

Découpler

Une Mine qui partage la Récompense avec une autre pour réduire la Variance.

Délégation

Tendance vers moins de Propriétaires. Les propriétaires contrôlent directement la Dépense.

Déni de service

Utiliser la Communication pour exploiter les défauts du Protocole ou de l'Implémentation afin de dégrader leur performance. Couramment appelé DoS.

Dépense

Publication initiale d'une Transaction.

Dépositaire

Personne qui contrôle le bien d'autrui d'un commun accord.

Développeur

Personne qui crée une Implémentation.

Difficulté

Niveau de Preuve requis pour la Validité.

Distorsion

Agression contre le Marché qui fausse le coût du Minage.

Double dépense

Approbation du même Contrat de Sortie par des Dépenses distinctes.

Échange

Commerce d'Unités pour un autre bien.

Économie

Ensemble de tous les Commerçants.

Égoïste

Un Mineur qui n'est pas toujours Honnête.

Emprunter

Échanger du temps en possession d'Unités contre un bien de plus grande Utilité pour le Prêteur.

Entrée

Un Point de Sortie et une Approbation.

État

Ensemble de Personnes utilisant l'agression à la place du Commerce. Opère typiquement en toute impunité au sein de frontières géographiques.

Faible

Une Branche ayant moins de Preuve cumulée qu'une autre. Aussi appelée « orpheline » par abus de langage.

Fork

Divergence dans les Règles de consensus.

Forte

Une Branche ayant plus de Preuve cumulée qu'une autre.

Frais

Unités Transférées implicitement à un Mineur.

Genèse

Premier Bloc de toutes les Branches d'une Monnaie.

Hachage

Calcul insécable permettant de Prouver la Validité d'un Candidat.

Hacheur

Personne qui gère une Hacheuse.

Hacheuse

Outil qui effectue du Hachage.

Halving

Réduction du taux de Subvention (de moitié).

Hard Fork

Fork qui implique une Scission. Expansion de l'ensemble des Blocs potentiellement Valides.

Hauteur

Nombre de Blocs précédents dans une Branche.

Honnête

Un Mineur qui construit à partir des Blocs des autres.

Horodatage

Déclaration du temps de la production du Bloc.

Identité

Moyen d'associer une Communication à une Personne.

Implémentation

Ensemble spécifique d'Outils.

Inflation

Augmentation de l'Offre résultant de la Subvention. Aussi appelée inflation monétaire, à ne pas confondre avec l'Inflation des prix.

Inflation des prix

Augmentation des Prix au fil du temps.

Intérêt

Taux d'accroissement en Utilité du Prêt.

Latence

Délai inhérent à la Communication.

Machine

Un suiveur d'instructions.

Marché

Commerce dans un certain bien.

Maturité

Profondeur à laquelle la Sortie d'une Base de pièce devient Transférable.

Mine

Outil qui effectue du Travail.

Mineur

Personne qui gère une Mine.

Monnaie

Consensus concernant un moyen mutuellement acceptable pour le Commerce. BTC est une Monnaie. On emploie également les termes « cryptomonnaie » et « coin ».

Nœud

Outil qui réalise la Validation.

Non confirmée

Une Transaction qui n'existe pas dans un Bloc de la Chaîne.

Offre

Ensemble de toutes les Unités émises.

Opération

Déclaration d'intention insécable.

Optimisation

Changement d'Outil qui réduit le coût du Minage.

Outil

Ensemble d'instructions de Machine.

Pair-à-pair

Protocole symétrique.

Période

Temps moyen entre les Coordinations.

Personne

Un décideur.

Perte

Échec d'un Investissement à générer un Intérêt au-dessus du taux du Marché.

Plafond

Limite définitive de l'Offre.

Point

Référence à une Sortie ou une Entrée.

Politique

Qui concerne les actions des États.

Portefeuille

Outil qui crée les Transactions.

Poussière

Nombre insuffisant d'Unités pour le Transfert par une Sortie. Les Règles de consensus de BTC interdisent le transfert de moins d'une unité.

Pouvoir

Niveau relatif de contrôle d'une Personne sur une Chaîne ou une Monnaie.

Pouvoir économique

Fraction de tous les biens offerts dans l'Échange.

Prix

Moyenne mobile du taux d'Échange.

Prêter

Échanger du temps sans Unités contre un bien de plus grande Utilité. « Investir » est un synonyme.

Preuve

Marque Valide.

Preuve d'enjeu

Preuve cryptographique d'une quantité de Propriété (PDE).

Preuve de mémoire

Preuve probabilistique d'une quantité de mémoire informatique utilisable (PDM).

Preuve de travail

Preuve probabilistique d'une quantité de Travail effectuée (PDT).

Profit

Retour sur Investissement au-dessus du taux d'Intérêt du Marché.

Profondeur

1 plus le nombre de Blocs après une Confirmation.

Propriétaire

Personne qui contrôle certaines Unités. Un autre nom courant est « détenteur ».

Protocole

Ensemble de conventions de Communication.

Puissance de hachage

Fraction du Taux de hachage de toutes les Mines.

Puissance de hachage apparente

Une fraction de Blocs dans un Segment de Chaîne. Les estimations publiques de la Puissance de hachage d'un Mineur spécifique sont basées là-dessus.

Puissance de hachage majoritaire

Sous-ensemble de Mineurs avec suffisamment de Puissance de hachage pour exécuter une Attaque. 51 % est une approximation courante de la puissance suffisante.

Ralentissement

Manque d'augmentation de la Hauteur au fil du temps.

Récompense

Somme de la Subvention et des Frais pour un Bloc.

Recoordination

Annonce qui promeut une Branche Faible to the Chaîne. On utilise aussi le terme « réorganisation » et son abréviation « réorg ».

Relais

Outil qui diffuse les nouveaux Blocs.

Relayeur

Personne qui gère un Relais.

Règle

Sous-ensemble des Règles de consensus.

Règlement

Confirmation des Transactions en Surcouche.

Règles de consensus

Ensemble de contraintes qui définissent une Monnaie.

Regroupement

Tendance vers moins de Mineurs, ce qui inclue la consolidation par Relais.

Réserve des blocs

Ensemble des Blocs Faibles. Aussi appelée « réserve des orphelins » par abus de langage.

Réserve des transactions

Ensemble des Transactions Non confirmées. Aussi appelée « zone mémoire » par abus de langage.

Rétention

Retard intentionnel de l'Annonce.

Salissure

Détermination de la Propriété.

Scission

Bifurcation d'une Monnaie.

Script

Ensemble d'Opérations autorisant un Transfert.

Segment

Sous-ensemble contigu d'une Branche.

Signal

Indication d'un Mineur par le biais des données du Bloc de son intention d'Appliquer une nouvelle Règle.

Soft Fork

Fork qui implique une Scission à moins d'être Appliqué par la Puissance de hachage majoritaire. Contraction de l'ensemble des Blocs potentiellement Valides.

Sortie

Un Transfert explicite et un Contrat.

Sortie précédente

Sortie à laquelle se réfère une Entrée.

Spéculer

Posséder dans l'attente d'une augmentation du Prix. Aussi, Emprunter dans l'attente d'une diminution du prix.

Subvention

Émission de nouvelles Unités pour un Mineur.

Surcouche

Commerce utilisant une série de Transactions Non confirmées qui peuvent être Réglées par l'une ou l'autre des parties.

Taux de hachage

Vitesse de Hachage.

Temps de verrouillage

Expression de la plus ancienne Validité de la Transaction.

Temps passé médian

Moyenne des Horodatages des précédents Blocs.

Thésauriser

Posséder pour un usage futur.

Transaction

Trace écrite Valide d'un Transfert.

Transfert

Modification du contrôle sur certaines Unités.

Travail

Procédé de production de Blocs.

Unité

Montant minimal Transférable de biens représentés par une Monnaie. Le satoshi est l'unité de Bitcoin.

Utilité

Caractère utile d'un certain bien pour une Personne.

Valeur

Préférence d'une Personne pour un certain bien par rapport à un autre.

Validation

Procédure pour déterminer la Validité.

Validité

Conformité aux Règles de consensus.

Variance

Fréquence variable d'obtention d'une Récompense.

Variation

Différences dans le coût des ressources de Minage.

Volatilité

Variation du Prix au fil du temps.

Made in United States
Orlando, FL
06 November 2026

90301607R00195